노인 여가와
치료레크리에이션

윤찬중·명봉호 공저

Therapeutic

노인 여가와 치료레크리에이션

윤찬중·명봉호

2008년 3월 20일 초판1쇄발행
2013년 9월 30일 초판3쇄발행

발행인 ‖ 박진영
발행처 ‖ 도서출판 진영사
인천광역시 부평구 갈산동 16-22호
tel. 032-505-4207
fax. 032-505-4206
e-mail. 0183734207@hanmail.net

ISBN 978-89-93076-18-9 02690

머리말

많은 사람들이 노인 여가와 치료레크리에이션에 관심을 가지고 연구에 임하고 있다.

치료레크리에이션은 노인에게 가까이 다가와 있지만 적용 방법에 대한 명쾌한 대답은 결코 쉽지 않는 것 같다.

노인 여가와 치료레크리에이션은 영적, 신체적, 정서적, 인지적, 사회적 기능에 어려움이 있는 대상의 삶의 질을 높이고 행복의 기준을 높여주는 분야라 할 수 있다.

노인에게 자유로운 하루가 주어지고 있으나 그들에게 가장 적합한 여가의 선택과 참여에는 어려움이 있다. 만약, 어르신이 자유로운 시간을 보람 있게 보낼 수 있다면 질 적인 삶을 살아가고 있다고 볼 수 있다.

"노인 여가와 치료레크리에이션" 책은 많은 여가 학자와 치료레크리에이션을 연구하는 분들의 이론과 실천기법을 바탕으로 기술하였다. 또한, 노인 여가학의 한분야인 치료레크리에이션을 노인기관에 초점을 두어 서술하였다.

노인 여가와 치료레크리에이션의 학문적 발전에 기여한 분들께 감사를 표합니다. 또한 노인 여가와 치료레크리에이션을 사랑하는 분들께 미력이나마 도움이 되길 바랍니다.

저 자

차 례

제1장 노인 여가와 레크리에이션

제2장 치료레크리에이션이란?

제3장 치료레크리에이션의 서비스 모델

제4장 치료레크리에이션 사정

제5장 계획

제6장 치료레크리에이션 개입을 위한 계획

제7장 치료레크리에이션 실행

제8장 치료레크리에이션 개입을 위한 촉진기법

제9장 치료레크리에이션 실천방법

■ 부 록

제1장

노인 여가와 레크리에이션

제 1 장

노인 여가와 레크리에이션

1. 여가와 레크리에이션

1) 여가

(1) 여가의 어원

오늘날 우리가 사용하는 여가의 어원은 '자유스러워지다'라는 뜻을 가진 라틴어 리세레(licere)에서 유래하였고, 이 말은 프랑스어의 'leissir' 즉, '허락되다'로 발전하여 오늘날 레저(leisure)로 진전되었다.

여가의 본질적 의미는 고대 그리스 및 로마시대에서 찾을 수 있다. 그리스어의 스콜레(scole)는 '정지, 중지, 평화 및 평온'을 의미하며, 어원상 자기계발(self-cultivation)을 위한 적극적인 정신활동상태를 뜻한다. 반면, 로마어의 오티움(otium)은 '아무것도 하지 않는 것(doing nothing)'을 의미하고 이것은 소극적인 무위활동상태를 뜻한다. 그러나 이들 어원은 모두 정지 상태와 평화 상태를 내포하며 시간적 의미가 부여되어 남은 시간(spare time)에서 자기를 위한 시간(time for oneself)으로 발전하였다.

(2) 여가의 정의

'여가(餘暇)'라는 용어는 영어 '레저(Leisure)'의 우리식 표현이다. 두 용어는 같은 의미이지만, 개념적으로 다르게 사용되기도 한다. 일반적으로 레저라는 말은 스포츠나 산업 등의 용어와 복합적으로 사용되면서 보다 협의로 형상화된 반면, 여가는 '여유나 겨를'이라는 매우 포괄적인 의미를 포함하는 것으로 받아들인다(여가백서, 2006).

① 여가의 시간적 정의

현재 통계적인 목적에서 여가를 측정하는 가장 간단한 방법은 시간개념으로 접근하는 것이다. 즉 여가는 개인이 하루 24시간 가운데 생리적인 필수 활동이나 의무 활동(노동)을 하고 난 이후의 잔여적(the residual)인 특징을 가지는 자유 시간에 이루어지는 활동이라고 규정지을 수 있다.

파커(Parker)는 여가를 일과 생존의 기초적 욕구가 충족되고 남은 잔여시간(residual time)으로 보고 있고, 사회학사전(Dictionary of Sociology)에는 여가는 1일 24시간 중에서 노동, 수면, 기타 필수적 시간을 제외한 잉여시간(surplus time)으로 규정되어 있다.

이와는 달리 브라이트빌(Brightbill)은 여가를 개인의 판단과 선택에 의해 갖게 되는 자유 재량적 시간(discretionary time)으로 정의하고 있고, 머피(Murphy)도 개인이 자기 결정적 상황 하에서 재량껏 이용할 수 있는 시간으로 보고 있다. 그러나 자유시간의 개념으로 접근하여 여가를 정의할 때, 시간사용조사에서 조사되는 자유시간이나 의무 시간은 인간 활동의 구체적인 유형으로 구분한 여가활동이나 의무 활동과의 경계(boundary)가 분명하지 않다는 문제점이 발생한다.

② 여가의 활동적 정의

프랑스의 여가사회학자 듀마즈디에르(J. Dumazedier)는 여가를 휴식, 기분전환, 지식의 확대, 자발적 사회참여 그리고 자유로운 창조력의 발휘를 위해 이용되는 임의적 활동의 총체로 정의하고 있다.

듀마즈디에르(J. Dumazedier)는 여가의 개념과 명백히 대립하는 활동으로 다음의 여섯 가지를 들고 있다.

㉠ 직업상의 일
㉡ 부대적 혹은 보조적 업무
㉢ 가정에서의 일
㉣ 생리적인 인간의 활동
㉤ 가족 간 의례 및 의식, 사회적 혹은 종교적 의무
㉥ 필요한 공부

한편, 듀마즈디에르(J. Dumazedier)의 여가정의를 보다 발전시킨 윌슨(Anthony Wylson)은 여가를 활동과 기회라는 두 요소의 결합으로 인식하면서, "노동, 가족, 사회 및 기타 의무가 실현되고 난 후에 자신의 의사대로 할 수 있는 활동일 뿐만 아니라 휴식, 회복, 오락, 자기실현, 정신적 재생, 지위의 향상, 사회활동의 참여를 제공해 주는 기회"로 정의하고 있다.

③ 여가의 상태적 정의

그리스 철학자 아리스토텔레스(Aristotle)에 의하여 대표되는 고전적 여가정의는 존재의 상태(state of bing)로 보고, '삶의 목적으로서 여가 그 자체를 위하여 삶을 영위하여야 한다'고 정의하고 있다. 그리고 여가와 종교의 특질을 통합하고자 노력한 피이퍼(Joseph Pieper)에 의하면, 여가는 정신적 · 영적인 태도이며, 마음의 자세(attitude of mind), 영적 상황(condition of soul)인 것으로 보고 있다.

또한 다알(G. Dahl)은 기독교적 관점에서 오늘날 인간이 필요로 하는 여가는 단순이 자유시간이 아닌 자유정신(free spirit)내지 자유의지(free will)이며, 일상생활사로부터의 심리적 해방은 신의 은총에 대한 감사의 마음과 평화 상태임을 강조하고 있다. 그리고 여가에 대하여 심리학적 접근을 시도한 뉴우링거(J. Neulinger)는 여가가 인간이 활동을 하든가, 안하든 간에 일상생활의 필요성에 의하여 요구되는 것이 아니며 경험과 마음의 상태임을 강조하고 있다.

④ 여가의 제도적 정의

여가에 대한 제도적 정의는 여가의 본질을 노동, 결혼, 교육, 정치, 경제 등 사회제도의 상태나 가치패턴과의 관련성을 검토하여 그 의미를 규정하고자 하는 것이다.

초기자본주의 사회의 소수 부유층의 생활을 경제학적인 차원에서 논의한 베블렌(T. Veblen)에 따르면, 여가는 상류 사회계층의 상징으로 규정하고 있으며, 그들의 여가는 시간의 비생산적 소비와 과시적 소비 그리고 금전의 과시적 소비로 볼 수 있다. 노동으로부터 해방되어 여가를 향유한다는 것은 부의 증거이며, 높은 사회 계급을 의미한다.

1960년대 미국의 유명한 여가학자인 카플란(M. Kaplan)에 의하면, 여가는 경제적으로 자유시간의 영역에 속하며, 참여자에 의해 여가로 인식되고, 모든 영역의 의무와 노력을 포함한 자기계발, 자율적 활동의 경험으로 보았다.

⑤ 여가의 포괄적 정의

여가의 요소들이 노동이나 놀이, 교육, 기타 사회적 영역에 이르기까지 인간 행동의 모든 측면을 나타내고 있기 때문에 여가에 대한 포괄적·통합적 정의는 다원화된 현대사회의 여가를 이해하는데 유용하다고 볼 수 있다.

기스트(Noel P. Gist)와 페바(S. F. Feva)는 여가를 개인의 노동이나 그 밖의 의무적인 일로부터 해방되어 기분전환을 하고 사회적 성취를 이루며, 개인의 발전을 위하여 사용할 수 있는 시간으로 정의하여, 여가를 활동 및 시간적 차원에서 설명하고 있다. 또한 여가에 대하여 시간과 상태의 속성을 결합시킨 웨이스(Paul Weiss)는 “여가란 인간이 일과 후에 여유의 시간을 가장 적합하게 사용함으로써, 무엇을 하든지 그것에 가치를 부여하고 나아가 목표를 세움으로써 최선의 상태에 이를 수 있는 시간을 갖는 것이다. 그리고 행복한 생활이란 충만한 여가를 누릴 수 있는 생활을 말한다."고 주장하였다.

따라서 여가의 포괄적 정의는 여가의 시간적・활동적・상태적 그리고 제도적 요소가 적절히 배합된 복합적 속성을 갖는다고 할 수 있다.

여가를 개념화하는 방법은 매우 다양하다. 광범위하게 여가활동은 즐거움이나 만족을 주는 활동이라는 특징을 가지고 있으나, 이러한 개념규정은 개인의 주관적인 판단에 근거하기 때문에 광범위한 여가 개념은 시간, 활동, 심리상태 등 세 가지 관점을 통합적으로 고려하여 정의된다. 즉, 여가란 각자가 자유롭게 선택하고 쓸 수 있는 자유 시간에, 각종 의무로부터 벗어난 자발적 활동을 통하여 즐거움이나 행복을 느끼는 것으로 정의할 수 있다(김광득, 2005).

2) 레크리에이션

(1) 레크리에이션의 어원과 정의

레크리에이션은 '회복하다', '새롭게 한다'는 뜻을 지닌 라틴어의 '레크레아싸오'에서 유래된 것으로 그 근원을 살펴보면 1885년경 미국의 어린이 놀이터 만들기를 중심으로 한 플레이 그라운드(Play ground)운동으로부터 이다. 그리고 공식적인 언어로 발표된 것은 1932년 미국의 L.A 에서 열린 '제1회 세계 레크리에이션 대회'부터이며, 이때부터 레크리에이션이 보편어(語)로 쓰이게 되었으며 일반인들에게 관심을 끌기 시작했다.

레크리에이션은 리크리에이션(Re-cre-a-tion)과 레크리에이션(Rec-re-a-tion)의 두 가지 발음과 뜻이 있다. 앞 단어는 '재창조, 개조, 새롭게 만든다'라는 뜻이며 뒷 단어는 '유희, 휴양, 오락, 취미, 기분전환'이라는 뜻이다. 그러나 위의 두 가지는 따로 구분하지 않고 서로 묶어 해석하며 보편적으로 레크리에이션으로 불려지고 있다. 레크리에이션은 '건전한 여가선용을 위한 프로그램이며 또한 인위적인 집단을 형성한 집단 활동의 역동을 통해서 자기발견과 자기계발을 할 수 있으며 그리고 원만한 인간관계를 형성시켜 주는 가장 자연스러운 활동'이다.

놀이를 할 수 있는 능력이란 어린이들에게는 창조적이고 참신한 사고를 할 수 있도록 해주며, 성인들에게는 흥미를 개발시키고 인생을 충만하게 하는 일과 직결되어 있으며 정서적인 안정과 긍정적인 가족관계를 유지하기 위한 것으로 재 창조적인 행위의 가치를 인정하고 있다.

에릭프롬(Erich From)은 '사랑의 기술'이라는 저서에서 사랑도 어떻게 하면 올바르게 사랑할 수 있는가를 배우고 닦아야 비로소 올바르게 사랑할 수 있게 되는 하나의 기술을 필요로 하는 일이라는 뜻의 말을 했지만 올바른 레크리에이션도 항상 계속해서 올바른 교육을 받음으로써 비로소 정말 가치 창조적인 즐거운 활동이 되고 그렇게 될 때에만 레크리에이션이 삶의 보람과 뜻을 더욱 더 새롭고 싱싱하게 느끼도록 해 주는 것이 될 수 있다.

즉 레크리에이션은 인간에게 있어서 가장 충실하게 가장 변화가 많은 자기표현의 기회이며, 이에 따라 생활을 밝고 풍부하며, 즐겁게 그리고 창조적이며 건설적으로 아름답게 만드는 것이라 할 수 있다.

요즈음 학자들은 레크리에이션이 여가 중에 하는 활동이나 경험, 그 자체로 해석되어서는 안 된다고 하면서 그 대신 레크리에이션은 자기실현, 성취, 자유 혹은 그 외의 어떤 만족감과 같은 참가자에 대한 정서적인 효과로 간주되어야 한다고 제언하고 있다.

(2) 레크리에이션의 현대적 정의

레크리에이션의 현대적 정의는 다음과 같다.

① 레크리에이션은 어떤 조건과 동기에 의해 이루어지는 행위이다. ② 일정한 기대를 가지고 어떤 행위에 몰두하고 있는 동안 그 사람에게 일어나는 어떤 과정(process)이나 상태(state of being)를 의미한다. ③ 레크리에이션은 하나의 제도(a social institution)나 하나의 지식체계(a body of Knowledge) 또는 하나의 전문직업분야(a professional field)를 말한다(고태규 · 김성석, 2005).

(3) 레크리에이션 의미에 관한 해석

레크리에이션에 대한 의미는 아래와 같이 고전・현대적 의미로 살펴 볼 수 있는데 고전적인 의미도 중요하지만 현대의 산업사회에서는 오히려 현대적인 의미를 더 부여해야 할 것이다.

가) 고전적 의미

레크리에이션의 본질적 요소를 다섯 가지로 정리하여 보면 첫째로 할 만한 가치가 있는 것, 둘째로 사회적으로 용납될 것, 셋째로 여가시간에 행할 것, 넷째로 만족을 느낄 수 있는 것, 다섯째로 자발적으로 행할 것으로 정리할 수 있다.

메이어(Harold D. Meyer)는 '레크리에이션은 여가시간과 관련되는 활동이며, 그러한 활동으로부터 생기는 만족에 의하여 주로 동기화 된 것이다'라고 말하였고, 레크리에이션은 인간의 기대에 있어서 다양한 욕구를 자유시간 중에 만족하도록 해주는 주체적, 창조적인 행위이다. 이와 같이 우리에게 널리 알려진 일반적인 이론으로, 레크리에이션은 자유시간, 여가시간과 참가자들의 자발적 의사에 따라서만이 이루어지는 활동이라고 알려져 있다. 이것은 대부분의 레크리에이션지도자, 사회사업가, 체육학자들이 주장하는 이론이다.

나) 현대적 의미

이제까지 레크리에이션은 여가활동 중에 그리고 자율적으로 선택한 활동과 경험, 만족, 즐거움, 혹은 그 외 봉사기관과 참가자들을 위한 중요한 목적이나 이익을 위한 것으로 여겨져 왔다. 현재 어떤 학자들은 레크리에이션이 여가 중에나 하는 활동이나 경험, 그 자체로 해석해서는 안 된다며 그 대신 레크리에이션이 자기실현, 성취, 자유 혹은 그 외의 어떤 만족감과 같은 참가자에 대한 정서적인 효과로 의미가 부여되어야 한다고 제언하고 있다.

미국의 샌프란시스코 신학교 로버트 리(Robert L) 교수는 '종교와 여가'라는 책에서 현대 여가를 가리켜 '자기습득과 자기발전의 시간'이라고 주장하고 있다. 즉 여가는 의무에서 벗어난 시간, 한가한 시간, 쉬는 시간이라기보다는 긍정적, 적극적 의미인 '자기계발의 시간'이 되어야 한다는 것이다.

아울러 자기계발은 혼자만의 것이 아니라 '너와 나의 관계', 조직 집단과의 원만한 관계를 위한 것이 되어야 한다는 점이다. 이러한 이유로 최근의 레크리에이션은 자발적으로 모인 개인이나 집단보다는 인위적으로 모인 집단에서 이들의 심성을 변화시키기 위해서 더 활발하게 이루어지고 있다.

(4) 레크리에이션의 필요성

노동시간의 단축, 주 5일 근무에 따른 휴일과 휴가의 증가, 여행의 증가, 3D 현상, 여가시간의 증가, 기계화, 전문화로 인한 인간소외와 일에 대한 흥미부족 그리고 스트레스 증가, 정년퇴직후의 프로그램 부재, 건전한 여가 생활지도의 부재 등 현대 산업사회의 다양한 문제가 발생되고 있다.

또한 현대의 산업사회는 물질 추구에 너무 치중한 나머지 인간성 상실과 함께 많은 사회병리현상을 초래하였다.

오늘날 현대인의 문제가 복합적인 것처럼 그들의 욕구는 매우 다차원적이라 할 수 있는데, 레크리에이션의 방법과 기술이 기존의 흥미 위주에서 탈피하여 보다 사회과학적이고, 예방과 치료적인 차원에서 전문적이고 다양화되어야 할 것이다.

레크리에이션은 '인간존중'과 '인간에 대한 깊은 신뢰'를 이념적 바탕으로 하여 대상자들의 심리, 사회적인 능력향상과 자아실현 그리고 여가선용, 건전한 문화의식 함양, 문화 창조, 문화전수 등의 긍정적 변화를 도모하는데 목적을 둔 실천적이고 전문적인 방법이다. 따라서 레크리에이션은 아동에서부터 노인에 이르기까지 모든 사람과 집단을 대상으로 하여 진행된다.

2. 노인의 여가

1) 노인의 여가활동

노인의 여가활동에서 여가란 노동으로부터의 신체적 해방과 자신에게 부과된 의무감으로부터 해방되어 자유롭게 휴식 갖는 것을 의미한다.

이러한 여가는 두 가지의 의미가 내포되어 있다. 그 하나는 피로와 압박감으로부터 휴식을 취함으로 내일의 생활에 재창조를 위한 에너지를 충전하는 창조적인 여가(recreation)이며 다른 하나는 즐거운 시간을 보내는 오락(leisure)의 의미이다.

Havighust(1970)는 노년기의 여가활동 개념은 다분히 창조적 여가(recreation)의 내용을 담고 노년기의 여가란 노후생활에서 일어나는 인간관계의 긴장상태로부터 벗어나 휴식을 고취하고 자기생활의 균형을 회복하는 의미로서의 여가가 노인에게 필요하며, 노인의 문화성, 창조성을 발휘할 수 있는 여가활동에 즐겁게 참여함으로써 젊었을 때에 하지 못한 새로운 경험에 도전을 시도하는 것이 여가의 개념이라고 강조했다.

하비거스트의 노인의 여가개념에서는 생활과 구별하지 않고 생활자체를 여가의 개념에 포함시키고 있다. 노인의 여가시간은 그것이 생활자체라는 의미가 내포되어 있을 것이다. 노후생활이 의무감으로 작용할 때 노동이 될 수도 있고 즐거운 여가로 간주될 때 여가생활이 될 수도 있을 것이다.

따라서 노후생활은 어떠한 프로그램이든지 그가 원하고 즐겁게 대할 수 있는 것이라면 창조적인 활동이 될 수 있으나 심리적 의무감으로 작용하면 노동이 될 수 있다.

노인에게 여가의 의미는 재창조를 위한 여가(recreation)보다 즐거운 여가(leisure)에 더 관심을 가져야 하고, 또 그렇게 생활하는 것으로 인식되어지고 있다. 고령화 사회가 심화되면서 노년생활의 중요한 과제 중의 하나가 여가를 어떻게 보내느냐 하는 것이며, 사회적으로도 그 중요성이 더해가는 추세이다.

시설노인들은 아침부터 시작되는 프로그램이 대상자들에게 즐겁고 유쾌한 여가로 이어질 수 있도록 해야 할 것이다.

2) 요양시설 노인 여가욕구

세계보건기구(WHO, 1947년)에서 "건강은 단순히 질병이나 허약이 없는 상태가 아니라 신체적, 정신적, 사회적으로 안녕된 상태이다"라고 정의하고 있다. 안녕(Wellness)에 대한 정의 역시 건강과 관련되어 다양하게 소개되고 있다. 일반적으로 안녕은 단순히 질병이 없는 상태가 아니라 신체적, 정신적, 사회적, 영적으로 통합된 상호작용을 하는데 어려움이 없는 긍정적인 상태이며, 건강하고 적응이 잘된 삶의 질을 의미한다.

삶의 질이란 신체적, 정신적, 사회적으로 안녕한 상태(Well-being)로서 신체적, 정신적, 사회적 기능 및 역할을 최대한 발휘할 수 있는 상태를 의미한다.

일반적으로 삶의 질(quality of life)이란 인간 생활의 질적 수준을 나타내는 의미로 주관적 만족도 또는 행복감을 뜻하는 포괄적인 의미를 갖는다. 이러한 삶의 질과 유사한 개념으로는 안녕(Well-being), 복지(Welfare), 생활만족도(life satisfaction), 행복감(happiness), 사회지표(social indications), 생활수준(standard of life), 주관적 안녕, 생활의 질로 표현되기도 한다.

카프란(Kaplan, 1961)은 노인의 여가활동 욕구를 다음과 같이 구분하였다.

① 사회적으로 유익한 활동을 하려는 욕구
② 자신이 지역사회의 가치 있는 한 인간으로 인정받고 싶은 욕구
③ 친구들과 함께 여가를 보내고 싶은 욕구
④ 특정한 업적이나 성과를 올려 보려는 욕구
⑤ 건강을 유지하고 보호받으려는 욕구
⑥ 심리적인 혹은 정서적인 자극을 받아 보려는 욕구

⑦ 가족 관계를 원만히 가지려는 욕구

⑧ 종교적 신앙을 포함한 정신적 만족을 얻으려는 욕구

노인들의 여가가 단순히 여가를 위한 여가가 된다면 개인적으로 인생의 낭비가 될 것이고, 사회적으로는 인적자원의 낭비가 될 것이므로, 노인으로서도 인생의 보람을 느끼고 사회적인 면에서도 기여를 할 수 있는 여가활동을 창안하는 것이 시급하게 요청된다. 그러므로 노인들에게는 여가에 대한 가치관의 재인식을 위한 계몽을 필요로 한다. 인간은 누구나 여가를 즐길 수 있는 권리가 있고, 특히 노인들은 젊었을 때 사회를 위하여 기여했으므로 마땅히 그 보상으로 여가를 즐길 수 있다는 인식을 불어 넣어주어야 한다. 시설에서는 가정에서 생활하던 패턴대로 노인에게 일차적인 서비스를 제공하여야 하고 노인이 스스로 일상생활을 영위할 수 없는 경우에, 노인의 개별적 특성을 파악하고 질병의 여부, 거동이 가능한지, 부자유한지를 가지고 프로그램을 디자인하여야 한다. 노인의 삶의 질을 위하여 인간다운 삶을 누릴 수 있도록 시설노인의 욕구에 맞는 여가선용 프로그램을 시행하여야 한다.

노인의 창의적인 여가생활은 노후기에 자아실현 기회를 부여하고, 심리적인 풍요로움과 건강한 생활을 뒷받침한다. 또한 화목한 시설동료와의 관계는 노인에게 소속감과 애정의 감정을 느낄 수 있게 한다. 나아가 친구나 지역사회와의 연계 속에서 자기 정체성과 공동체의 성원으로서 노인복지시설 노인의 사회적 의식을 고취하는 역할을 하게 될 것이다.

3) 요양시설 여가활동의 중요성

노인들은 시설이라는 새로운 장소에서 노후의 삶을 시작하고 대부분의 노인들은 마지막 생의 마감까지 하고 있다. 그러므로 시설은 노인에게 가정과 같은 분위기를 창출하고 제공하며 가정에서 행하여지는 양식들을 제공하도록 노력해야 한다.

단순한 노인들의 레크리에이션 활동만으로는 인간으로서의 의미나 정체감을 유지할 수 없고, 정신적 능력과 사회와의 관계도 지속할 수가 없다. 따라서 노인의 연령별, 성별, 지역, 학력수준 등이 고려된 지적, 정서적, 사회적, 신체적, 영혼적 차원의 영역이 고루 들어간 프로그램을 개발하려면 어느 정도의 재정이 들것인지 등은 노인여가 관련 기관이나 노인시설의 가장 큰 난제이다. 바로 이 부분에서 정부와 지방자치단체의 조직적인 예산 지원이 뒤따라야 할 것이다.

현재 노인요양시설은 새로운 삶을 시작하는 장소로 인식하고, 노인의 질적인 삶을 위하여 노력하고 일차적 케어는 물론이거니와 인간다운 삶을 누릴 수 있도록 노인의 인지력 및 지남력 향상을 위한 각종 프로그램을 실시하거나 또는 노인의 여가선용을 위해 여러 프로그램들을 시행하고 있다. 이러한 점은 시설에서의 궁극적 목표가 노인의 재활에 초점을 두며 비록 보행이 불가능한 와상 노인이라 하더라도 남아있는 잔존기능의 유지 및 향상에 강조를 하고 있다.

노인시설에서 노인을 위한 프로그램을 진행하다보면 노인 개인별로 하는 프로그램은 많은 인력을 필요로 하고, 또 사회성을 강화시키는 프로그램에는 적당하지 못한 경우도 있다. 이러한 경우에 시설에서는 노인들을 위한 프로그램으로 집단을 형성하여 진행하기도 한다. 또한 노인집단을 구성할 때 동질성을 가진 구성원으로 형성을 하지만 시설 노인들 간에 각기 다른 배경을 가진 경우가 많으므로 집단구성 시 고려해야 할 사항이다.

노인집단 활용프로그램은 주로 레크리에이션, 회상요법, 다도 서비스, 사회생활기술훈련서비스, 운동 및 체조, 작업요법, 작업치료, 재활치료 등으로 나열해 볼 수 있다. 이러한 집단 활동을 통해 노인들은 시설 내 단체생활에 적응하게 되고 시설 내 동료노인들과 동료의식 및 사회적 교류를 바탕으로 단절되기 쉬운 대인관계를 지속하게 된다.

노인 요양시설에서는 노인의 다양한 여가욕구를 잘 파악하여, 개인적 부담없이 여가활동에 참여하여 생활에서 만족할 수 있도록 정보와 기회를 제공하여 노인들의 행복한 노후생활을 위하여 노력해야 할 것이다(김창호, 2006).

제2장

치료레크리에이션이란?

제 2 장

치료레크리에이션이란?

1. 치료레크리에이션의 정의

의사 Davis(1936)에 의해 처음 정의 내려진 치료레크리에이션(therapeutic recreation)은 여가와 레크리에이션의 전문 지식을 이용해서 최적의 건강과 삶의 질을 높이는 데에 관심이 있는 레크리에이션의 주요한 분야 중의 하나이다. 그 당시에는 치료레크리에이션(therapeutic recreation)이란 용어보다 레크리에이션 치료(recreational therapy)라는 용어가 폭넓게 사용되었는데, Davis에 의하면 레크리에이션 치료는 자유롭고 자발적인 표현 활동으로 놀이 정신을 통해서 신체적으로, 정서적으로 즐거움과 이완을 얻는 일체의 활동이다.

Frye와 Peters(1972)는 '치료레크리에이션은 레크리에이션의 경험을 통해서 바람직한 효과를 얻기 위해서 행해지는 의도적인 노력'이라고 정의했다.

O'Morrow(1980)는 '치료레크리에이션(therapeutic recreation)은 특별한 요구와 문제를 가지고 있는 사람들의 행동을 변화시키기 위해 사용하는 레크리에이션 경험의 과정이다'라고 했으며, Iso-Ahola(1981)는 치료레크리에이션(therapeutic recreation)을 '여가와 레크리에이션을 통해서 참가 대상(client)의 삶의 질을 높이기 위해 목적을 가진 중재(intervention)'라고 정의했다.

또한 Austin(1982)은 '치료레크리에이션(therapeutic recreation)은 레크리에

이션과 여가활동을 통해 문제를 방어 또는 해결하도록 돕거나 client의 성장을 돕기 위한 계획적이고 의도적인 개입이다'라고 했고, Kraus(1983)는 '치료레크리에이션(therapeutic recreation)은 질병과 장애로 고통 받고 있는 사람의 욕구를 충족시킬 수 있도록 계획된 특별한 활동으로서 레크리에이션을 제공하는 전문적인 서비스이다'라고 정의했다. 그 후 Carter와 Van Andel 그리고 Robb(1985) 등은 치료레크리에이션(therapeutic recreation)은 개인의 성장과 발달을 목표로 신체적, 정서적, 사회적 행동의 변화를 위한 특별한 목적을 가지고 행하는 '전문화된 레크리에이션의 한 응용 분야(a specialized application of recreation)'라고 정의했다.

이상 여러 학자들의 정의를 종합해 볼 때, 치료레크리에이션(therapeutic recreation)은 여가생활양식의 변화를 위해서 레크리에이션 활동과 경험을 체계적으로 사용하는 과정이라고 정의할 수 있으며 몇 가지 공통된 요소를 발견할 수 있다. 그것은 행동 변화를 꾀하기 위해서 의도적으로 여가나 레크리에이션을 수단으로 사용한다는 것과 이러한 레크리에이션의 결과는 Client의 개인적인 성장과 향상이 수반되고, 이 모든 과정을 계획 속에서 진행시켜 의도했던 결과를 산출해 낼 수 있다는 것이다.

치료레크리에이션(therapeutic recreation)의 정의는 여러 학자에 의해 정의되면서, 1969년 현장을 주도하고 있던 전문가들에 의해 공식적으로 다음과 같이 정의되었다. "개인의 성장과 발전을 위하여 그리고, 신체적, 정서적, 정신적, 사회적 행동의 바람직한 변화를 위하여 레크리에이션 서비스를 활용하는 의도적인 개입과정이다."

2. 치료레크리에이션의 목적

치료레크리에이션(therapeutic recreation)의 목적은 client에게 여가를 경험하도록 하여 적합한 여가생활양식(Leisure Lifestyle)의 개발, 유지, 표현을 촉진시킴으로써 스스로 여가능력을 갖도록 하는 것이다. 여기에서 중요한 단어는 여가생활양식이다. 여가생활양식이란 어릴 때부터 지금까지 경험하고 습득되었던 모든 삶 속에서 보여 지는 개인의 여가와 관련된 태도, 인식, 가치 그리고 활동들에 대한 일상적인 행동표현을 의미한다. 다시 말하면, 여가생활양식에는 '무슨 여가활동을 얼마나 지속적으로 하고 있느냐'하는 여가기술의 보유나 여가시간의 많고 적음, 여가의 지속과 같은 의미도 담겨있으나, 그 이전에 중요한 것은 여가에 대한 인식과 태도가 바람직한가에 대한 것이라고 할 수 있다.

3. 치료레크리에이션의 대상

치료레크리에이션(therapeutic recreation)의 대상은 신체적, 정신적, 사회적, 정서적 면에서 여가가능에 어려움을 갖고 있는 사람들이다. 예를 들어, 발달장애인, 정신장애인, 신체장애인, 급성・만성질환자, 약물남용자, 정형 외과적 손상을 입은 사람, 노인, 시각/청각/언어적 장애가 있는 사람, 학습장애가 있는 사람, 범죄자, 여가장애인 등이다.

우리 사회에서는 아직까지 여가기능이 치료, 개발, 회복에 영향을 주는 것으로 인식되지 않고 있다. 하지만 신체적, 정신적, 사회적, 정서적면에서 여가가능에 어려움을 갖고 있는 사람들은 치료레크리에이션 서비스로부터 적합하고 잠재적인 효과를 얻을 수 있다.

기능적 부분에 어려움을 가지고 있는 사람들은 적합한 서비스를 받아야 한다. 치료레크리에이션 대상의 범위는 일반적으로 의학적, 정신과적 대상에만 제한받지 않는다. 현대에는 의학적, 정신과적 문제를 가지고 있는 사람들도 치료레크리에이션(therapeutic recreation)에 포함되는 기본적 대상이 될 수 있다. 결국 치료레크리에이션 대상자가 광범위하다는 것은 치료레크리에이션 자체가 재활과 치료의 기능을 충분히 하고 있음을 반증한다.

4. 치료레크리에이션의 철학과 발전과정

1) 치료레크리에이션의 철학

사회가 더욱 발전하면서 레크리에이션과 여가는 인간의 삶의 질을 위한 중요한 개념이 되어가고 있다. 즉 개인의 성장과 발달에 기여하고 개인의 욕구를 기본적으로 충족시키는 수단이 되며, 지역사회와 다양한 시설에서 행하는 레크리에이션 활동과 기회는 삶의 질을 높여주고, 최적의 건강상태를 확보하게 해준다는 데 별다른 이견이 없다. 왜냐하면 생활의 질이 높아짐에 따라 여가와 레크리에이션은 인간의 생활에서 인간다운 삶을 누리는 철학적 영역으로 자리를 넓혀가고 있기 때문이다. 이러한 인식의 변화로, 레크리에이션의 가치가 개인적인 욕구를 만족시키고, 성격을 개발시키며, 체력의 유지 및 증진을 도모하며, 정서적으로 긴장감을 완화하여 사회적 상호작용을 돕기 때문에 점차 치료적인 환경을 조성하여 신체, 정신, 정서, 사회적으로 제한을 갖는 이들을 대상으로 전문적인 서비스의 한 영역으로서 다양한 접근을 시도하기 시작했다(홍성아 1998: 13-14).

이와 같이 여가나 레크리에이션 활동을 통하여 사회적, 정신적, 정서적, 신체적인 기능회복을 꾀하고 적합한 여가활동을 지속적으로 표현하고 유지할 수 있도록 돕는 전문분야가 치료레크리에이션(therapeutic recreation)이다.

미국의 치료레크리에이션(therapeutic recreation)의 철학적 관점에서 살펴보면 두 가지 흐름을 볼 수 있다. 그 흐름의 한 가지는 레크리에이션 그 자체를 목적으로 보는 여가 중심적 관점과 레크리에이션을 치료의 수단으로 보는 치료 중심적 관점이라 할 수 있다.

레크리에이션을 그 참여 자체에 목적을 두는 관점은 여가의 고전적인(classical) 개념과 여가와 레크리에이션의 내적가치에 초점을 둔 철학이 바탕이 된다.

여가 중심적 관점은 여가생활양식 개선 및 유지, 표현을 주목적으로 하고 있으며 “병원레크리에이션(hospital recreation)”, “특수레크리에이션(special recreation)”라 불리었다.

치료레크리에이션 전문가는 치료사와 레크리에이션 지도자 역할을 담당하며 대상과 장소로는 지역사회와 복지시설 및 병원이라 할 수 있다.

여가 중심적 관점의 모델로는 Peterson과 Gunn(1984)의 여가능력모델(Leisure Ability Model) 속에서 포괄적인 치료레크리에이션의 정의를 보여주고 있다.

치료 중심적 관점은 레크리에이션이 치료의 수단이라는 신념에서 출발한다. 즉 치료레크리에이션은 레크리에이션을 통해서 치료가 이루어져야 한다는 생각과 함께 치료레크리에이션은 단지 여가생활만을 위함이 아니라 임상시설에서 하나의 치료로서의 역할을 해야 한다는 주장이다. 즉, 치료레크리에이션은 레크리에이션치료(recreation therapy)를 의미한다.

치료 중심적 관점에서 전문가의 역할은 전문 임상 치료사이고 임상 재활시설에서 활동이 이루어진다.

Austin(1991)은 처음으로 레크리에이션이 치료의 수단으로서의 철학을 보여줄 수 있는 건강예방증진 실행 모델을 소개했다. 이 모델은 건강(health)을 치료레크리에이션의 중심문제로 대두시키면서 치료레크리에이션의 임상적 접근에 토대를 제공했다. 그 후에 Carter, Van Andel & Robb(1995)이 치료레크리에이션 서비스 전달 모델(TR Service Delivery)와 치료레크리에이션 결과 모델(TR outcome model)을 소개했고, Wilhite, Keller, Caldwell(1999)이 치료레크리에이션을 통한 일생 건강 최적화 모델(Optimizing Lifelong Health through TR model)을 통해서 건강을 중심으로 한 치료레크리에이션 실행 모델을 제시하였다.

우리나라의 현재 치료레크리에이션은 기본적으로 여가능력모델을 따르고 있다. 따라서 여가 중심적 관점에 가깝다고 할 수 있다. 아무리 여가능력모델이 많은 장점을 가지고 있다 하더라도 단 하나의 실행 모델만이 치료레크리에이션을 설명하는 것은 분명한 문제점을 가지고 있다. 또한, 현재와 같이 한국 치료레크리에이션이 장애인의 여가생활을 돕는 서비스로 고착화 되어 가면, 치료레크리에이션은 치료레크리에이션의 본래의 정체성과 독립성을 잃게 되고, 레크리에이션 혹은 특수교육, 사회복지 서비스의 한 영역으로 편입 될 수 있다.

치료레크리에이션은 장애인 대상으로 하는 레크리에이션 서비스라고만 할 수 없으며 또한, 사회복지나 특수교육의 장애인을 대상으로 하는 여가생활개선의 기법이나 실천방법이 아니다.

한국 의료 환경도 커다란 변화를 겪게 될 것이다. 치료레크리에이션은 물리치료(physical therapy)와 작업치료(occupational therapy), 사회복지, 간호와 대등한 지위를 가진 하나의 전문 치료사 영역으로 자리를 잡아야 한다.

한국 치료레크리에이션은 여가능력모델에 사로잡혀 미국 치료레크리에이션의 약점과 혼란을 되풀이할 필요가 없다. 한 가지 대안으로 한국 치료레크리에이션을 치료 중심의 임상서비스로 명확하게 한정시킬 것을 고려해 볼 필요가 있다. 이는 한국 치료레크리에이션이 미국 치료레크리에이션이 경험했던 혼란 없이, 완벽하게 하나의 치료 영역의 전문직으로 자리 잡도록 하는 시도이다. 이제는 한국 치료레크리에이션의 진정한 발전을 위해 모든 논의의 장을 열어두고 누구라도 항시 치료레크리에이션의 실체에 대해서 진지하게 토론해야 한다(2006, 노용구).

2) 치료레크리에이션의 역사

치료레크리에이션(therapeutic recreation)의 철학적 배경을 살펴보면 선사, 고대, 중세, 근대, 현대를 거슬러 올라오면서 서서히 정착하기 시작하였으며, 18세기 후반과 19세기에 걸쳐 과학적 치료기술이 발전함에 따라 인간의 존엄성과 가치에 대한 개념이 더욱 강조되었다.

공식적으로 조직화된 치료레크리에이션 프로그램의 발전을 고찰하기 위해서는 1863년의 발전과정을 살펴볼 필요가 있다. 그 해 9월, 스위스의 한 은행가가 적십자를 만들기 위하여 회의를 개최할 것을 요구해 스위스에 16개국의 대표자가 모였다. 이 조직의 설립위원회에 의해 레크리에이션 활동을 포함한, 군대를 위한 봉사단인 미국 적십자가 설립되었다. 20세기 초반 1・2차 세계대전이 연이어 발발되면서 참전용사들은 전쟁의 후유증으로 정신과에 입원하게 되고 외상으로 인하여 치료를 하는 병사들은 외과병동을 가득 메우기 시작했다. 이 때 바로 적십자 요원들로 하여금 봉사활동이 시작되었고 그 수단이 레크리에이션 활동이었다.

이것을 시작으로 하여 1921년 초에 Herrisburg(Pennsylvania 소재)주립병원의 정신과 의사인 R. F. S. Ridgway가 정신 장애인을 위한 치료레크리에이션(therapeutic recreation)의 가치를 논설했다. 역시, 1937년에 William Menninger와 lssabelle McCall박사가 Menninger Clinic Center에서 정신장애인들의 보호와 치료레크리에이션의 효과와 가치에 대하여 발표했다.

1930년 후반부터는 미국의 병원내에서 레크리에이션을 치료의 수단으로 사용하기 시작한다.

Kansas주의 Menninger 병원에서 Menninger 형제는 심리적 장애를 가지고 있는 사람에게 치료의 수단으로 레크리에이션을 사용하기 시작했다.

정신과 의사들에 의해서 레크리에이션은 환자들의 만족과 즐거움을 줄 뿐만 아니라, 긴장과 불안을 감소시키고 내적 동기와 추동을 강화시키는 분명한 치료 효과가 확인되고 있었다. 이들은 치료의 효과를 높이기 위해서 창조적으로 레크리에이션을 변형, 적용시키기 시작했다. 이로써 레크리에이션은 병원에서 치료의 부수적이고 부가적인 방법으로 인정받기 시작했다.

레크리에이션은 또한 구체적인 질환이나 장애를 가진 사람에게 구체적인 치료목표를 성취하는 치료의 수단 및 의료의 수단으로 사용될 가능성을 보여주고 있다(Menninger, 1948).

1932년에는 정신지체아동을 대상으로 한 사례연구가 Bertha E. Schlotter와

Margaret Svendsen에 의해 발표되면서 점차 치료레크리에이션(therapeutic recreation) 활동에 대한 과학적 검증작업이 시작되었다. 이렇게 활발한 연구로 인하여 1967년 국제치료레크리에이션협회(National Therapeutic)의 설립과 함께 전문가의 기준 및 실행표준 설명, 대학에서의 학과 개설 등의 많은 활동이 전개되었다.

임상과 치료중심의 치료레크리에이션협회 창립에 대한 연구가 1982년 시작되었고 1983년 캔사 스시티(Kansas City) 회의에서 레크리에이션이 목적이 아닌 치료의 수단임을 주창하는 미국치료레크리에이션협회(American Therapeutic Recreation Association)가 설립된다(O'Morrow, 1986). 1990년대 이후 미국치료레크리에이션협회는 외부의 의료 통제기관(Joint Commission on Accreditation of Healthcare Organization, Commission on a Accreditation of Rehabilitation Facilities)과의 관계를 형성하고 발전시키는 활동을 지속적으로 유지해나가면서 장애인의 직접적인 치료로서 레크리에이션치료의 법적인 장치를 만드는 일에 주력하고 있다. 이러한 움직임은 치료레크리에이션의 중심을 레크리에이션치료로 한정하고, 병원에서 임상적인 활동의 강화가 치료레크리에이션의 정체성을 확립시킨다고 보는 견해이다. 이러한 흐름은 오늘날 임상시설에서 활동하는 치료레크리에이션전문가들이 치료레크리에이션을 레크리에이션치료(recreation therapy)와 동의어로 생각하고 자신들을 레크리에이션 치료사(recreation therapist)라고 지칭하는 것과 밀접하게 관련되어 있다.

치료레크리에이션(therapeutic recreation)은 미국에서는 대략 30년전부터 여가학(leisure studies)의 한 분야로서 출발했다. 현재 미국의 약 300여개의 4년제 대학의 여가학과에서 치료레크리에이션 전공과정을 운영하고 있고, 약 20여개 주립대학의 여가학과에서 치료레크리에이션 박사학위과정을 운영하고 있으며, 다양한 임상현장에서는 약 17,000명의 레크리에이션 치료사들이 의료시설과 복지시설에서 활동하여 건강과 복지서비스의 전문 직종으로도 자리를 잡아가고 있는 실정이다(노용구, 2005)

한국의 치료레크리에이션은 1980년 중반부터 체육학을 중심으로 몇몇 학자들에 의해 장애인 레크리에이션, 레크리에이션재활, 교정레크리에이션, 치료적 레크리에이션이란 다양한 용어로 미국의 치료레크리에이션을 소개하기도 하고 레크리에이션의 치료성을 강조하기 시작했다.

1990년대 초기부터 자생적으로 현장 레크리에이션 활동가들에 의한 장애인에게 레크리에이션활동을 제공하려는 움직임이 있었다. 이러한 움직임으로 그 후 1993년 한국치료레크리에이션협회(Korea Therapeutic Recreation Association)가 창립되었고, 한국에 치료레크리에이션이라는 용어가 본격적으로 소개되어지기 시작했다. 이 단체는 당시 레크리에이션의 열악한 환경에서도 치료레크리에이션 홍보와 보급에 공헌을 하게 된다. 이들은 병원과 재활기관에 레크리에이션 서비스를 제공하고 자체의 임상센터도 운영하기 시작한다. 또한 이 협회는 치료레크리에이션 자격 교육 사업을 주로 사회복지사와 사회복지학과 학생을 중심으로 활발하게 펼쳐나간다. 또한 1990년대 중반부터 대학의 사회복지학과와 체육학과를 중심으로 치료레크리에이션 교과목이 개설되기 시작하고 현재는 30여 개 대학에서 치료레크리에이션 교과목을 개설하고 있으며 대학원에서는 세부전공으로 운영되고 있기도 한다(한국치료레크리에이션협회, 2004).

사회가 더욱 발전하면서 레크리에이션과 여가는 인간의 삶의 질을 위한 중요한 개념이 되어가고 있다. 즉, 개인의 성장과 발달에 기여하고 개인의 욕구를 기본적으로 충족시키는 수단이 되며, 지역사회와 다양한 시설에서 행하는 레크리에이션 활동과 기회는 삶의 질을 높여주고, 최적의 건강상태를 확보하게 해준다는 데 별다른 이견이 없다. 왜냐하면 생활의 질이 높아짐에 따라 여가와 레크리에이션은 인간의 생활에서 인간다운 삶을 누리는 철학적 영역으로 자리를 넓혀가고 있기 때문이다. 이러한 인식의 변화로, 레크리에이션의 가치가 개인적인 욕구를 만족시키고, 성격을 개발시키며, 체력의 유지 및 증진을 도모하며, 정서적으로 긴장감을 완화하여 사회적 상호작용을 돕기 때문에 점차 치료적인 환경을 조성하여 신체적, 정신적, 정서적, 사회적으로 제한을 갖는 이들을 대상으로 전문적인 서비스의 한 영역으로서 다양한 접근을 시도하기 시작했다(홍성아 1998: 13-14).

이와 같이 여가나 레크리에이션 활동을 통하여 사회적, 정신적, 정서적, 신체적인 기능회복을 꾀하고 적합한 여가활동을 지속적으로 표현하고 유지할 수 있도록 돕는 전문분야가 치료레크리에이션이다.

제3장

치료레크리에이션의 서비스 모델

제 3 장

치료레크리에이션의 서비스 모델

1. Peterson과 Gunn의 여가 능력 모형

치료레크리에이션 서비스 모델은 Peterson과 Gunn(Carol Ann Peterson & Scout Lee Gunn, 1972, 1977)에 의해 개발된 것으로 치료레크리에이션(therapeutic recreation)의 원리를 이론화한 중요한 모델이다. 이 서비스 모델이 나오기 전까지는 미국 내에서도 레크리에이션을 단지 기분전환이나 즐거움을 주는 하나의 수단으로만 간주하였다.

Peterson과 Gunn이 발전시킨 접근법이란 치료레크리에이션 서비스 연속체 모델이라고도 불리는 것으로 미국 치료레크리에이션협회에서는 이 접근법을 1981년 가을에 공식적으로 치료레크리에이션의 철학과 서비스 모델로 채택했다. 이 모델은 피터슨과 스툼보에(Peterson & J. Stumbo, 2000)의해 다시 수정되었으며 여가능력접근법(Leisure Ability Approach)에 입각해서 〈그림 1〉과 같은 모델을 제시했다.

〈그림 1〉은 다양한 치료레크리에이션(therapeutic recreation) 서비스의 다양한 구성 부분을 그래프로 나타낸 것으로, 서비스 희망 결과, 치료레크리에이션(therapeutic recreation) 전문가의 역할, client에게 있어 자유도의 개념을 나타내 주고 있다. 이 모형은 또한 다양한 서비스 구성 부분 사이를 왔다 갔다

그림 1 여가능력모형

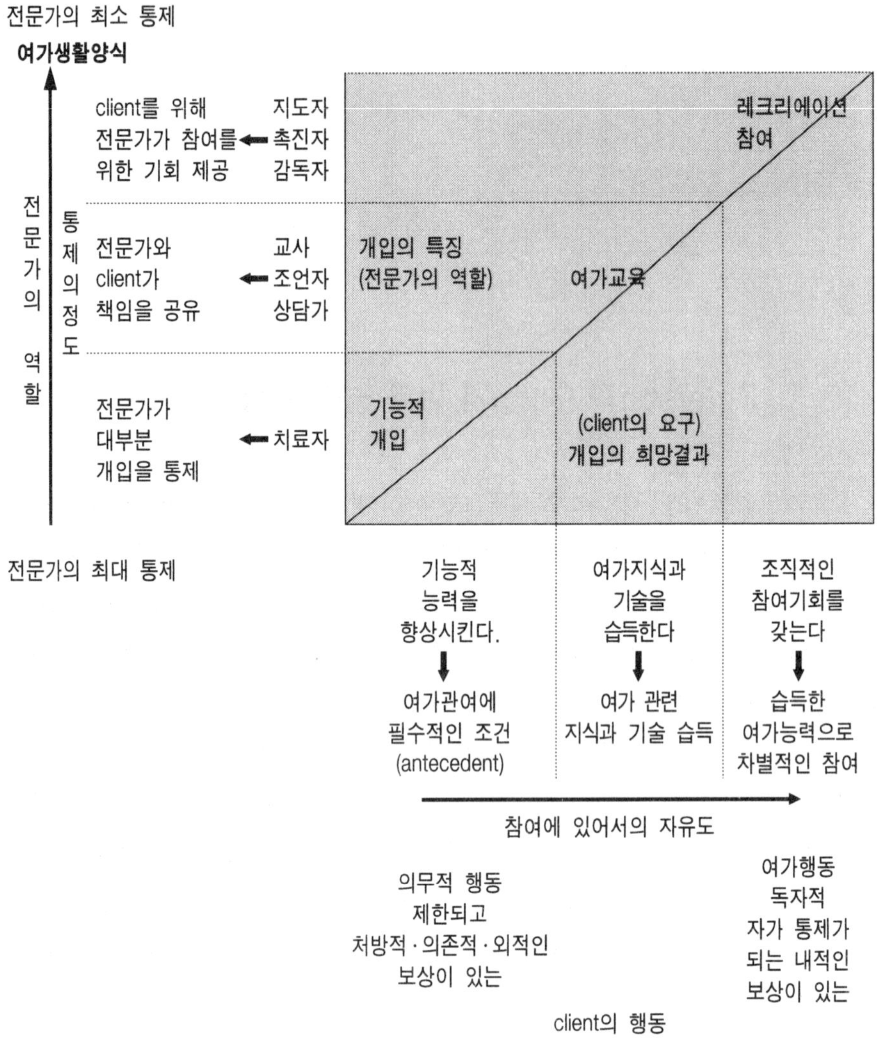

한다는 것을 의미하는 연속체(Continuum) 개념에 대한 설명을 의도하고 있다. 독자적인 여가참여와 생활양식의 궁극적인 목적은 이 모형의 매개 변수의 차

원을 넘어선 것이라 할 수 있다. 모형 자체는 치료레크리에이션(therapeutic recreation) 서비스를 하고 있는 다양한 기관의 후원 아래 디자인되고 실행될 수 있는 것들을 설명하고 있다(Peterson & Stumbo, 2000: 25).

1) Client-지향적 접근(A Client-Oriented Approach)

여가 능력 모형은 여가참여와 관련하여 파악된 client 욕구에 대한 개념을 바탕으로 하고 있다. 3가지 서비스 범주(기능적 개입, 여가교육, 레크리에이션 참여)는 기능이 미약한 상태의 client가 가질 수 있는 구체적이고 독특한 욕구를 다루고 있다. 프로그램들은 특정한 기관들을 통해 서비스를 받는 client에 대한 분석을 바탕으로 개발된다. 기관의 특징과 서비스 강령 또한 고려해야 한다. 특정한 기관은 한 가지 이상의 서비스를 제공할 수 있다.

client 욕구는 항상 포도송이처럼 다양하게 연결 또는 형성되어 있다는 형태의 개념을 사용하고 있다. 그래서 프로그램들은 이와 같은 일반적인 영역과 관련지어 항상 개발된다고 할 수 있다. 그러나 client들은 개별적으로 사정을 받고 그들만의 독특한 문제와 개발이 필요한 영역과 참가 욕구와 관련이 있는 프로그램들 속에 적절하게 배정될 것이다. 이와 같은 실행 계획은 치료레크리에이션 서비스가 대부분 집단-지향적(group-oriented) 프로그램을 통하여 전달되고 있다는 학문의 현실적인 입지를 나타내고 있다. 결론적으로 client 욕구를 중점적으로 다룰 수 있는 능력은 많은 수의 client 대 적은 수의 스텝 비율과 집단 구조의 제약 조건 속에서 반드시 개념을 잡아야 한다. 그러나 이것은 일반적인 여가와 관련된 욕구 영역과 욕구에 맞는 프로그램을 파악하고 이와 같은 상황 속에서의 개별화를 가능하게 해 준다. 고(高) 스텝/저(低) client 비율을 가진 기관들조차도 집단 프로그램이 행동의 변화와 여가 개발을 위해 특정한 영역을 다룸에 있어 적절하고 최상의 편익을 도모하는 방법이라는 사실을 알고 있다. 의도를 갖고 실행하는 대부분 레크리에이션 참여 프로그램은 집단-지향적이다. 일대일의 프로그램이 가능한 곳에서도 똑같은 일반적인 원칙과 기획과 실행의 절차가 적절한 것이다.

이 같은 접근의 개별화된 프로그램 제작을 위해 client 욕구를 중점적으로 다루고 있다. 이렇게 하는 것은 많은 기관에서는 필수적인 요건이다. 개별 치료 계획(Individual Treatment Plans), Resident Care Plans(상주 치료 계획), Individual Education Plans(개별 교육 계획)의 개발(또는 특정한 기관 내에서 어떤 개별화된 절차를 요구한다)은 이와 같은 접근법을 활용하여 단순화한 것이다. client 욕구의 초기 개념 잡기와 기본적인 서비스 구조의 디자인은 프로그램 개발과 전달 시스템에 있어 중요한 단계이다(Peterson & Stumbo 2000: 26).

2) 목적을 한 영역에만 둔 프로그램

여가 능력 접근법을 사용함에 있어, 각 프로그램은 3가지 주요 서비스 영역 중 단지 한 영역이나 주요 범주에 속하는 욕구 중 한 부분에만 초점을 두고 있다.

예를 들어, 만일 여가각성을 위한 프로그램이 디자인되었다면, 그것은 오직 그 주제에만 초점을 두고 있다는 것이다. 구체적인 행동적 결과(client 측정치)뿐만 아니라 내용(활동들)과 과정(개입 기법) 모두는 단 하나의 주제에 초점을 두고 개발된다.

이 시스템 접근법은 client 욕구의 범주를 중점적으로 다루는 구체적 프로그램 개발에 초점을 두고 있다. 이와 같은 접근법은 긍정적인 client의 결과를 얻기에 매우 효율적이고 유용성 있는 적절한 방법이 될 것 같다. 처음부터 이 같은 접근법은 많은 기획과 서류를 필요로 한다는 것을 인정한다. 그러나 그 결과로 얻어지는 프로그램 구조와 내용은 client 지향적이고 고도의 책무가 계속해서 주어지고 있는 프로그램의 운영과 관리를 가능하게 한다.

(1) 치료레크리에이션 서비스의 범주

치료레크리에이션 서비스의 모델을 범주(client의 여가욕구 반영)별로 자세히 알아보고 치료레크리에이션 서비스의 기법을 전반적으로 살펴보자.

첫 번째 범주의 기능적 개입은 부족한 능력(사회 · 심리 · 신체 · 정서)개발에 목적을 둔 다양한 프로그램(예를 들어, 치료레크리에이션 스포츠, 치료레크리에이션 놀이, 원예 치료)을 실시하는 서비스이다.

두 번째 범주인 여가교육 서비스는 client에게 가장 적합한 여가인식과 관련지식, 태도 또는 기술 등을 교육하는 서비스이다.

세 번째 범주인 레크리에이션 참여 서비스는 client가 즐거움이나 자기표현을 위해 구조화된 집단 레크리에이션 경험에 참여할 수 있도록 기회를 제공하는 서비스이다.

① 기능적 개입

여가능력 철학은 기능적 개입 치료레크리에이션 서비스가 논리적이고 적절한 희망 결과를 끌어낼 수 있는 기초를 제공하였다. 행동적 영역들은 일반적으로 인정된 신체적, 정신적, 정서적, 사회적 기능화의 영역을 활용하여 파악할 수가 있다. 각각의 영역들은 여가참여에 있어 분명한 중요성을 지니고 있다. 더욱이, 이들 영역들은 모든 질병과 장애 분류에 영향을 끼친다. 그러므로 이 영역들은 다양한 시설에서 다양한 대상들과 함께 일하는 치료레크리에이션과 같은 전문직에 있어 유용하다.

㉠ 치료레크리에이션사의 역할

기능적 개입 서비스의 디자인과 전달을 하는 동안 치료레크리에이션 서비스 전문가의 주된 역할은 치료사이다. 이와 같은 용어는 단지 하나의 역할을 명시하기 위한 것이 아니라 오히려, 다양한 치료 촉진기법과 전략의 습득, 적절한 활용이라는 의미를 내포하고 있다. 필요한 기법은 서비스를 받을 대상에 의존하고 또한 기관의 전통이나 접근법에 따른다.

치료사의 역할은 client에 있어 어떤 구체적인 행동 변화와 향상을 가져오는데 쓰여진 촉진기법을 세심하게 선별하고 적절하게 실행하는 것을 말한다.

㉡ client의 자율성과 통제

기능적 개입 프로그램 속에서, client의 자율성과 선택은 최대한 극소화된다. 비록 이 영역의 어떤 서비스는 다소 처방전에 가깝지만, 그러나 가능할 때마다 client는 서비스의 결과를 측정하기 위해 가능한 많은 자율성을 부여받는다. 프로그램을 마칠 때나 과정에 대한 주된 책임이 있는 반면, 가능한 최대한으로 자신의 참여와 목표 행동에 대한 책임을 공유해야 한다. 자기 결정은 여가 기능적 개입에 있어 중요한 개념이다(Peterson & Stumbo, 2000).

② 치료레크리에이션 서비스의 구성 부분으로서 여가교육

여가교육은 다양한 여가와 관련된 기술, 태도, 지식의 개발과 습득에 초점을 둔 광범위한 범주의 서비스이다. 적절한 여가생활양식의 확립과 표현은 다양한 지식과 기술의 습득에 달려있는 것 같다. 활동 기술의 다양한 목록(repertoire)의 작성만이 필요한 것이 아니다. 여가의 인지적 이해, 여가경험에 대한 긍정적 태도, 다양한 참여와 의사결정 기술들뿐만 아니라 자원에 대한 지식, 자원을 활용할 수 있는 능력이 필요하고 자원은 또한 만족스런 여가참여에 있어 중요한 것이 될 것이다. 이와 같은 여가교육 내용의 영역들은 적절한 여가와 관련된 기술, 지식과 태도의 습득을 희망 결과로 하는 프로그램으로 조작화 할 수 있다.

㉠ 여가교육 서비스의 특징

여가교육 서비스는 의료 모형(medical mode)과 대조적으로 교육적 모형(educational model)을 활용한다. 교육 모형은 '사람들은 새로운 지식과 기술, 태도, 능력을 습득할 때 행동이 바뀌거나 향상될 수 있다.'라는 가정 위에서 운용된다. 이 같은 변화는 학습 과정을 통하여 일어난다. client는 목표하는 변화와 성장에 대한 책임을 나누어 가지는 과정에 있어 능동적인 참여자이다. 비록 질병이나 장애는 학습할 내용과 학습이 일어나는 과정에서 반드시 고려되어야 하지만, 질병이나 장애가 주된 관심사는 아니다. 행동적 성장과 변화는 장애나 상태와 별개로 보고 있다. 여가교육에 있어서, 학습(또는 행동 변화의 바람직한 영역)의 초점은 여가능력(Leisure ability)이다.

여가교육 서비스는 성공적인 여가참여와 활용에 포함되는 요소의 분석을 통하여 가정 먼저 개념을 잡고 있다. 장애가 없는 사람들은 성공적인 여가참여의 구성 부분을 가늠하기 위해 연구를 한다. 그래서 모형은 일반화 또는 포괄적인 개념을 바탕에 두고 있다. 관찰과 면접이 연구의 주된 방법으로 쓰여진다. 얻어진 정보는 현장의 다양한 전문가와 함께 분석, 토론하게 된다. 그래서 얻은 결과로 개념 잡기를 하고 일반 프로그램 내용과 관련된 영역으로 조직화된다. 여가와 관련한 4가지 일반적인 범주가 제시된다. 각각의 범주는 보다 세부적으로 개념화되고 개발이 이루어진다.

㉡ 여가교육 서비스의 내용

4가지 구성 부분은 여가교육 내용의 주요 구성 요소를 식별하기 위한 개념의 틀을 구성하고 있다. 이들 각각의 4가지 구성 부분은 이어지는 쪽에서 나누어 설명하려고 한다.

▪ 여가각성

ⓐ 여가에 대한 지식
ⓑ 자기-각성
ⓒ 여가와 놀이 태도
ⓓ 여가참여와 의사 결정 기술들

▪ 사회적 상호작용 기술들.

ⓐ 의사소통 기술
ⓑ 관계-형성 기술

ⓒ 자기-표현 기술

■ 여가활동기술

ⓐ 전통적인 여가기술
ⓑ 비전통적인 여가기술

■ 여가자원

ⓐ 활동기회들
ⓑ 개인적 자원들
ⓒ 가족과 가정의 자원들
ⓓ 지역사회 자원들
ⓔ 도와 전국

③ 레크리에이션 참여 서비스

여가 능력 모형의 세 번째 주요 구성 부분을 레크리에이션 참여라고 부른다. 레크리에이션 참여는 구조화와 전달되는 프로그램의 유형을 설명하고 있다. 이 같은 프로그램의 목적은 조직화된 전달 체계 속에서 재미, 즐거움과 자기표현을 위한 기회를 제공한다는 것이다. 비장애인들을 위해 제공되는 레크리에이션 참여 프로그램들처럼, 참여를 위한 동기부여와 참여의 결과는 주로 개인에 의해 결정된다. 근본적으로 기관은 client에 흥밋거리가 되는 다양한 프로그램과 참여 경험을 조직함으로써 참여할 수 있는 기회를 제공한다.

여가관련기술을 습득한다는 것은 그 기술을 활용할 수 있는 기회가 주어지지 않는다면 유명무실해질 수밖에 없다. 따라서 레크리에이션 참여 서비스를 통해 client가 즐거움을 느끼고, 자기를 표현할 수 있는 체계적인 레크리에이션을 경험할 수 있도록 참여의 기회를 갖도록 한다.

2. Austin의 건강 예방 / 건강 증진 모델 (The Health Protection & Health Promotion Model)

건강 예방/건강 증진 모델(The Health Protection & Health Promotion Model)은 미국 인디애나주립대학의 Austin(1998)이 주장했으며 미국 ATRA (American Therapeutic Recreation Association)을 중심으로 응용되고 있는 모델이다.

이 모델의 목적은 두 가지로 정의할 수 있는데, 첫째는 건강을 위협하는 요소로부터 벗어나는 건강예방과 단순히 건강을 지키는 것보다 건강상태를 더 높은 수준으로 높일 수 있는 건강증진이다. 즉, 이 모델에서의 치료레크리에이션의 목적은 한 개인의 건강상태를 최상의 상태로 변화시킬 수 있으며, 각 단계마다 적절한 역할을 수행하는 것이다.

그림 2 건강 예방과 건강 증진 모형(Austin, 1998)

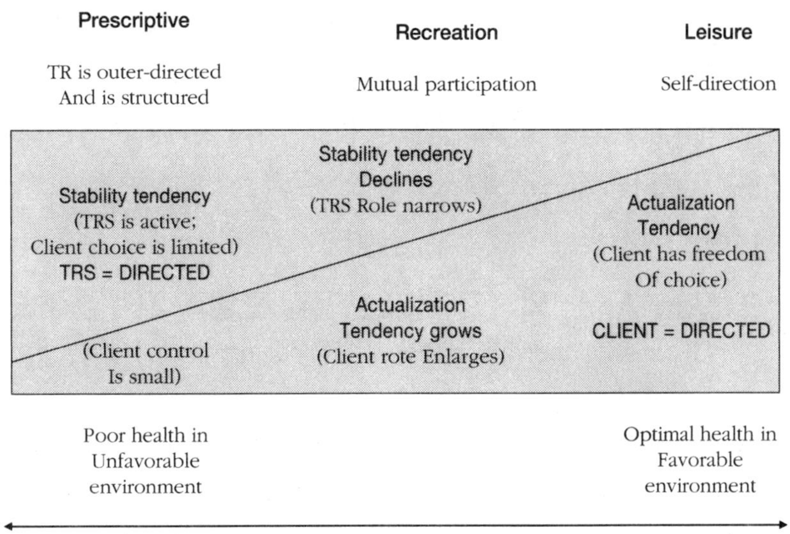

구체적으로 치료레크리에이션은 처방적 활동(prescriptive activities), 레크리에이션(recreation), 여가(leisure) 세 가지로 나누어진다.

첫째, 질병의 단계에서 치료레크리에이션은 처방적인 활동으로 개입한다. 이 처방적인 활동은 대체로 임상환경에서 이루어지는데, 질병이나 장애로 잃어버린 자기인생에 대한 통제력을 회복하는 것이 주된 목적이다. 대체로 장애를 가진 사람들에게는 건강회복을 위한 활동이 필수적인 선행조건이 된다. 그들에게는 무력감이나 우울증을 해소시키기 위해 활동을 통한 자신감과 활력을 찾게 하는 것이 중요하다. 이 단계에서 처방적인 활동은 치료레크리에이션 치료사에 의해서 통제된다.

둘째, 안정화단계에서는 여가와 레크리에이션 활동의 경험이 중요하다. 이 단계에서는 레크리에이션을 통해서 생리학적 혹은 사회심리학적 손상으로부터 건강을 보호하기 위한 적절한 정도의 스트레스와 도전이 있는 활동이 요구된다. 이때는 치료레크리에이션 치료사와 client의 상호협조 하에 처방을 하고 개입이 이뤄진다.

끝으로 실현화단계에서의 치료레크리에이션은 개인의 최적건강 혹은 여가를 통해서 경험할 수 있는 자유감, 자기결정력, 자기표현력 그리고 만족감 등을 얻고 자아실현을 이루게 하는데 초점을 둔다. 이때 치료레크리에이션 치료사는 치료사나 교사의 위치가 아니라 촉진자 혹은 지원자로서 실현과정에 있는 대상자가 자립적이고 자기결정 하에 마음껏 여가에 참여할 수 있도록 돕는 역할을 한다.

3. Van Andel의 TR 서비스 전달 모델과 TR 결과 모델
(TR service delivery model & ITR outcme model)

Van Andel(1995)은 치료레크리에이션은 레크리에이션과 경험적 활동이나 개입의 전문적인 적용으로 건강상태, 기능적 능력을 유지하거나 개선시키며, 결국 개인의 욕구에 맞추어 삶의 질을 높여주는 것이라 정의하면서(Andel &

Robb, 1995) 두 가지 모델을 제시하였다.

먼저 치료레크리에이션 서비스 전달 모델(TR service delivery model)은 치료레크리에이션 서비스를 ① 진단과 요구사정단계(dignosis & needs assessment), ② 치료와 재활단계(treatment & rehabilitation), ③ 교육단계(education), ④ 예방과 건강증진단계(prevention & health promotion) 네 가지로 구분한다.

Andel은 위의 네 가지 요소가 연속적으로 배치되어 있지만 이 모델에는 융통성이 있다고 제안한다. client의 개별화된 계획이 개발되고 이행되었기 때문에 개개인은 동시에 한 가지 이상의 요소와 관련되어 있을 수 있다. 또한 이 모델의 융통성은 실행설정에서의 다른 방식들을 서비스 철학과 client의 특정 요구를 최대한 반영하는 적절한 서비스 전달 모델의 배합을 선택할 수 있는 기회로 삼을 수 있다.

치료레크리에이션 서비스 전달 모델은 치료레크리에이션 실행에서 몇 가지 기본가정을 반영한다. 예를 들면, 사정은 서비스 설정에 관계없이 client의 개별화된 계획에만 관여되는 결정방식을 위한 토대이다. 치료레크리에이션 치료

그림 3 치료레크리에이션 전달모형(Andel, 1998)

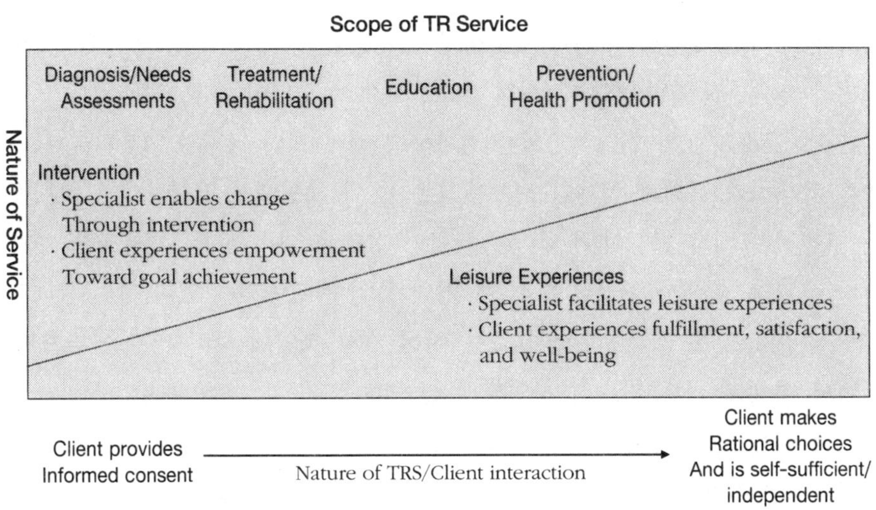

사는 client의 배치를 결정하고, 조정과 교육적 경험 그리고 진단과 요구사정단계에서 유도되는 목표를 달성하기 위한 여가와 관계된 기회를 배합해서 제공한다.

또 다른 기본과정은 치료레크리에이션사와 client 사이의 상호작용의 성향이 동적이라는 것이다. Van Andel의 서비스 모델은 치료레크리에이션사와 client가 사정에서 건강증진까지 연속선상에 있을 때 그들의 역할을 서술함으로써 이 가정을 설명한다. 치료레크리에이션 치료사는 사정단계에서 건강증진단계까지의 모든 요소에 client를 가능한 최대범위로 참여시킴으로써 결정과정에서 여가장애인이 충분히 만족할 수 있게 한다. 이것은 client에게 독립성과 복지감각을 증대시키기 위한 이성적인 문제해결 기술을 개발하고 이용할 수 있는 다양한 기회를 제공한다. client 개개인에 대한 바람직한 결과는 client와 치료레크리에이션 치료사에 의한 노력과 책임의 연합에 의해 이루어질 수 있다는 인식은 모든 client가 그들 고유의 성장과 개발에 공헌하는 잠재력을 가지고 있고, 그들이 그렇게 할 수 있는 기회를 가질만하다는 믿음을 강조한다.

치료레크리에이션 결과 모델(TR outcome model)은 ① 기능적인능력과 잠재성(functional capccity & potential), ② 건강상태와 웰니스(health status & wellness), ③ 삶의 질(quality of life)로 구성되어 있다. 기능적인 능력은 다섯 개의 영역에서 수행할 수 있는 client의 잠재성과 관계가 있다. 인지적 영역, 심리적 영역, 신체적 영역, 정신적 영역, 사회적 영역이 그것이다.

Van Andel은 여가기능의 가치를 강조하고 다섯 개의 영역과 여가기능의 관계를 증대시키기 위해 여가기능을 분리했다. 이 모델에서 건강상태와 웰니스는 정신적/육체적 건강의 총체적/통합적인 상태를 의미한다. 그 구조는 여가뿐만 아니라, 위에서 언급한 다섯 개 영역과 전부 관련되어 있다. 건강상태와 웰니스는 client를 개개인으로서 보는 여러 가지 요인에 의해 영향을 받으며, 질병의 부재에 의해 단순히 정의되지 않는다.

삶의 질에 관한 지표는 만족, 기쁨, 자기결정, 행복으로 이루어진다. 치료레크리에이션 결과 모델은 기능적인 능력, 건강상태 그리고 삶의 질 간의 상호관계를 도식적으로 묘사한다. 최종 결과는 기능적 능력과 건강상태와 만족감간의 최적화를 통하여 삶의 질을 향상시키게 된다. 이 모델은 치료레크리에이션사가 삶의 질을 향상시키는 통합되어진 육체적/정신적 접근을 하는 동안 client의 건강상태와 기능적 능력에 관한 치료레크리에이션 서비스의 영향을 설명할 수 있게 한다.

그림 4 치료레크리에이션 서비스 결과 모델(Andel에 의해 수정, 1998)

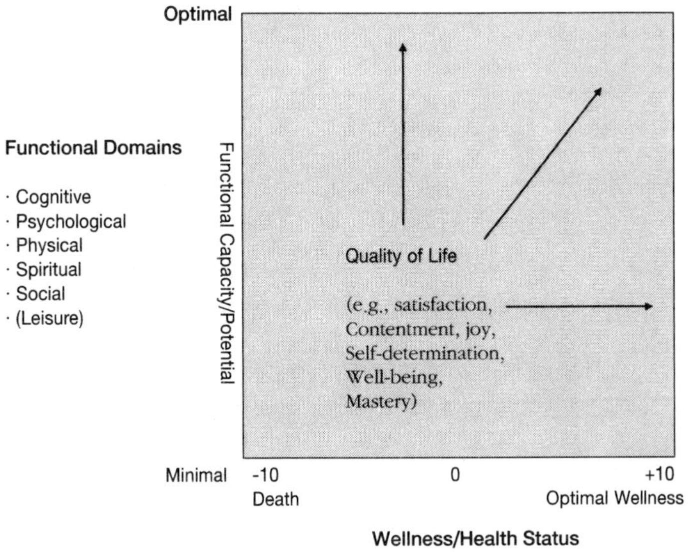

이 모델의 집약된 초점으로서 Van Andel이 사용한 삶의 질은 치료레크리에이션 치료사에게 치료레크리에이션 서비스가 향상된 삶의 질을 추구하는 client를 돕기 위한 특정한 잠재성을 명확히 표현하는 수단을 제공한다. 여가경험은 행복, 자기행동, 자율 그리고 만족감의 촉진으로 특징 지워진다. 이러한 접근의 흥미로운 양상은 건강상태, 기능적 능력 그리고 삶의 질 사이에는 밀접한 관계가 있다는 점이다.

4. Dattilo와 Kleiber의 치료레크리에이션 서비스 모델

Dattilo와 Kleiber(1993)는 그들이 이전에 지적했던 몇 가지 사회심리학적 요인을 조합해서 하나의 치료레크리에이션 서비스 모델로 발전시켰다.

그림 5 심리학에 기반으로 한 치료레크리에이션 서비스제공 모델

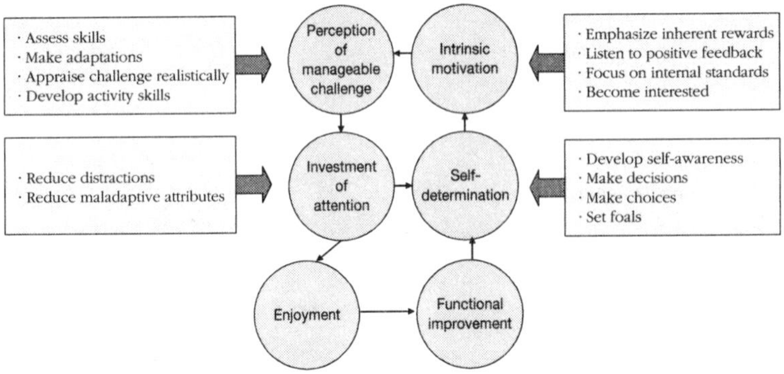

이 모델은 기쁨과 자기결정 관계를 중심으로 설명하는 것이다. 제안된 치료레크리에이션 서비스제공 모델은 치료레크리에이션 각 단계에 대한 특별한 서비스제공 전략들을 가진 향상된 새로운 개념의 모델로 구성되어 있다. 치료레크리에이션 안에서 기쁨을 경험하고 기쁨을 주는 환경을 만드는 것이 치료레크리에이션의 중요한 목적이라고 주장한다.

이 모델은 심리학적 요소가 많이 가미된 형태이고, 자기강화 그리고 자기결정화와 다룰 수 있는 도전의 인식, 관심의 집중과 기쁨의 경험의 상호작용을 하는 순환적인 구조를 가지고 있다. 이 모델은 이전의 모델과는 다른 특별한 서비스제공 전략을 첨가함으로써 치료레크리에이션의 이론적 범위를 넓혔다. 처음 부분에는 자기결정과 기쁨의 본질을 기술함으로써 치료레크리에이션의 의도를 명백히 밝힌다. 두 번째 부분에서는 자기결정과 기쁨 그리고 궁극적으로 기능향상의 목적을 실행하는데 client를 지원하기 위해 고안된 치료레크리에이션 서비스전략의 여러 면들을 설명하였다.

제4장

치료레크리에이션 사정

제 4 장 치료레크리에이션 사정

사정(assessment)은 치료레크리에이션 과정의 다른 모든 부분에 대한 기초 영역이며 가장 중요한 첫 단계이다. 치료레크리에이션은 사정단계를 통해 구체적이고 체계적인 전문 활동을 수행하게 된다. 각 client의 완벽한 사정이야말로 개인의 요구에 근거들 둔 치료 계획을 전개하기 위한 정확한 출발점이 된다. 모든 client는 각기 다른 개인적인 요구와 조건을 가지고 있다. client의 문제해결을 위해 그가 갖고 있는 현재의 여가능력과 잠재된 여가능력을 찾기 위해서 치료레크리에이션 사정은 유용하게 활용된다.

사정(assessment)은 client와 그를 둘러싸고 있는 환경에 대해 치료 계획을 결정하기 위한 목적으로 client와 client의 가족과 함께 과거와 현재의 기능수준, 전체적인 건강상태, 욕구, 강점, 약점, 여가능력, 여가자원, 여가제약 그리고 여가관심의 완전한 해석을 얻기 위해 관련 정보를 모으고, 조직하고, 분석하는 체계적인 일련의 과정을 말한다. 그러므로 치료레크리에이션의 사정단계에서는 여가와 레크리에이션을 치료도구로 사용할 때에 필요한 것들 그리고 치료레크리에이션 개입의 범위와 영역을 설정하기 위하여, client, 해당기관과 관련기관, 지역사회에 대한 자료들이 수집된다. 사정이 완벽하게 이루어져야 client에게 바람직하고 가능한 변화와 영역이 어디인지 확인할 수 있을 것이다. 사정을 할 때 반드시 기억해야 할 중요한 점은 사정을 위한 시스템을 구축하는 것이다. 이것은 다른 치료에서 사용하는 사정방법과 다른 치료레크리에이션의 독특한 사정방법을 개발해야 한다는 것을 의미한다.

자주 시간을 절약하기위해 사정(assessment)과정을 건너뛰려는 유혹이 일어난다. 그러나 철저한 사정(assessment)은 장기적으로 볼 때 중요한 시간을 절약하는 효과와 함께 경제적 효과를 얻을 수 있다. 만약 스텝이 업무에서 정확한 사정(assessment)의 결과를 가지고 있다면 치료 계획의 기록과 개입의 디자인은 매우 빨라질 것이다.

1. 사정 내용 : 무엇을 사정해야 하는가?

1) Client의 포괄적 사정

client와 그들의 여가와 관련된 욕구를 조사하는 것으로 client에 대한 많은 정보를 모아야 한다. client에 대한 포괄적인 사정은 전달될 서비스에 대한 목적의 적절한 진술을 가능하게 한다. client 포괄적 사정에는 일반적으로 신체, 정신건강, 사회적 기능, 정서적 기능 그리고 경제적 안녕을 포함한다. 또한 치료레크리에이션을 위한 여가, 직업(occupational) 그리고 영적(종교적) 부분을 포함하는 것도 중요하다.

(1) 신체적 그리고 건강상태: 힘, 지구력, 유연성, 질병, 장애, 영양 상태, 수면, 일상생활(씻기, 옷 입기, 먹기, 배설, 이동, 돌보기) 그리고 일상생활에 도움이 되는 활동(돈 관리, 전화사용, 여행, 쇼핑, 식사준비, 집안일, 투약) 등의 요소를 포함하고 있다.

(2) 정신적 상태: 인지기능, 태도 그리고 동기뿐만 아니라 치매, 알츠하이머, 정신분열증, 정신장애 같은 과거 또는 현재의 정신건강 진단의 영역을 포함한다. 만약 client가 의사결정의 능력이 있다고 생각되면 또한 기록한다.

(3) 정서적 상태: 분노, 슬픔, 불안, 우울 또는 우울증상, 행복, 죄책감, 수치 등의 존재하는 전반적인 감정을 기록한다. 가정, 재산, 자립, 건강, 친구들 또는 가족을 포함한 최근의 상실에 대해서도 기록한다.

(4) 사회적 상태: 가족, 친구들, 단체, 애완동물, 문화적/ 민족적 유대 그리고

사회적 상호작용 유형과 기술 등의 사회적 자원을 말한다. 적극적, 수동적 또는 모든 상호작용을 거부하는 참여유형을 기록한다. 사회적 상호작용은 일대일뿐만 아니라 소그룹 또는 대그룹에서도 발생하는 것을 기억한다.

Avedon(1974)는 사회적 상호작용 양식을 개인내적(intraindividual), 개인외적(extraindividual), 집합적(aggregate), 개인간(interindividual), 일방적(unilateral), 다원적(multilateral), 집단내적(intragroup), 집단간(intergroup) 등 8가지 범주로 구분했다(제8장 활동분석 참고).

client가 어떤 상호작용 유형에 관여하는지 기록한다. 또한 그룹 안에서 자신을 타인에게 소개하고 새로운 사람을 만났을 때 편안한 수준, 듣기, 의사소통기술 같은 사회적 기술에 대해 기록한다. 자신의 방을 떠났을 때 편안함의 수준을 기록한다.

(5) 여가상태: 여가활동에서 client의 명랑함의 수준, 능력과 통제의 지각, 여가에 대한 태도, 창조성의 수준, 여가활동 참여의 깊이를 기록한다. 또한 이완, 건강, 흥분, 성취/만족, 즐거움/유쾌, 기분전환/도피, 교제 또는 원기회복 같은 원인을 기록한다.

(6) 재정적 상태: client의 일반적인 재정 자원과 스트레스나 불안 같은 client가 갖게 될지 모르는 어떠한 영향도 기록한다.

(7) 영적(종교적) 상태: 종교 또는 영적 그룹 가입, 환생 또는 죽음이후의 삶과 같은 client의 중요한 믿음은 무엇이든지 기록한다. 미해결된 영적이슈, 죽음에 대한 공포나 희망 등 client의 진술과 관련된 것은 무엇이든지 기록한다.

(8) 직업상태: 만약 client가 은퇴했다면 과거경력과 종사기간 그리고 현재의 유능감을 기록한다.

2) 여가관련 정보 사정: 과거와 현재의 여가흥미 사정(assessment)

client는 현재의 흥미수준(〈표 4-1〉)은 물론 활동리스트안의 과거 참여수준(〈표 4-2〉)에의 표시도 요구받을 것이다. 과거와 현재의 여가흥미 체크 리스트를 보면 흥미 수준의 표시에는 3점 척도가 사용되었다.

여가역사(leisure history)는 client가 한 번도 참여하지 않았던 활동은 옆의 네모칸에 '0'을 표시하고, 가끔 참여는 '1', 자주 참여하면 '2'를 표시한다. 현재 여가흥미 프로파일도 같은 방법으로 흥미가 없으면 '0', 약간의 흥미가 있으면 '1', 자주 참여를 원하거나 많은 흥미가 있으면 '2'를 표시한다. 자원봉사자, 스텝 또는 가족구성원은 client를 도와 줄 수 있는데, 만약 client가 할 수 없을 때 client의 가족은 질문에 정보를 제공해 줄 수 있다. 이 정보를 다시 살펴볼 때 현재와 과거의 흥미를 비교하여 나타나는 유의미한 감소 또는 증가를 기록한다. 또한 선호하는 활동 유형을 기록한다. 예를 들어 client는 문화적 · 사회적 활동이 아닌 많은 야외활동을 좋아할지 모른다. 치료사는 client에게 '당신은 과거에 문화적이고 사회적 활동에 흥미가 있었습니까?'라고 물을 것이다. 과거의 흥미와 현재의 참여를 비교하는 것은 사정(assessment)과정에서 중요한 단계이다

3) 여가제약에 관한 사정(assessment)

client의 여가참여 또는 흥미를 방해하는 어떤 제약이라도 체계적으로 기록한다. 예를 들어 척추 손상으로 인한 신체적 어려움에 처한 사람은 매일하던 소풍을 계속할 수 없을지 모른다. 또한 심한 우울증을 앓는 사람은 집중을 할 수 없어서 좋아하는 취미인 독서가 불가능해질지 모른다(〈표 4-3〉. 〈표 4-4〉).

4) 욕구에 대한 사정(assessment)

욕구는 필요한 물리적 장비와 시설, 신체적 · 감정적인 안정성 욕구, 신뢰와 애정에 대한 욕구 등을 검토해야 한다. 예를 들어, 치매를 가진 client는 배회행동 때문에 신체적 안정 욕구가 필요하고, 우울증을 가진 사람은 정서적 안정 욕구가 있을 것이다. 정신분열증 또는 치매를 가진 사람은 망상 때문에 신뢰에 대한 욕구를 가질지 모른다. 그리고 지역에 가족이나 친구가 없는 client는 사랑과 소유 욕구에 만족하기위해 수양가족에 대한 욕구가 있을지 모른다.

표 4-1 현재 여가참여 프로파일

resident							
room					date		
	games		social		outdoors		cultural
	당구		아기보기		드라이브		연극
	빙고		동아리 모임		뱃놀이		목공
	야구/소프트볼		파티		비행		요리/제빵
	배드민턴		종교단체가기		정원 가꾸기		건물 조립
	복싱		쇼핑		조깅		공예
	게이트 볼		사회적 음주		오토바이타기		양재
	자동차경주		전화하기		스킨다이빙		컴퓨터
	체커		자원봉사		다이빙		가죽세공
	크로켓		편지쓰기		낙하산		자수
	체스		햄통신		서핑		놀이
	카드		교회가기		해변 가기		소풍
	보드게임		집단감수성훈련		수상스키		박물관
	단어 찾기		나이트클럽		캠핑		자동차수리
	크로스퍼즐		술집		등산		골동품 차
	도박		애완동물		롤러스케이팅		도자기
	펜싱		교회만찬		항해		수집
	하키		춤		설상차운전		뜨개질
	편자던지기		외식		오토바이경주		장식
	고리던지기		우애조합		수영		집설계도 그리기
	직소퍼즐		정치적 활동		산책		강의/교육
	술집 게임		시모임		하이킹		꽃꽂이
	다트		가족파티		낚시		명상
	필드하키		강의듣기		사냥		악기
	풋볼		친구만나기		탐조		뜨개질
	골프		소방자원봉사		연날리기		글쓰기
	경마		의료자원봉사		일광욕		auto care
	가라데/유도등		경매		자전거타기		제본
	원반밀어치기				배낭여행		작곡
	스쿼시/핸드볼				카누		시
	테니스				차타기		수선/리모델링
	배구				승마		라디오/음악
	양궁				아이스tm케이팅		사진
	농구				자연산책		바느질
	피트니스/운동				퍼레이드		콘서트
	체조				피크닉		여행
	탁구				레저용 차량		골동품
	관람 스포츠				유원지		영화/TV
	보링				스키		그림
	미니골프				표적 사격		도기/조각
	축구				나비보기		독서
	레슬링				암벽등반		나무세공

표 4-2 과거 여가참여 프로파일

resident							
room				date			
	games		social		outdoors		cultural
	당구		아기보기		드라이브		연극
	빙고		동아리 모임		뱃놀이		목공
	야구/소프트볼		파티		비행		요리/제빵
	배드민턴		종교단체가기		정원 가꾸기		건물 조립
	복싱		쇼핑		조깅		공예
	게이트 볼		사회적 음주		오토바이타기		양재
	자동차경주		전화하기		스킨다이빙		컴퓨터
	체커		자원봉사		다이빙		가죽세공
	크로켓		편지쓰기		낙하산		자수
	체스		햄통신		서핑		놀이
	카드		교회가기		해변 가기		소풍
	보드게임		집단감수성훈련		수상스키		박물관
	단어 찾기		나이트클럽		캠핑		자동차수리
	크로스퍼즐		술집		등산		골동품 차
	도박		애완동물		롤러스케이팅		도자기
	펜싱		교회만찬		항해		수집
	하키		춤		설상차운전		뜨개질
	편자던지기		외식		오토바이경주		장식
	고리던지기		우애조합		수영		집설계도 그리기
	직소퍼즐		정치적 활동		산책		강의/교육
	술집 게임		시모임		하이킹		꽃꽂이
	다트		가족파티		낚시		명상
	필드하키		강의듣기		사냥		악기
	풋볼		친구만나기		탐조		뜨개질
	골프		소방자원봉사		연날리기		글쓰기
	경마		의료자원봉사		일광욕		auto care
	가라데/유도등		경매		자전거타기		제본
	원반밀어치기				배낭여행		작곡
	스쿼시/핸드볼				카누		시
	테니스				차타기		수선/리모델링
	배구				승마		라디오/음악
	양궁				아이스tm케이팅		사진
	농구				자연산책		바느질
	피트니스/운동				퍼레이드		콘서트
	체조				피크닉		여행
	탁구				레저용 차량		골동품
	관람 스포츠				유원지		영화/TV
	보링				스키		그림
	미니골프				표적 사격		도기/조각
	축구				나비보기		독서
	레슬링				암벽등반		나무세공

표 4-3 포괄적 여가제약 사정

client: 사정(assessment) 날짜: ○= 아니오 ×= 예

신체적 제약		
이동성 손상	근육구축	움직임의 손상정도
휠체어사용	독립적 이동	세부적 운동기술 손상
지팡이, 보행 보조기사용	이동하다:	전반적 운동기술 손상
gerichair사용	섭식에 어려움:	지구력감소
절단	식사보조필요	쉽게 피곤하다
인공보철물	섭식 튜브	계획의 불평
이동보조필요	체중감소필요	실금
불안정한 걸음	메스꺼움	도뇨관 또는 인공항문
옮길 때 보조필요	어지러움/현기증	산소사용
무체중지지	낮 수면	투석
마비:	빈번한 낮잠	ADL 보조 필요
와상	밤에 깨어있음	기타:
환경적/상황적 제약		
재정자원의 제한	배치조절필요	여가를 위한 시간제한
건강상태 쇠퇴	여가기술 부족	건축적 장애
생태학적 장애	여가활동의 불 인식	소음에 산란해짐
활동을 위한 도구 부족	여가에 적응할 수 없다	기타:
감각 제약		
시각 손상	미각손상	청각손상
후각손상	촉각손상	기타:
의사소통 제약		
말하기 어려움	듣기에 어려움	타인과 대화
읽기, 쓰기 못함	보청기 사용	수용적 대화
이해에 어려움	선택적 의사소통	대화 시작
의사소통을 할 수 없다	외국어 우선	주제 시작
의사소통을 거절한다	영어우선	기타:
대인관계 제약		
상상의 어려움	물러나다	수동적 참여
목적에 대한 상호작용어려움	사회적 상호작용의 거절	적극적 참여
집단 이루는데 어려움	그룹 상황에의 불안	순서 기다리기 어려움
일대일상호작용의 어려움	사회적 상호작용을 싫어함	새 친구사귀기 어려움
일방적 관계 어려움	스텝과 상호작용이 우선	낮은 출석
다원적 관계 어려움	client들과 상호작용어려움	친구 부족
협력에 어려움	client들과 교제거절	많은 친구
눈맞춤에 어려움	내성적	속임수
극소의 얼굴 표현	상호작용의 시도 어려움	애완동물을 좋아함

보충 설명: tr 서명: 날짜:

표 4-4 구체적 여가제약 사정(assessment)

정서적 그리고 태도 제약		
단조로운 효과/표현안함	낮은 자기존중감	죄책감
느낌을 증명할 수 없다	자기증명 부족	
감정표현을 할 수 없다	타인에 의존	슬픔
감정적 반응 덮개	능력의 유능감 부족	울음
자신의 욕구 증명할 수 없다	무가치하다는 느낌	많은 시간 피곤해 보인다
정신 병력이 있다	자신의 일생이 불만족함	자주 화냄
남용의 역사	영적 또는 종교성 부족	분노
중독의 역사	삶의 의미 질문	감정폭발의 범위
현재 정신병을 앓고 있다.	방을 떠나는 것에 불안	즐거움의 부족
향정신제 약물 복용	불안, 신경증, 공황	흥미의 부족(무감각한)
활동을 즐거워하지 않는다	공포감	자주 불만을 나타냄
동기 부족	망상증(편집증)	자주 불평함
아무것도 하려하지 않는다	환각(망상)	부정적 전망
활동수준 감소	선택증명 어려움	명랑하기 어려움
활동참여 거절	선택을 거의 하지 않음	유능감의 부족
새로운 경험에 저항	선택하는데 어려움	통제감 부족
여가계획 거절	외부의 통제	자신의 여가 어려움
여가가치가 없다	무력감	비현실적 자기기대
여가를 즐기지 않는다	외부적 평가원인	기타:
인지적 상태 제약		
자극에 둔감	말의 반복	자기 이름을 말할 수 없다
사물을 증명할 수 없다	행동의 반복	이름을 즉각대답할 수 없다
색깔을 증명할 수 없다	두서없는/일관대지 못한 말	가족을 확인할 수 없다
모양을 증명할 수 없다	무의미한 단어 사용	tr 스텝을 확인할 수 없다
사물을 분류할 수 없다	어울리지 않은 미소	자신의방을 정할 수 없다
최근사건을 상기할 수 없다	어울리지 않는 웃음	활동을 정할 수 없다.
과거사건을 상기할 수 없다	짧은 집중 기간	최근 약을 바꿨다
수학문제를 풀 수 없다	혼동한다	최근 방을 바꿨다
지시를 따를 수 없다	집중에 초점을 맞출 수 없다	최근 입원했다
사물의 짝을 맞출 수 없다	이해에 어려움	최근 감염됐다
단어의 짝을 맞출 수 없다	not oriented X3	최근 추락/머리부상
문제를 기억한다	과거에 대한 즐거운 회상	인지의 갑작스런 변화
적절한 대답	모양을 따라할 수 없다	기타:
가족 상호작용 제약		
가족이 없다	가족은 통제 한다	적은수의 가족
가족이 멀리 있다	가족과 논쟁 한다	최근 가족을 잃거나 슬픔
가족과 접촉이 거의 없다	가족은 자주 불평 한다	가족과 여가를 나누지 않음
자율을 원한다	가족과 상호작용이 어렵다	기타:
행동적 문제 제약		
무의식중 움직임	스텝에게 지나친 요구	대답거절
부적절한 노출	논쟁적	언어적 욕설
신체적 자기 학대	공격적	걸음걸이/침착하지 못함
신체적으로 싸움	쉽게 동요 된다	방황/도망
위법 행위	승급하다	자신 또는 타인에게 위협
질문 따라하기/빈말	쉽게 좌절	물건을 훔친다.
시끄럽다/분열	치료 또는 투약 거절	기타:

tr 서명: 날짜:

5) Client의 강점과 단점에 관한 사정(assessment)

클라이언트가 가지고 있는 강점과 단점을 파악해야 클라이언트에게 효과적인 치료 계획을 만들어낼 수가 있다. 강점을 위해 유능감, 능력 또는 흥미의 어떤 강한 영역이라도 표시한다.

예를 들어, client는 피아노 연주 또는 크로켓 또는 사진촬영에 훌륭한 기술을 가지고 있을지 모른다. 케어 계획 과정 안에 전문가의 클라이언트 지원을 위해서 강점의 기록은 중요하다. 또한 강점 파악은 다음 단계에서 사용할 계획단계에 중요한 정보를 제공한다. 그 밖의 강점들은 사회적 기술, 의사소통 능력, 의사결정과 활동시작의 능력을 포함한다. 단점은 무능력 또는 클라이언트의 한계에 대한 전반적 영역, 가장 싫어하거나 무서워하는 어떤 것이라도 기록한다. 예를 들어 치매 진단은 client의 많은 영역에 침범할 것이다. 단점은 또한 치료 계획 과정에서 심사숙고되어야 하며 케어 계획의 초점이 되기도 한다.

약점은 약점으로 받아들이고 인정하는 태도가 필요하다. 예를 들면, 만약 client가 동물에 대한 강한 공포를 가지고 있다면 적절한 치료 계획으로 동물치료프로그램에서 client의 배치를 피할 것이다. 다른 예로 아이를 잃어버리고 아직 슬픔에서 헤어나지 못한 클라이언트에게는 프로그램에서 아이들과 함께 어울리지 못 할 수도 있다. 사정(assessment)동안 얻어진 모든 정보는 개개의 client를 위한 치료 계획안에 반영될 수 있도록 사정 평가서를 작성한다. 이렇게 치료 계획은 욕구에 기초하고 개별화될 것이다(〈표 4-5〉).

6) 기관(Agency) 사정(assessment)

기관의 철학, 조직구조, 특징과 유형을 분석하는 것은 목적과 목표 진술에 직접적으로 영향을 미친다. 병원은 client의 치료 또는 재활 목적의 프로그램을 기대하고, 중증 요양원은 client의 시설에의 적응 목적의 프로그램을 기대할 수 있다.

표 4-5 강점 사정(assessment)

client: 사정(assessment) 날짜: ○= 아니오 ×= 예

신체적 강점		
스스로 이동	지구력	세부 운동기술
즉흥적인 이동	힘	전반적 운동기술
먹는 것을 좋아함	유연성	기타
스스로 ADL 가능	운동 범위	
환경적/상황적 강점		
재정자원	배치조절	여가를 위한 적절한 시간
건강상태	여가를 중요시하다	여가에 적응할 수 있다.
여가활동을 즐김	여가활동의 자각	기타
감각적 강점		
시각	미각	청각
후각	촉각	기타
의사소통 강점		
말하기	보청기사용	대화를 좋아함
읽기	절충적 의사소통	대화를 시도함
쓰기	영어우선	주제를 시도함
사회적 상호작용 강점		
상상	눈맞춤	극단적
목적과 상호작용	얼굴표현사용	상호작용 시도
집합적	사회적 상호작용을 즐김	소극적 참여
일대일 상호작용	소그룹상황을 즐김	적극적 참여
일방적	대그룹상황을 즐김	새로운 친구사귀기
다원적	스텝과 좋은 상호작용	출석
협동적	거주들과 상호작용	가족 또는 친구
경쟁적	룸메이트와 잘 지낸다	애완동물을 좋아함
감정적/ 태도 강점		
느낌을 증명할 수 있다	긍정적 자기 존중감	즐거움
느낌을 표현할 수 있다.	강한 동일시	즐거움을 좋아함
자신의 욕구를 증명	독립적	흥미를 보인다/호기심
동기부여가 있다	자신의 인생에 만족ㅎㅁ	창조적
활동을 좋아 한다	영적 또는 종교	긍정적 태도
새로운 경험을 즐긴다	선택을 증명할 수 있다	유능감
자신의 여가계획	선택할 수 있다	통제감
평가의 내적원인	통재의 내적 위치	유머를 좋아함
인지적 강점		
추억하는 것을 즐긴다.	과거사건을 상기할 수 있다.	자기 이름을 말할 수 있다.
사물을 정의할 수 있다	수학문제를 풀 수 있다.	지향성이 좋다.
색깔을 정의할 수 있다	지시를 따를 수 있다.	가족을 확인할 수 있다.
모양을 정의할 수 있다	사물의 짝을 맞출 수 있다.	tr 스텝을 확인할 수 있다.
사물을 분류할 수 없다	단어의 짝을 맞출 수 있다.	자신의 방을 정할 수 있다.

각 기관은 그들이 제공하는 서비스의 종류에 대한 강령이나 규칙을 가지고 있는데, 이러한 기관의 사명과 서비스의 올바른 이해와 분석은 매우 중요하다.

7) 레크리에이션 치료사

전문가의 능력과 열정에 따라 프로그램의 성패와 질적 수준이 좌우된다고 할 수 있다. 즉, 치료레크리에이션 스텝은 담당 부서 운영에 있어 특정 전문적인 조치와 자원에 대한 영향력에 대해 가늠할 정도로 현명해야 한다.

① 어떤 철학을 갖고 있나?
② 실행기준이 서비스에 영향을 미치는가?
③ 윤리 강령이 프로그램 디자인과 전달에 영향을 미치는가?
④ 스텝이 지녀야 할 자격은?
⑤ 스텝이 전문집단의 회원 자격을 지녀야 하는가?
⑥ 계속 교육을 위해 간담회, 워크숍이 필요한가?
⑦ 스텝은 다른 분야의 전문적인 자원이 필요한가?
⑧ 인턴 경우, 전문적인 기준에 맞게 실행할 수 있는가?

8) 자원(Resource) 사정

무엇보다도 프로그램을 계획하는 전문가는 모든 활용 가능한 잠재적 자원에 대한 충분한 파악을 하는 것이 중요하다.

(1) 스텝

① 치료레크리에이션 스텝이 몇 명이 있는가?
② 스텝의 능력과 기술은?
③ 치료레크리에이션 스텝을 늘일 가능성은?
④ 비-치료레크리에이션(심리치료사, 영양사 등) 스텝의 특징은? 그들을 프

로그램에 간접적으로 활용할 수 있는가? 도움이 되게 활용할 수 있는가?
⑤ 프로그램에 자원봉사자를 활용하고 있는가? 그들을 활용할 수 있는가?
⑥ 프로그램에 가족이 참여하는가? 그들을 참여시킬 수 있는가?
⑦ 실습생(interns)을 쓸 것인가? 인턴과정 프로그램의 폭을 넓힐 것인가? 당연히 그렇게 해야 하나?

(2) 시설과 장비

① 기관 내의 어떤 시설이 치료레크리에이션 프로그램에 활용 가능한가?
② 다른 지역을 사용하거나 사용을 위해 변환할 수 있는가?
③ 어떤 지역사회 시설이 활용 가능한가?
④ 어떤 장비와 준비물을 활용할 것인가?

(3) 예 산

① 현행 예산의 특징과 규모는?
② 예산을 늘리기 위한 과정은? 어떻게 유용하게 증가시킬 것인가?
③ 외부 자금 유입의 출처(후원금, 헌금, 재단의 지원)는?
④ 자금 모금은 허용되는가?
⑤ 제3자에 의한 변제에 대한 잠재력은?

(4) 서비스

① 어떤 종류의 서비스를 외부(봉사와 지역사회)집단으로부터 얻을 수 있는가?
② 계약에 따른 서비스는 가능하거나 바람직한가?
③ 어떤 서비스를 다른 건강 단체나 공공, 자원 여가 기관들에서 얻을 수 있는가?

2. 사정보고서

1) 정의

사정보고서는 의료 차트에 기초한 ① 환자의 능력, 욕구 영역과 ② client(그리고 중요한 의미를 갖는 타인들)와의 면담, ③ 사정도구의 사용을 개괄적으로 기록한 문서이다.

이 보고서는 client의 실제적 욕구를 중요하게 다루고 승인기관의 요구사항을 충족시키며 임상의 직업적 표준을 충족시키고 다른 팀 구성원이 쉽게 이해하며 client의 기능적 능력에 대한 윤곽을 명확하게 보여준다(채준안, 2000).

사정의 결과는 보고서 형식으로 요약 되어야 하고, 이후의 치료레크리에이션 서비스를 계획하고 실행할 때 제공하는 제일 중요한 자료로서 역할을 해야 한다. 이 부분은 치료레크리에이션의 객관적인 사정과 전문가의 주관적인 사정 평가가 있어야 한다. 사정 평가서는 나중에 평가 활동에서 프로그램의 성공 여부를 측정하는 기준선 역할을 수행한다(노용구, 2002).

2) 사정보고서의 수용 여부 결정시 고려사항

① 사정보고서의 결과가 client의 실제적 욕구를 주요하게 다루는가?
② 사정보고서에 제공된 자료가 공인 기관의 기준을 충족하는가?
③ 사정보고서에 제공된 자료가 치료레크리에이션(therapeutic recreation) 임상 기준을 충족하는가?
④ 사정보고서에 제공된 자료가 다른 팀 구성원들에게 이해되는가?
⑤ 사정보고서를 읽고 난 후에 다른 치료레크리에이션(therapeutic recreation) 전문가가 관찰 기술을 사용함으로써 10명으로 구성된 client 집단으로부터 그 클라이언트(사정보고서에 기술된 client)를 선택할 수 있는가?

표 4-6 포괄적 치료레크리에이션 사정요약

client:	room:	날짜:

기능수준 요약

신체적:
정신적:
정서적:
사회적
재정적:
영적:
직업적:

여가

통제:
능력:
태도:
명랑함:
참여:
욕구: ( ) 이완 ( ) 건강 ( ) 흥분
( ) 교제 ( ) 성취 ( ) 즐거움
( ) 탈피 ( ) 원기회복

여가 흥미

과거 우선했던 흥미:
현재 우선하는 흥미:
과거와 현재 비교:

여가 제약

1. 개인적 제약
   신체적 :
   환경적 / 상황적 :

감각적 :

2. 개인 외부적 제약

   의사소통 :

   대인관계 :

   가족 상호작용 :

   행동적 문제 :

3. 개인 간 제약

   정서적 :

   태도제약 :

   인지적 상태 :

욕 구

신체적

안정과 신뢰

사랑과 소유

강점	약점

tr 서명: 날짜:

client/가족 서명 날짜:

제5장

계 획

제 5 장

계 획

사정(assessment)과정에서 정보를 모으는 것은 케어 계획의 기본이다. 다음 단계의 과정은 목적 계획에 도움이 될 수 있도록 사정요소를 조직화하는 것이다.

사정(assessment)의 결과로부터 client의 모든 문제와 요구 및 현재 여가흥미를 포함한 client의 강점 리스트는 목적 계획에 중요한 영향을 미친다. 그리고 다음의 기준에 따라 각 문제와 욕구는 평가된다. 기준에 적합하지 않는 욕구는 삭제된다. client의 문제와 욕구는 프로그램 개입을 위해 고려되어야 할 것이다. 목적 계획을 위한 평가 기준은 다음과 같다.

① 이 문제/요구를 진행하는 것은 client의 삶의 질을 증진할 수 있는가?(어떤 이익이 있는가?)

② 이 문제/욕구는 tr/여가활동에 도움을 줄 수 있는가?

③ client의 강점이 성공의 기회를 향상하는 개입에 사용되는가?

④ 특별한 문제/욕구를 가진 개입으로부터 명확한 결과가 가능한가?

⑤ client는 이 문제에 대해 어떻게 생각하는가?

⑥ client는 이 영역에서 변화를 기꺼워하는가?(바라는가?)

⑦ 이 작업에서 client가 원하는 것은 무엇인가?

일반적으로 치료레크리에이션 스텝은 client에게 한번에 3가지 이상의 목표를 선택해선 안 된다. 한꺼번에 3가지 이상 목표를 달성 하는 것은 스텝과 client 모두에게 매우 어렵고, 시간을 낭비하고, 혼잡스럽게 한다.

이 과정의 목적은 client의 삶의 질에 가장 큰 이익이 될 문제/욕구를 선택하는 것과 치료레크리에이션 개입의 최선의 반응이다. 성공적 결과는 개입동안 강점을 가지고 문제/욕구가 일치 될 때 효과적이다. 평가과정의 목적은 문제/욕구의 3가지 이상이 아니라 목록을 좁히는 것이다. 과정의 단계에서 client가 가진 정보는 매우 중요하다. 클라이언트의 바램을 다른 모든 것 보다 먼저 고려되어야 한다. client가 흥미 있는 목표를 선택하는 것은 성공적인 결과를 최대로 할 것이다.

여가 또는 활동과 직접적인 관련을 갖지 않은 문제/욕구라도 기록한다. 문제/욕구는 신체적, 정서적, 행동적, 영적 또는 어떠한 다른 영역일 수 있다. 치료레크리에이션은 레크리에이션 또는 여가활동의 개입에 사용되는 건강과 안녕의 증진에 사용되어 왔다는 것을 기억해야 한다.

프로그램 계획은 논리적인 프로그램 개발의 근거를 마련해 준다. 이것은 전문가가 체계적인 방법으로 client의 욕구를 바탕으로 프로그램 개발과 프로그램 개발을 위해 가장 영향을 주는 요인들을 검토하게 해준다.

1. 목적과 목표 설정

클라이언트의 욕구를 충족시키기 위한 방법으로 프로그램의 목적과 목표를 설정하여야 한다. 프로그램 전문가는 클라이언트의 욕구를 충족시키기 위해 강력한 프로그램을 개발하여야 한다. 그러나 클라이언트의 모든 욕구를 충족시키는 프로그램의 개발은 많은 어려움을 가지고 있다. 프로그램 개발자는 클라이언트의 욕구 중에 가장 현실적이고 실현 가능한 몇 가지 욕구를 선별하여 프로그램 개발이 효과적일 수 있다.

프로그램 개발자는 욕구를 선정하기 위해 가용자원 즉, 인력, 시설 및 장비, 재정 등을 고려하여야 한다. 또한 확인된 욕구들 가운데 프로그램 목적과 목표로 전환될 욕구를 선정하는 데는 그 긴급성, 중요성, 파급성 및 성취가능성 기준을 적용하여 그 우선순위를 결정해야 한다(기영화, 2001). 따라서 목적과 목표의 설정은 체계적인 접근을 통하여 설정되어야 한다.

1) 목적과 목표의 개념

목적과 목표는 서로 혼용하여 사용하는 경우가 많다. 목적(Goal)은 포괄적이고 궁극적이고 이상적인 진술로써 장기적인 방향성을 설정이라 할 수 있다.

목표는 의도된 결과가 무엇이고 그 결과를 성취하기 위하여 충족되어야 할 필요조건은 무엇이며, 그 성공 여부를 측정할 수 있는 기준은 무엇인지에 대한 진술이다.

2) 목적과 목표의 특성

목적과 목표는 다음과 같은 특성을 가지고 있다(김영숙, 김 욱, 엄기욱, 오만록, 정태신, 2002).

① 합리성(rationality): 목적과 목표의 진술에는 논리적인 패턴(logical pattern)이 요구된다.

② 실천성(practice): 목적과 목표는 미래에 성취될 수 있는 실천가능성을 내포하고 있다.

③ 다원성(plurality): 목적과 목표는 단일차원의 행동특성의 성취를 지향하기보다는 인지적, 정서적, 사회적, 신체적 행동의 특성 성취를 지향하므로 그들은 다차원적인 특성을 갖는다고 할 수 있다.

④ 위계성(hierarchy): 특정의 목적과 목표는 상하의 위계적 관련성을 갖는다.

⑤ 차별성(discrimination; 배타성): 각각의 목적과 목표는 특정 행동만을 기술하고 그리고 각 목적과 목표들 간에는 중복되지 않기 때문에 배타적이라고 할 수 있다.

⑥ 변화 가능성(changeability): 일단 설정된 목적과 목표라고 할지라도 프로그램의 실행과정에서 나타나는 예기치 못한 상황에 직면 하게 되면 필요에 따라 그 목적과 목표는 융통성 있게 변화・수정 될 수 있다.

3) 목적과 목표 설정의 지침

(1) 목적 설정의 지침

목적(Goal)은 포괄적이고 궁극적이고 이상적인 진술로써 장기적인 방향성을 설정이라 할 수 있다. 프로그램에는 다양한 목적들이 있을 수 있고 목적들은 서로 연계성을 갖고 있다.

프로그램 목적 설정의 지침을 살펴보면 다음과 같다(김영종, 2001; 정무성・정진모, 2001).

① 목적은 문제 해결의 관점에서 설정되어야 한다. 프로그램 개발자는 대상자의 여가와 관련된 문제를 요인 파악하고, 그 요인에 영향을 주거나 변화시키는 관점에서의 목적을 설정하여야 한다.

② 목적은 클라이언트가 달성하고자하는 결과의 입장에서 목적을 설정하여야 한다. 목적 진술문에서 "~을 습득 한다"라는 표현으로 목적을 설정한다.

③ 목적은 현실적인 면에서 타당하게 설정되어야 한다.

④ 목적은 명료하게 설정되어야 한다.

⑤ 목적은 긍정적으로 설정되어야 한다.

(2) 목표 설정의 지침

목표는 의도된 결과가 무엇이고 그 결과를 성취하기 위하여 충족되어야 할 필요조건은 무엇이며, 그 성공 여부를 측정할 수 있는 기준은 무엇인지에 대한 진술이다.

프로그램 목표 설정의 지침을 살펴보면 다음과 같다(김영종, 2001; 정무성·정진모, 2001).

① 목표들은 설정된 목적에 논리적인 연관성을 가져야 한다.

② 목표들은 가능한 한 클라이언트에 대한 성과목표들을 포함하여야 한다.

③ 목표들은 그 성취 수준을 측정할 수 있도록 설정되어야 한다.

④ 목표들은 명확한 평가 준거(기준)를 내포하도록 설정한다.

⑤ 목표들은 현실적이어야 한다.

⑥ 목표들은 긍정적으로 설정되어야 한다.

4) 목적 진술

목적 진술(Statement of Goal)은 일반적으로 치료레크리에이션 프로그램의 목적을 간결하게 담은 하나의 문장으로 이루어진다.

목적 진술을 위한 내용은 지역사회, 기관, client, 치료레크리에이션 전문가와 관련된 필수적 요소를 구체화하고 프로그램 디자이너는 목적 진술을 개발할 준비가 된다.

① 목적 진술(Statement of Goal) 서술문 쓰기

목적(Statement of Goal)의 진술은 내용과 형식, 단어 구성에 있어 다양할 수 있으며 긴 하나의 문장으로 되어 있다. 목적은 아주 상세하게 목적 결과의 부분에 대한 기술이며 포괄적인 프로그램의 목적 결과를 갖고 개발한다.

목적은 항상 이상적이며 프로그램 구성 부분을 통하여 실행될 수 있어야 한다. 또한 목적은 직접 측정할 수가 없으며, 의도에 대한 진술이다. 다음은 목적들을 이끌어내고 진술하기 위한 과정이다.

가. 대상의 특징과 욕구를 검토한다.

나. 기관, 자원, 제한요소의 특징과 목적을 검토한다.

다. 가능한 목적 영역에 대해 브레인스토밍을 한다.

라. 구체적인 대상을 위해 목적 영역의 적절성을 가늠한다.

마. 목적 진술을 개발한다.

바. 목적 진술을 분석한다.

사. 목적 진술문을 다듬고 새로 쓴다.

또한 목적 진술의 판단을 위해서 다음과 같은 기준을 살펴보아야 한다.

가. 진술은 목적 영역을 분명하게 설명해야 한다.

㉠ 진술은 주요 개념을 담은 단어에 직접적인 초점을 두어야 한다.

㉡ 관련 용어들이 목적 진술의 해석에 대한 변화를 주어서는 안 된다.

나. 진술은 일반성과 구체성의 수준이 적절하여야 한다.

㉠ 실제적인 실행과 전략을 기술한 자료는 제외된다.

㉡ 진술은 너무 지나치게 광범위해서 독자가 구체적인 의도의 방향을 찾지 못할 정도의 일반적인 수준의 진술은 피해야 한다.

다. 진술문의 유형과 내용의 일반적인 수준이 일관성이 있어야 한다.

㉠ 진술문들은 어휘와 형식에 일관성이 있어야 한다.

㉡ 진술문들은 제시되는 내용의 특성에 따른 일관성이 있어야 한다.

라. 진술문들은 대상과 기관에 있어 적절하고 유용한 것이어야 한다.

㉠ 목적들은 개발이나 실행 기대치에 적절한 것으로 전문적인 지식을 통하여 구체화되어야 한다.

㉡ 목적들은 기관의 철학과 특징을 반영하고 시간, 예산, 스텝, 제한요소에 유용하여야 한다.

마. 진술문들은 목적 결과에 대한 진술의 특징과 의도를 반영하여야 한다.

목적(Statement of Goal)의 진술은 기획과정의 기틀이 되며 프로그램 개발의 각각 이어지는 단계는 진술 내용의 방향성을 반영한다. 그러므로 진술의 내용에 대해 많은 노력을 하여야 한다.

치료레크리에이션의 목적 진술에 대한 예에 내용을 살펴보면 다음과 같이 기술할 수 있다.

가. 신체적 기능의 목적들

- 신체적 건강 증진하기
- 신체적인 기능을 향상시키기
- 신체적 기능의 현재 수준을 유지하기

나. 인지적(정신적) 기능의 목적들

- 인지적(정신적) 기능의 향상시키기
- 인지적 발달을 자극하기
- 인지적 기능의 현재 수준 유지하기
- 독립심과 의사결정을 하는 능력의 신장하기

다. 정서적 기능의 목적들

- 정의적인 반응에 대한 자극하기
- 적절한 정서 표현을 촉진하기
- 질병이나 장애 여건에 적응을 돕기
- 비정상적 행동이나 버릇을 줄이기
- 회피 행동을 줄이기
- 개인적인 감정에 대한 각성의 증진을 도모하기

라. 사회적 기능의 목적들

- 사회적 상호작용 기술의 향상을 도모하기
- 언어표현과 자기표현의 증가를 도모하기
- 기초 사회적 기능 증진하기

마. 여가 프로그램 목적들

- 여가와 여가의 중요성에 대한 각성을 개발하기
- 놀이와 여가에 관련한 자기각성을 개발하기
- 개인적인 여가 태도와 가치를 탐색하기
- 여가 문제 해결 능력을 개발하기
- 여가 자원과 자원의 사용에 대한 지식을 얻기
- 지역사회 레크리에이션 프로그램에 통합을 촉진하기

- 여가기회에 대한 지식의 늘이기
- 자기 지시적인 여가 행동을 자극하기
- 자신만의 여가 철학 개발을 돕기
- 사회적 그리고 상호작용 기술을 개발하기
- 새로운 여가기술을 습득하기
- 여가기술의 개인적인 목록을 늘이기
- 새로운 여가기술 영역에 맞닥뜨릴 기회를 제공하기
- 여가기술 영역의 보다 나은 수준으로 개발하기

바. 레크리에이션 참여 목적들

- 이전에 습득한 여가기술에 참여를 촉진시키기
- 여가에 있어 자기표현을 촉진시키기
- 사회적 상호작용을 위한 기회를 제공하기
- 건강 상태의 계속적인 유지를 독려하기
- 다양한 신체적, 정신적, 사회적, 정서적 기술의 통합을 위한 환경을 제공하기
- 다른 치료 프로그램의 강화와 지원을 위한 기회를 제공하기
- 창조적이고 자기 지시적 여가참여를 위한 기회를 제공하기
- 즐거움과 만족의 경험을 위한 기회를 제공하기

이들 제시하는 목적 영역들은 행동적 양식, 습득 또는 표현 영역을 기술하고 있다. 목적 진술은 의도된 프로그램 초점에 있어 중요한 영역을 파악하고 목적 결과의 의도를 정의하며 보다 명료하게 문서로 나타내는 간결한 진술이다. 일반적으로 프로그램 목적 진술은 1개 이상 목적 진술이 있을 수 있다.

다음은 목적 진술의 실례들이다.

- 기 관 : 장기 요양 시설
- 클라이언트 욕구
  - 여가와 관련한 기능적 능력의 저하

- 여가와 관련한 기술, 지식, 태도 및 자원 활용 기술 부족
- 시설과 지역사회 내의 여가 흥밋거리 및 활동의 자발적인 참여를 위한 기회 부족

■ 목적 진술 예

1.0 어르신의 신체적, 정서적, 사회적 그리고 인지적 영역의 기능 능력을 향상 및 유지시킨다.

2.0 여가의 개인적 여가 태도와 가치 탐색을 통하여 여가 각성을 증진시키고 여가에 관한 새로운 기술을 습득 및 현재와 미래에 활용할 수 있는 여가 자원에 대한 지식과 정보를 습득한다.

3.0 어르신이 현재 참여하고 있는 여가기술과 흥미 거리를 유지하기 위하여 레크리에이션 참여를 촉진하고 즐거움과 만족의 경험을 위한 기회를 제공한다.

5) 목표 진술

목적(Goal) 진술이 이루어진 후, 다음단계로 목표 진술을 개발하게 된다. 목표 진술은 프로그램을 목적 실행하기 위한 조작적인 단위(Operational Units)이다.

목표는 client 집단을 위해 선별하여 미리 결정된 목적을 성취하기 위해 디자인된 일련의 활동과 그에 서로 응하는 상호작용이라고 정의할 수 있다.

〈표 5-1〉은 목표 설정에 사용하는 동사의 예이다.

목적이 설정 되면 목표를 끌어내고 진술하게 된다. 이와 같은 목표들은 특정한 클라이언트 집단에 대한 윤곽을 잡게 한다. 이때에 개발된 활동은 파악된 목표들과 직접적으로 관련이 있고 이미 선정된 클라이언트에게 적절하다. 이 맥락에서 "활동"은 단지 전통적인 레크리에이션이나 여가 활동을 의미하는 것이 아니다. 이것은 토론, 강의, 글짓기 또는 인지적인 활동뿐만 아니라 전통적이거나 비전통적인 레크리에이션 활동처럼 이 같은 영역에 포함될 수 있는 광범위한 활동이나 프로그램 내용을 의미한다. 그래서 활동이라는 용어는 목표를 다루기 위해 그리고 바람직한 결과를 성취하길 원해서 client에게 제시되는 행위, 내용 또는 매체를 의미한다.

표 5-1 목표 설정할 때 사용하는 동사의 예

지식	이해	적용	종합	분석
정리하다	분류하다	적용하다	정리하다	목록
정의하다	묘사하다	선택하다	집합하다	비교하다
중복되다	토론하다	증명하다	세우다	검사하다
분류하다	설명하다	설명하다	수집하다	풀다
어울리다	증명하다	쇼핑	계획	유의하다
나열하다	가리키다	스케치	준비하다	질문
명명하다	알아내다	해석하다	창조하다	시험
명령하다	선택하다	스케줄	제안하다	구별하다
인지하다	번역하다	습관	다루다	비평하다
반복하다	다시말하다	고용	디자인	목록
상기하다	표현하다	일하다	쓰다	대조하다

목표는 일관된 방식으로 전문가가 실행할 수 있도록 개발되고 상세한 설명이 될 필요가 있다. 이 같은 설명은 프로그램을 동일한 실행자, 또는 또 다른 사람이 반복적 실행이 가능해야 한다.

각각의 목적은 보다 작은 행동적 단위로 세분화할 필요가 있다. 목표로 불리는 이와 같은 단위들은 프로그램 체계의 나머지 부분들을 디자인하게 하는 구체적인 목표 행동이다. 내용과 과정의 선별은 이와 같은 단위들에 초점을 맞추고 있다. 게다가, 목표들은 목적 측정을 위해 사용할 수 있을 정도로 충분히 구체적이다. 많은 점에서, 목표들은 시스템이 디자인된 프로그램에 있어 가장 중요하고 필수적인 부분이다.

목표 진술 방법을 살펴보면 다음과 같다.

- 목표들은 목적의 기본적인 부분에 해당하는 행동 단위들이다.
- 하나의 목표는 client가 도달하려고 하는 지식 또는 기술의 한 단위를 나타내는 구체적인 행동적 진술문이다.

- 목표 내용 영역을 끌어내기 위해 목표를 분석하는 것은 실제적인 목표를 훨씬 쉽게 잘 쓸 수 있게 만들어 준다. 기본적으로, 디자이너들은 상이한 하위 목표 내용 영역들을 갖고 그것을 행동적 용어로 바꾼다.
- 목표는 client의 결과인양 쓰여 진다. 그리고 목표는 행동적으로 진술된다. 목표는 단지 하나의 비교적 작은 행동 단위를 다룬다는 측면에서 목적과는 다르다.
- 목표는 의도한 client 대상에게 논리적이고, 적절하고 그리고 전체적인 프로그램 맥락에서 병행될 수 있어야 한다.
- 목표는 분명하고, 간결한 언어로 쓰여져야 한다.
- 각각의 목표 진술문은 "…을 증명하기", "… 할 수 있다."라는 문구로 끝을 맺는다.
- 목표들은 가능한 간략한 하나의 정확한 행동적 문구로 이어진다. 이와 같은 간결성은 목표 행동, 기술 또는 지식에 대한 완벽한 이해를 가져다 줄 것이다.
- 목표의 진술방법은 조건, 행동, 기준, 대상자의 네 가지를 세분화시켜 진술한다.

  ① 조건(Conditions): 조건은 바람직한 행동이 일어나는 상황이다. 공통적인 조건을 의미하는 문구의 예는 다음 내용이 포함된다.

  - 요청에 따라…
  - 필요한 장비가 주어졌을 때…
  - 세 가지 활동에 대한 선택이 주어졌을 때…
  - 똑같은 능력을 지닌 상대와 함께…
  - 서면 검증에 따라…

  때로 조건들은 상황, 시설, 대상 또는 프로그램에 따라 독특하다. 다음과 같은 예를 들면, "레크리에이션 치료사와 함께 지역사회 순환 여행에 참여하는 동안 client는…", "client는 치료사가 관찰 했을 때에…"와 같이 표현할 수 있다.

목표에 대한 조건들은 주로 바람직한 행동의 수행에 있어 기본이 되는 필요한 장비, 활동, 시간 흐름 또는 다른 이벤트를 파악하여 장면을 설정한다. 통상적으로, 조건은 목적에 있어 첫 문장이나 대상자 다음에 서술한다. 문구는 하나의 전치사로 시작하기도하고 때로는, 조건들이 전체 수행 측정 속에 산만하게 흩어져 들어있을 경우도 있다.

② 행동(Behavior): 목표에 명시한 행동은 행동적 목표가 주요 초점이다. 문구는 client가 바람직한 지식, 기술 또는 역량을 증명하기 위하여 무엇을 해야 하는가를 구체적으로 밝혀두고 있다. 행동은 반드시 이와 같은 요구 조건에 맞추기 위해 관찰이 가능하고 측정이 가능한 것이라야 한다.

다음은 목표의 행동적인 부분의 예이다.

- client가 가정에서의 여가 자원에 대한 지식을 갖게 될 수 있다.
- client가 지구력을 향상시킬 수 있다.
- client는 일과 여가의 차이점에 대해 설명할 수 있다.

③ 준거(Criteria): 목표에 대한 준거는 목적에 부합하는 증거로서 받아들여질 수 있는 행동의 정확한 양과 특성에 대한 상세한 설명이 주어진다. 준거는 개인들이 관찰할 수 있고, 측정할 수 있는 행동을 바탕으로 판단을 내릴 수 있게 하는 정확한 진술 또는 기준이다. 준거 진술문을 쓰는 것은 우리가 대표적인 행동을 선별하고 그런 다음 그와 같은 행동에 대한 양과 특징에 대한 설명을 덧붙이는 것을 요구한다. 준거는 다양한 방법으로 쓸 수 있다. 준거에는 질적인 준거나 양적인 준거로 진술문을 작성할 수 있다.

질적인 준거의 예를 살펴보면 다음과 같다.

가. 대상자에게 "나의 여가 활동" 토론 주제를 제시했을 때 나의 여가 활동의 강점을 서술할 수 있다. 〈준거〉

나. 집단 경험을 통하여 자신의 장점을 인식할 수 있다.

〈준거〉

양적인 준거의 예를 살펴보면 다음과 같다.

가. 시도의 횟수

요청에 따라, client는 5회에 3번 탁구의 정식 서브를 넣을 수 있는 역량을 증명할 수가 있다.

나. 정확성의 수준

홀 둘레에 그려진 반경 1M의 원에 퍼팅 그린이 주어지면, 요청에 따라, client는 10M의 거리에서 10개중 6개의 공을 집어넣을 수 있을 것이다.

다. 시간의 양

요청에 따라, client는 20초 내에 100M를 달릴 수 있다.

라. 퍼센트 또는 비율

농구 경기에 참여하고 있는 동안, client는 던진 슛의 1/2정도의 골을 골인 시킬 수 있는 역량을 증명할 수 있다.

마. 폼(자세)

요청에 따라, client는 적십자 WSI Manual에 설명한 대로 횡영(橫泳: side stroke)으로 25야드를 헤엄칠 수 있다.

6) 수행 측정(PM: Performance Measures)

목표가 결정된 이후에 과제는 수행 측정의 개발(PMs)이다. 수행 측정은 목표의 의도를 성취하거나 달성하였다는 증거가 될 수 있는 정확한 행동에 대한 진술이다. 목표는 하나의 구체적인 기술, 지식의 범주 또는 행동적인 향상과 같은 행동적인 관심 영역에 대해 상세한 설명이 주어지는 반면, 수행 측정은 관찰할 수 있고 측정할 수 있으며, 목표를 적절하게 표명한 것으로 받아들여지는 행동에 대한 정확한 설명과 측정이다.

수행 측정도 목표와 같이 세 가지의 구체적인 부분인 바람직한 행동

(Behavior), 바람직한 행동이 일어날 수 있는 조건(Condition) 그리고 행동을 판단할 수 있는 척도 또는 준거(Criteria)를 포함 있는 행동적 목표를 서술한다.

레크리에이션 치료사는 주로 client와 함께 일하면서 여가 표현에 있어 client가 원하는 의미 있는 행동적 변화와 향상된 기술을 가질 수 있도록 도움을 준다. 프로그램 디자이너는 수행 측정을 쓸 때 이와 같은 사안에 대해 특히 민감해질 필요성이 있다. 평가하는데 너무 많은 시간을 필요로 하거나 또는 관찰, 측정, 기록이 필요한 행동의 수준 또는 양에 대한 요구가 많은 수행 측정들은 프로그램 실행자들이 무시하거나 또는 거부한다. 따라서 디자이너는 반드시 적절하고 합리적인 수행 측정을 개발해야 한다. 하나의 기본적인 철칙은 목표의 의도에 대한 여전히 대표성이 있는 최소량의 행동을 찾고 선별하는 것이다. 또 다른 원칙은 가능한 가장 자연스러운 환경 또는 상황 속에서 행동을 관찰하고 측정한다.

수행 측정에 대한 평가는 가능한 신중해야 한다. 따라서 좋은 수행 측정은 분명하게 시험하는 상황 속에서 보다 활동 그 자체라는 맥락 속에서 행동에 대한 평가를 시도한다. 치료레크리에이션에서 프로그램의 실행과 특성은 지속되게 하는 한편, 필요한 측정을 위해 제공되는 수행 측정을 위해 창조적인 디자인을 요구한다. 이와 같은 두 가지 원칙(최소량의 행동과 가능한 가장 자연스러운 측정 환경)은 좋은 프로그램 디자인과 평가뿐만 아니라 실행가가 시스템 프로그램을 수용함에 있어서도 중요하다.

치료레크리에이션 프로그램에 있어 많은 수행 측정은 자세, 실행의 수, 퍼센트 또는 정확성에 대한 준거 진술문들로 적절하게 구체적으로 밝히지 않은 내용과 행동을 다루고 있는 실정이다.

최상의 기준이 되는 대표적인 행동 그 자체의 구체적인 절차나 특징을 설명하기 위해 개발된 진술문이 주어지는 무수한 상황들이 실제로 있다. 이 같은 특징이 담겨져 있는 진술문들은 적절하고, 타당하고, 신뢰할 수 있다. 그와 같은 것은 관찰할 수 있고 측정할 수도 있다.

〈표 5-2〉는 치료레크리에이션의 치료 계획 내용을 담고 있다.

표 5-2 치료 계획

client:	연령:	성별:
room #:	날짜:	

문제/욕구 목록	강점 목록
1.	1.
2.	2.
3.	3.
4.	4.
5.	5.

치료 계획

목적	목표	수행측정	목표/개입

치료적 개입 추천

- □ 새내기 그룹
- □ 재동기화
- □ 감각 자극
- □ 유도상상
- □ 원예치료
- □ 미술치료
- □ 여가교육
- □ 회상
- □ 극기 훈련
- □ 스킨십 활동
- □ 이별 그룹
- □ 현실지향
- □ 이완
- □ 애완동물 요법
- □ 음악치료
- □ 확인
- □ 가치명료화
- □ 임파워먼트
- □ 재사회화
- □ 유머

서명: 날짜:

7) 목적과 목표 및 수행 측정의 예

(1) 상황 또는 문제: client는 의사소통을 하지 않는다.

① 목적: client는 욕구와 바램을 언어로 표현하여 알게 한다.

② 목표 및 수행측정:

목표1. client는 격려와 함께 짧은 질문에 즉각적으로 대답할 수 있다.

수행측정 1-1. client는 격려와 함께 짧은 질문에 즉각적으로 대답할 수 있다.

수행측정 1-2. client는 격려와 함께 짧은 질문에 부차적인 설명을 하였을 경우 대답할 수 있다.

수행측정 1-4. client는 격려와 함께 짧은 질문에 즉각적으로 대답할 수 없다.

목표2. client는 격려 없이 짧은 질문에 즉각적으로 대답할 수 있다.

수행측정 1-1. client는 격려 없이 짧은 질문에 즉각적으로 대답할 수 있다.

수행측정 1-2. client는 격려 없이 짧은 질문에 부차적 설명을 했을 경우 대답할 수 있다.

수행측정 1-3. client는 격려 없이 짧은 질문에 대답할 수 없다.

목표3. client는 격려와 함께 하루에 한번 5분간 대화를 수행할 수 있다.

수행측정 3-1. client는 격려와 함께 하루에 한번 5분간 대화를 수행할 수 있다.

수행측정 3-2. client는 격려와 함께 하루에 한번 3분간 대화를 수행할 수 있다.

수행측정 3-3. client는 격려와 함께 하루에 한번 1분간 대화를 수행할 수 있다.

수행측정 3-4. client는 격려와 함께 하루에 대화를 수행하는데 어려움이 있다.

목표4. client는 각 사회적 프로그램 동안 5분간 대화를 시도할 수 있다.

수행측정 4-1. client는 각 사회적 프로그램 동안 5분간 대화를 시도할 수 있다.

수행측정 4-2. client는 각 사회적 프로그램 동안 3분간 대화를 시도할 수 있다.

수행측정 4-3. client는 각 사회적 프로그램 동안 1분간 대화를 시도할 수 있다.

수행측정 4-4. client는 각 사회적 프로그램 동안 대화를 시도하는데 어려움이 있다.

(2) 상황 또는 문제: client는 분노 관리를 할 수 없다

① 목적: client는 분노가 발생할 때 분노의 느낌을 구체화할 수 있다.

② 목표 및 수행측정

목표1. client는 매주 각 회기에서 다른 client가 자신을 괴롭히거나 못살게 군다고 느낄 때 치료사에게 이야기할 수 있다.

수행측정 1-1. client는 매주 각 회기에서 다른 client가 자신을 괴롭히거나 못살게 군다고 느낄 때 치료사에게 이야기할 수 있다.

수행측정 1-2. client는 매주 각 회기에서 다른 client가 자신을 괴롭히거나 못살게 군다고 느낄 때 치료사에게 이야기할 수 없다.

목표2. client는 분노를 느낄 때의 상황을 인지하고 치료사에게 그때 느낌을 이야기할 수 있다.

수행측정 2-1. client는 분노를 느낄 때의 상황을 인지하고 치료사에게 그때 느낌을 이야기할 수 있다.

수행측정 2-2. client는 분노를 느낄 때의 상황을 인지하고 치료사에게 그때 느낌을 이야기하는데 어려움이 있다.

목표3. client는 어떤 상황에서 괴롭힘을 당했는지에 대한 사례와 그때 어떤 느낌이었는지 대화를 통해 구체화할 수 있다.

수행측정 3-1. client는 어떤 상황에서 괴롭힘을 당했는지에 대한 사례와 그때 어떤 느낌이었는지 대화를 통해 구체화할 수 있다.

수행측정 3-2. client는 어떤 상황에서 괴롭힘을 당했는지에 대한 사례와 그때 어떤 느낌이었는지 대화를 통해 구체화하는데 어려움이 있다.

목표4. client는 자신을 화나게 만드는 상황을 구체화할 수 있다.

수행측정 4-1. client는 자신을 화나게 만드는 상황을 구체적으로 5가지 이상 나열할 수 있다.

수행측정 4-2. client는 자신을 화나게 만드는 상황을 구체적으로 3가지 이상 나열할 수 있다.

수행측정 4-3. client는 자신을 화나게 만드는 상황을 구체적으로 나열하는데 어려움이 있다.

(3) 상황 또는 문제

client는 부족한 자기수용/자기존중감을 가지고 있다. 이 client는 단위 안에서 다른 사람과 눈맞춤을 하지 못한다.

① 목적: client는 타인과 의사소통하는 동안 눈맞춤을 증명할 수 있다.

② 목표 및 수행 측정:

목표1. client는 가장 좋아하는 치료사와 함께 타인을 바라보며 이야기할 수 있다.

수행측정 1-1. client는 가장 좋아하는 치료사와 함께 타인을 바라보며 5분 이상 이야기할 수 있다.

수행측정 1-2. client는 가장 좋아하는 치료사와 함께 타인을 바라보며 3분 이상 이야기할 수 있다.

수행측정 1-3. client는 가장 좋아하는 치료사와 함께 타인을 바라보며 이야기하는데 어려움이 있다.

목표2. client는 사람이 아닌 주제를 토론하는 동안 눈맞춤을 증명할 수 있다.

수행측정 2-1. client는 사람이 아닌 주제를 토론하는 동안 5분 이상 눈맞춤을 증명할 수 있다.

수행측정 2-2. client는 사람이 아닌 주제를 토론하는 동안 3분 이상 눈맞춤을 증명할 수 있다.

수행측정 2-3. client는 사람이 아닌 주제를 토론하는 동안 눈맞춤에 어려움이 있다.

목표3. client는 사회적 프로그램동안에 다른 사람과 함께 눈맞춤을 증명할 수 있다.

수행측정 3-1. client는 사회적 프로그램동안에 10분 이상 다른 사람과 함께 눈맞춤을 증명할 수 있다.

수행측정 3-2. client는 사회적 프로그램동안에 5분 이상 다른 사람과 함께 눈맞춤을 증명할 수 있다.

수행측정 3-3. client는 사회적 프로그램동안에 3분 이상 다른 사람과 함께 눈맞춤을 증명할 수 있다.

수행측정 3-4. client는 사회적 프로그램동안에 다른 사람과 함께 눈맞춤에 어려움이 있다.

(4) 상황 또는 문제

client는 간단한 결정을 하거나 문제해결을 하지 못한다.

① 목적: client는 자신의 일상 활동에 대해 의사결정을 할 수 있다.

② 목표 및 수행측정

목표1. client는 활동스케줄을 보는 동안 그녀가 가능한 활동을 3-4가지 나열할 수 있다.

수행측정 1-1. client는 활동스케줄을 보는 동안 그녀가 가능한 활동을 3-4가지 나열할 수 있다.

수행측정 1-2. client는 활동스케줄을 보는 동안 그녀가 가능한 활동을 2-3가지 나열할 수 있다.

수행측정 1-3. client는 활동스케줄을 보는 동안 그녀가 가능한 활동을 1-2가지 나열할 수 있다.

수행측정 1-4. client는 활동스케줄을 보는 동안 그녀가 가능한 활동을 나열하는데 어려움이 있다.

목표2. client는 그녀가 참여하기를 좋아하는 활동을 2가지 선택할 수 있다.

수행측정 2-1. client는 그녀가 참여하기를 좋아하는 활동을 2가지 이상 선택할 수 있다.

수행측정 2-2. client는 그녀가 참여하기를 좋아하는 활동을 1가지 선택할 수 있다.

수행측정 2-3. client는 그녀가 참여하기를 좋아하는 활동을 선택하는데 어려움이 있다.

목표3. client는 활동에 참여할 수 있다.

수행측정 3-1. client는 활동에 참여할 수 있다.

수행측정 3-2. client는 활동에 참여할 수 없다.

목표4. client는 그녀의 결정에 대해 어떻게 느끼는지 레크리에이션 치료사에게 이야기할 수 있다.

수행측정 4-1. client는 그녀의 결정에 대해 어떻게 느끼는지 레크리에이션 치료사에게 이야기할 수 있다.

수행측정 4-2. client는 그녀의 결정에 대해 어떻게 느끼는지 레크리에이션 치료사에게 이야기하는데 어려움이 있다.

목표5. client는 그녀의 느낌에 기초한 프로그램에 재참가를 요구받을 때 의사결정을 할 수 있다.

수행측정 5-1. client는 그녀의 느낌에 기초한 프로그램에 재참가를 요구받을 때 의사 결정하는데 어려움이 있다.

(5) 상황 또는 문제

사회적 기능이 부족하다. 그녀는 소극적으로 대부분의 시간을 방에서 혼자 TV를 보면서 보낸다. 그녀는 친구도 없고, 스텝도 신뢰하지 않는다.

① 목적: client는 타인과 사회적 상호작용을 할 수 있다.

② 목표 및 측정수단

목표1. client는 적어도 매일 10분 이상 산책할 수 있다.

수행측정 1-1. client는 적어도 매일 10분 이상 산책할 수 있다.

수행측정 1-2. client는 적어도 매일 5분 이상 산책할 수 있다.

수행측정 -3. client는 산책하는데 어려움이 있다.

목표2. client는 산책하는 동안 한사람과 이야기할 수 있다.

수행측정 2-1. client는 산책하는 동안 한사람과 10분 이상 이야기할 수 있다.

수행측정 2-2. client는 산책하는 동안 한사람과 5분 이상 이야기할 수 있다.

수행측정 2-3. client는 산책하는 동안 한사람과 2분 이상 이야기할 수 있다.

수행측정 2-4. client는 산책하는 동안 한사람과 이야기하는데 어려움이 있다.

목표2. client는 11시 30분과 정오사이에 5분간 치료사와 통화할 수 있다.

수행측정 2-1. client는 11시 30분과 정오사이에 5분간 치료사와 통화할 수 있다.

수행측정 2-2. client는 11시 30분과 정오사이에 3분간 치료사와 통화할 수 있다.

수행측정 2-3. client는 11시 30분과 정오사이에 치료사와 통화하는데 어려움이 있다.

목표3. client는 치료사와 함께 여가흥미를 구체화할 수 있다.

수행측정 3-1. client는 치료사와 함께 여가흥미거리를 5가지 이상 나열할 수 있다.

수행측정 3-2. client는 치료사와 함께 여가흥미거리를 3가지 이상 나열할 수 있다.

수행측정 3-3. client는 치료사와 함께 여가흥미거리를 나열하는데 어려움이 있다.

목표4. client는 일주일동안의 여가활동계획을 치료사에게 이야기할 수 있다.

수행측정 4-1. client는 일주일동안의 여가활동계획을 치료사에게 이야기할 것이다.

수행측정 4-2. client는 일주일동안의 여가활동계획을 치료사에게 이야기하는데 어려움이 있다.

목표5. client는 일주일에 한번 사회적 프로그램에 참석할 수 있다.

수행측정 5-1. client는 일주일에 한번 사회적 프로그램에 참석할 수 있다.

수행측정 5-2. client는 일주일에 한번 사회적 프로그램에 참석하는데 어려움이 있다.

(6) 상황 또는 문제

사회적 고립과 방향감각상실로 인한 혼란 때문에 client는 스스로 고립시켰다.

① 목적: client는 소그룹 프로그램에 참여할 것이다.

② 목표 및 측정수단

목표1. client는 각 회기에 의무적으로 10분간 참석함으로써 집중력향상을 증명할 수 있다.

수행측정 1-1. client는 각 회기에 의무적으로 10분간 참석할 수 있다.

수행측정 1-2. client는 각 회기에 의무적으로 5분간 참석할 수 있다.

수행측정 1-3. client는 각 회기에 참석하는데 어려움이 있다.

목표2. client는 각 활동 동안 2가지의 지시에 따르는 능력을 증명할 수 있다.

수행측정 2-1. client는 각 활동 동안 2가지 이상 지시에 따르기를 할 수 있다.

수행측정 2-2. client는 각 활동 동안 1가지 이상 지시에 따르기를 할 수 있다.

수행측정 2-3. client는 각 활동 동안 지시에 따르기에 어려움이 있다.

목표3. client는 활동회기의 마무리 시간에 5분간 프로젝트에 대하여 이야기를 시작할 수 있다.

수행측정 3-1. client는 활동회기의 마무리시간에 5분 이상 프로젝트에 대하여 이야기를 시작할 수 있다.

수행측정 3-2. client는 활동회기의 마무리 시간에 3분 이상 프로젝트에 대하여 이야기를 시작할 수 있다.

수행측정 3-3. client는 활동회기의 마무리 시간에 프로젝트에 대하여 이야기를 시작하는데 어려움이 있다.

2. 치료레크리에이션 사례 예

영희는 76세의 여성으로 대략 10,000명의 인구를 가진 영희 고향의 외곽 시골에 위치한 110병상의 요양시설에 거주한다. 그녀는 1년 동안 인천에서 살고 있다. 그녀의 주요 진단은 당뇨병으로 ADL의 지원이 필요하고 이동할 때 휠체어를 사용한다. 그녀의 딸은 지방에 사는데 그녀를 자주 방문하지 않는다. 영희는 활동을 위해 방을 떠나는 것을 싫어하고 스텝과 일대일 상호작용을 선호한다. 그녀는 매일 담배를 피우고 한달에 두 번 미용실에 간다. 그녀는 일주일에 한번 요양시설의 예배에 참석하고 자주 그녀 룸메이트와 TV를 본다.

■ 포괄적 치료레크리에이션 사정(assessment) 요약

client : 김영희	#: 402
room #: 331	날짜: 9/19/2007

1) 기능수준의 요약

① 신체: 이동을 위해 휠체어를 사용하고, 운동범위에 손상이 있고, 지구력 감소 그리고 현기증을 가지고 있다. 1차적 진단은 당뇨병이다. 옷입기, 씻기, 화장실이용하기 그리고 옮겨질 때 도움이 필요하다.

② 정신: 사람, 장소, 시간에 대한 지향에 있어 단기기억에 손상이 약간 있다. 지시를 따른다. 집중기간이 짧다.

③ 정서: 쉽게 좌절하고 슬픔을 이야기하며, 스텝에 의해 자주 우는 경우가 관찰된다. 대부분의 시간 피곤해 보인다. 죽기를 바란다.

④ 사회: 딸이 지방에 사는데, 자주 방문하지 않는다. 딸은 방문 했을 때 영희의 문제들에 의해 매우 피곤하게 느끼고, 질리게 된다. 의사소통을 할

수 있다. 그룹 활동을 싫어한다. 자주 방을 떠나는 것을 거절한다. 스텝과 일대일 상호작용을 선호한다.

⑤ 재정: 재정적 자원에 제한이 있다. 그녀는 흡연을 하고, 매달 수당을 담배와 미용실을 이용하는데 소비한다.

⑥ 영적(종교적): 천국에서의 사후세계를 믿는다. 그녀는 침례 교인이고 노인요양시설에서의 예배에 매주 참석한다.

⑦ 직업적: 그녀는 65세에 은퇴할 때까지 인생의 대부분을 피복 공장에서 일했다.

2) 여가

① 통제: 그녀는 그녀의 건강상태와 나이로 인해 괴로움을 느낀다. 통제가 외부에서 일어난다.

② 능력: 어떠한 것도 좋게 말하지 않는다.

③ 태도: 강한 노동 윤리를 가지고 있다. 여가를 가치 있게 여기지 않는다.

④ 쾌활: 유머감각, 자발성이 거의 없다

⑤ 참여: 매주 예배에 참석, 한달에 2번 미용실 방문. 활동 요원으로부터 일대일 방문, 자주 룸메이트의 TV를 본다.

⑥ 욕구: 친구사귀기와 도피행동 줄이기

3) 여가흥미

① 주요 과거흥미: 베란다에 앉기, 차타고 가기, 저녁식사 하러 가기, 가족과 함께 있기, TV보기, 전화로 대화하기, 바느질, 정원 가꾸기, 교회활동

② 주요 현재흥미: 교회, TV, 미용실

③ 과거와 현재 비교와 유형: 과거와 비교했을 때 현재 흥미가 감소. 영희는 더 이상 자신이 즐기는 다른 어떤 것을 할 수 없기 때문이라고 말한다. 그녀는 언제나 게임, 미술, 공예를 좋아하지 않는다.

4) 여가제약

(1) 개인 내적 제약

① 신체적: 휠체어 이동, 지구력 감소, ROM손상, 현기증, 1200칼로리의 당뇨식이요법

② 환경적: 제한된 재정자원

③ 감각: 보고된 바 없다.

(2) 개인 외적 제약

① 의사소통 : 보고되지 않음.

② 대인관계: 개인내적, 개인외적, 집합적, 일방적, 다원적, 개인간 상호작용이 어렵다. 자주 방에서 나오는 것을 거절, 다른 client들과 상호작용을 싫어함.

③ 가족: 딸이 자주 방문하지 않는다. client는 잦은 접촉을 원한다. 딸은 요양시설에 방문하는 것이 불편하게 여김.

④ 행동적: 보고되지 않음.

(3) 개인 간 제약

① 정서적: 슬픔이 보고되고, 자주 우는 것이 관찰된다. 활동에 대한 흥미부족, 피곤

② 태도: 강한 노동윤리, 여가를 가치 있게 여기지 않는다. 낮은 동기부여, 능력에 대한 신뢰부족

③ 인지적: 짧은 집중기간, 가벼운 단기기억 손상

5) C't 욕구

① 신체적: 보고되지 않음

② 만족과 신뢰: 방에 남는 자유를 원함, 안전한 공간의 욕구, 통제와 선택

의 욕구

③ 사랑과 소유 : 일대일 교제를 원함, 그룹에 있는 것과 혼자 있는 것을 싫어함, 종교가입을 제외하고 어떤 그룹에도 속하려하지 않음.

6) 강점과 약점

강점	약점
강한 종교가입 교우관계를 원함 과거홍미에 적응이 가능 강한 노동 윤리 여가에 탈출을 원함	유능감 부족 통제감 부족 부족한 쾌활감 참여를 거절 방 밖으로 나가지 않는다.

7) 문제/욕구와 강점

문제/욕구	강점
당뇨병 이동성과 ADL의 손상 방에서 나오는 것을 거절 흡연 쉽게 좌절 슬픔과 피로 제한된 재정자원 낮은 자기존중감 홍미부족 짧은 집중 기간	가까운 곳에 딸이 있다 교회참석 TV보기를 즐김 의사소통 욕구와 감정 출석하면 홍미를 느낌 일대일 상호작용을 즐거워함 일에 대한 책임감이 강하다. 인생 대부분 피복 공장에서 일함 과거에 전화하기를 좋아함 가족과 더 친밀한 결합에 관심이 있다

※ 생각해 봅시다

① 당신은 어떤 문제/욕구를 다루기 위해 선택할 것인가? 왜?

② 그녀 삶의 질을 증진하기 위한 가장 중요한 것은 무엇인가? 왜?

③ 당신은 문제/욕구를 다루기 위해 사용할 강점으로 어떤 것을 선택할 것인가? 왜?

8) 사정을 바탕으로 한 Client 욕구

① 영희가 가족과 교제하기 위한 기회를 증진
② 전화사용을 포함한 과거 여가기술을 회복한다.
③ 유용성과 가족접촉을 회복하도록 돕는다.

9) 목적, 목표, 수행 측정

목적	목표	수행 측정
과거 여가기술 활동의 기회를 제공함으로써 가족관계 및 대인관계를 증진시킨다.	1-1 영희는 요양시설의 공중전화 사용방법을 배울 수 있다.	1-1-1 영희는 계획의 첫 주간동안 그녀 방에서 3번 전화걸기 교육을 받을 것이다.
		1-1-2 영희는 계획의 두 번째 주간동안 공중전화가 위치한 곳을 배우기 위해 치료사와 함께 3번 자신의 방 밖으로 나올 수 있다.
		1-1-3 영희는 자신의 전화번호 목록을 만들고, 동전을 가지고 전화를 할 수 있다.
	1-2 영희는 복도에 있는 공중전화에서 전화를 걸기위해 자신의 방을 나올 수 있다.	1-2-1 영희는 계획의 네 번째 주간동안 간호사와 동행하여 치료사와 3번 통화를 할 수 있다.
		1-2-2 영희는 계획의 다섯 번째 주간동안 치료사에게 독립적으로 3번 전화를 할 수 있다.
	1-3 영희는 딸의 가족을 위해 바느질/수선을 스스로 준비할 수 있다.	1-3-1 영희는 계획의 여섯 번째 주간동안 스스로 딸에게 전화를 걸어 말을 할 수 있다.
		1-3-2 영희는 호전될 것을 말하기 위해 딸에게 전화하고, 딸을 위해 바느질/ 수선을 이야기할 수 있다.

9) 내용과 활동 기술

내용과 활동 기술

목적: 과거 여가기술 활동의 기회를 제공함으로써 가족관계 및 대인관계를 증진시킨다.

목표: 영희는 너싱홈의 공중전화 사용방법을 배운다.

수행측정 (Performance Measures)	내용 (Content)	활동 (Activity)
1-1-1. 영희는 계획의 첫 주간동안 그녀 방에서 3번 이상 전화걸기 교육을 받을 것이다.	▪ 전화이용에 필요성 ▪ 공중전화 사용 방법 익히기 등	전화 걸기 교육

제6장

치료레크리에이션 개입을 위한 계획

제 6 장

치료레크리에이션 개입을 위한 계획

1. 활동 분석

일단 목적이 결정되면 개입을 계획할 수 있다. 대개 개입은 client가 좋아하는 여가활동 내에서 갖춰지게 된다. 케어는 반드시 목적달성이 허락될 활동의 선택 안에서 사용되어야 한다. 예를 들어, 요양보호기관에서의 대중적 목적은 다른 client들과 사회적 상호작용을 향상하는 것이다. client들이 다른 사람과 의사소통하고 상호작용을 하는 본능적 요구에 의해 활동이 선택되는 것이 최상이다. 또한 참가자가 다른 사람들과 대화 또는 상호작용을 요구하지 않으면 그 활동은 특별한 목적을 위한 좋은 선택이 아니다.

활동 분석은 만약 그들이 중점목표에 도달하는 것에 도움이 될 것이라면, 개인적 활동을 세밀히 조사하고 결정하는 과정이다. Perterson과 Gunn(1984)은 그들의 책 '치료레크리에이션 프로그램 디자인'에서 이 과정을 위한 유용한 형식을 제시하였다. 활동의 각 영역은 특별한 목적과의 만남 안에 유용한 연구이다. 기본적으로 활동은 만약 그들이 양립할 수 있다면 사정(assessment)의 영역과 비교해야 한다. 예를 들어, 활동의 다양한 양상은 분리된 부분 안에서 신체적, 사회적, 정신적, 정서적, 재정적, 환경적 그리고 여가 관점으로 나눠져야 한다. 만약 활동의 목적이 client의 목적과 같다면 이것들은 다음의 활동 분석을 통하여 조사될 수 있다.

Perterson과 Gunn(1984)은 각 활동의 신중함을 위해 활동 분석의 틀을 제시하였다.

활동 분석은 프로그램 목표 달성에 도움이 되는 특징을 내재하고 있는 활동을 찾기 위하여 하나의 활동을 세분하고 검토하는 절차이다. 이것은 치료레크리에이션 전문가가 활동과 행동적 결과를 위한 잠재적인 기여도에 대한 이해를 가능하게 해준다. 활동 분석은 활동 구성요소를 행동적이고 상호작용적인 요구 조건에 맞춰 활용하기 전에 분석한다는 점에서 활동 선별에 있어 보다 정확한 방법을 제공한다.

활동 분석에서는 활동과 서로 다른 활동들이 주는 치료 또는 교육적 가치를 보다 나은 프로그램 제작을 위한 의사결정을 위해 비교할 수 있다. 활동들을 구성 요소 부분으로 세분화하는 것은 치료레크리에이션 전문가가 클라이언트들이 활동에 참가하기 위해 어떤 참여 기술과 능력이 필요한가를 이해할 수 있게 한다. 이윽고 전문가는 활동이 적절한가 또는 변형이 필요한가를 결정할 수 있다.

활동 분석은 성공적인 참여를 위해 필수적인 행동적 요구 조건을 가늠하려고 특정한 활동을 세분하고 검토하기 위해 선별된 일련의 구성 개념과 변수들의 체계적인 적용을 의미하는 하나의 과정이다. 활동 분석은 활동 구성 요소와 참가 구비 조건의 심도 있는 이해로 연결된다. 활동 분석은 다음과 같은 것들을 제공한다.

① 특정 활동 참여에 있어 기대되는 효과에 대해 구체적인 이해를 돕는다.
② 특정 활동의 적절성을 결정하기 위하여 개인이나 집단의 기능 수준과 비교될 수 있는 특정 활동의 구성요소 간의 복합성에 대한 깊은 이해를 돕는다.

③ 구체적인 목적 및 행동 목표가 설정되고, 치료레크리에이션 전문가가 선택한 특정 활동이 기대되는 행동을 산출하는데 도움이 되는 것인지에 대한 정보를 제공한다.

④ 한계를 갖은 사람을 위해 원래 놀이・활동을 개인의 욕구에 맞게 활동의 변형이나 적응에 대한 방향성을 제공한다.

⑤ 개입, 교수 또는 지도 기법의 선별에 유용한 정보를 제공한다.

⑥ 활동 참여의 치료적 편익에 대한 설명 또는 타당성에 대한 설명을 제공한다.

1) 활동 분석의 원리

① 일반적으로 행해지고 있는 활동을 분석하라.

② 활동 분석 양식을 작성한 후, 다른 모든 활동과 비교하여 활동을 평가하라.

③ 구체적인 장애를 고려하지 말고 활동을 분석하라.

④ 기본적이고 성공적인 참여에 필요한 최소한의 기술을 고려하여 분석하라.

2) 활동 분석 영역

활동 분석 영역에는 신체적・사회적・인지적・심리적 영역 4가지 요인이 포함된다.

(1) 신체적 요구 조건

모든 레크리에이션 활동은 일련의 신체적인 행위를 필요로 한다. 기본적인 몸자세의 언급을 통해 활동의 신체적인 요구 조건의 분석을 시작할 수 있다. 그 다음, 포함되는 신체 부위를 결정한다. 손가락, 손, 팔목 그리고 팔꿈치와 같은 신체 부위에 포함되는 각 부분은 반드시 분리해서 또는 팔이나 상체처럼 보다 큰 범위로 한데 묶어서 구체화하여야 한다. 필요한 세부적인 양은 항상 레크리에이션 서비스를 받는 대상과 관련이 있다.

움직임의 유형 또한 반드시 결정하여야 한다. 일반적인 신체 행위는 구부리고, 뻗고, 흔들고, 내밀고, 잡고, 돌리는 것이 포함된다. 이와 같은 행위들은 항상 잡고, 던지고, 차고, 때리고 또는 달리기와 같은 폭 넓은 견지에서 구체화할 수 있는 움직임의 형태 일부이다. 또한 포함되는 움직임의 수와 특징을 아는 것도 중요하다. 예를 들어, 소프트볼은 극히 복잡하다. 그것은 달리기, 잡기 그리고 치기(때리기) 모두 정확성을 필요로 한다. 한편, 볼링은 하나의 기본 동작만이 있다. 이와 같은 유형의 정보는 특정한 대상을 위한 활동 선별을 할 때 중요하다.

손-눈의 협응은 또 하나의 중요한 영역이다. 불행하게도 많은 기본적인 레크리에이션 활동은 스포츠, 공예 또는 책상에서 하는 게임이든 간에 약간의 손-눈의 협응을 필요로 한다.

다양한 다른 신체적인 요소들을 분석할 수 있다. 이것들에는 체력, 속도, 지구력, 에너지, 유연성 그리고 심장 혈관 활동 등이 들어간다. 얼마나 많이 또는 얼마나 적게 이와 같은 요소들을 주어진 활동에 포함 시켜야 할 것인가를 결정하는 것은 프로그램 내용을 선별하고 변형함에 있어 또한 중요하다.

다른 감각(오감)들도 또한 활동 참여의 신체적 요구 조건의 일부로 고려해야 할 것이다. 시각도 많은 활동의 성공적인 참여를 위해 중요하다. 활동에 대한 다양한 신체적인 요구들을 이해한다는 것은 복잡하다. 정말로 고려해야 할 다양한 요소와 그들의 다양성은 임무를 지겹게 만든다. 활동의 어느 부분을 그리고 어떻게 변형할 것인가를 이해한다는 것 또한 이 같은 과정의 결과이다.

(2) 레크리에이션 활동 속에 내재하고 있는 상호작용 유형

■ 개인 내적(Intra-individual)

"한 사람의 정신세계 속에서 일어나는 행위나 정신과 신체의 일부분이 관련된 행위. 그러나 다른 사람이나 외부 대상과의 접촉은 필요가 없다."

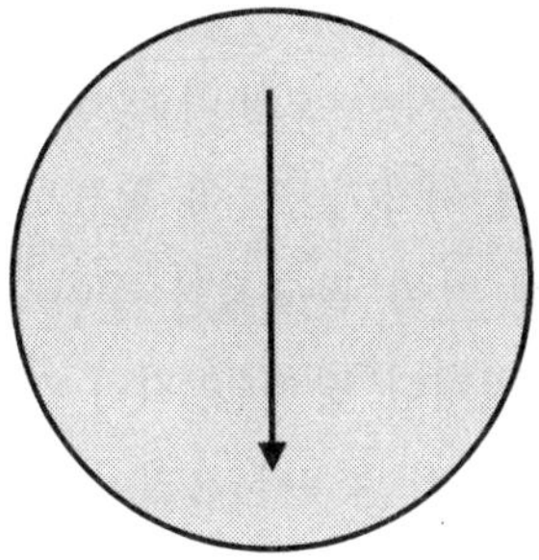

비록 이 같은 행위가 전문 영역에서 논의되거나 프로그램에서 제시되는 예는 거의 없지만, 개인 내적 행위들은 대개 개인이 혼자서 행하게 된다. 프로그램으로 제작될 수 있는 활동 유형이 아니다. 그러나 이것은 실제적으로 허용되고 있고 즐길 수도 있는 것이다.

■ 개인 외적(Extra-individual)

"다른 사람과 접촉이 필요 없는 환경 속에서 대상을 향해 하는 행위"

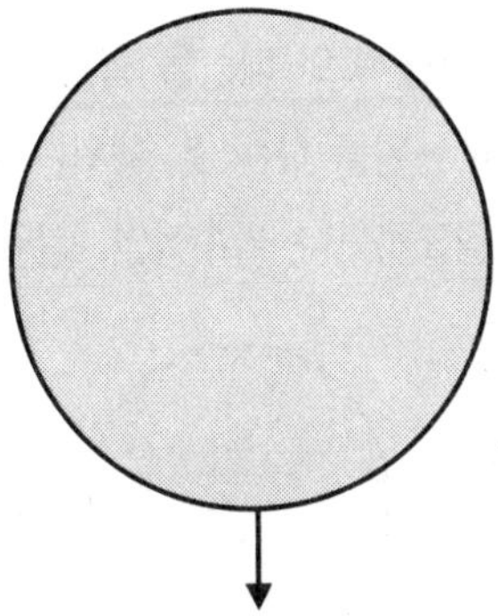

수많은 활동이 이 범주에 속한다. 활동의 예로는 TV시청하기, 공예 프로젝트에 참여하기, 정원 돌보기, 혼자서 카드하기, 독서 등이 있다.

우리는 다수의 사람들에게 프로그램을 제공해야 하는 현실 때문에 집단 활동에 의존하려는 경향이 있다. 그러나 우습게도 독자적인 여가참여를 준비하는 사람들을 도와주는 과정에서, 우리는 빈번히 많은 질병과 장애를 지닌 사람들이 거의 대부분의 시간을 혼자서 보낸다는 사실을 간과하고 있다.

혼자 있는 동안 할 수 있는 여가기술들이 필요하다. 그러므로 개인 외적 활동들은 프로그램 고려사항에 있어 필수적인 것이다. 혼자 있는 동안 즐길 수 있는 능력은 현실적으로 질병이나 장애를 지닌 사람들의 욕구에 맞닥뜨리게 되는 치료레크리에이션의 기본적인 관심거리이다.

개인 외적 활동은 또 하나의 중요한 기능을 한다. 이것은 사회적 상호작용 역량의 개발을 위한 섬세한 후속 계획의 첫 단계에서 쓰여진다고 할 수가 있다. 클라이언트가 개별 활동에 참여하도록 돕는 것은 상호작용 기술 습득에 있어 중요한 단계이다.

한 개인이 편안하게 혼자서 활동에 참여하고 참여를 통해 어느 정도의 만족을 얻게 될 때, 그 때에 그는 다른 사람들과 편안한 느낌으로 상호작용을 시작하는 것이 가능할 것이다.

■ 전체적(Aggregate)

"다른 사람들의 무리 또한 환경 속의 대상을 향하여 행위를 하고 있는 동안, 환경 속의 특정한 대상을 향하여 행위를 하는 것. 행위는 다른 사람을 향하지 않고 참가자들 사이의 상호작용이 필요하거나 필수적인 것은 아니다."

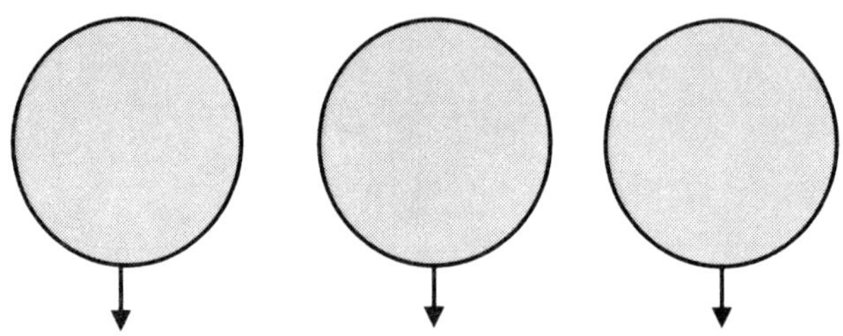

혼자서 할 수 있는(개인 외적) 많은 활동들 또한 집단 상황 속에서도 할 수 있다. 치료레크리에이션에 있어 이 활동이 가장 일반적 활동이다.

공예 프로그램, 오락 그리고 취미 집단은 모두 전체적 활동의 좋은 예이다.

전체적 활동들은 참가자들 사이의 상호작용은 필요가 없다. 그러나 이 활동의 특징은 상당수 내재하고 있는 치료 특징과 적용력을 지니고 있다.

공예, 목공예, 글짓기, 독서, 원예처럼 협동적인 개인 외적이고 전체적인 활동은 클라이언트가 경쟁적인 요구 없이 내적 동기와 고무를 받을 수 있게 해 준다. 경쟁에 대한 압력을 느끼지 않고 활동을 즐길 수 있는 능력을 증가시키는 것은 중요한 경험이 될 수 있다. 행위가 자기 자신에 의해 주도되고 외부의 기대감이나 요구 없이 행해 질 때, 자기 충족감과 독립심을 갖게 될 것이다.

전체적 활동은 다른 사람과 별개로 활동을 숙달시키려고 참여하는 사람들에게 기회를 제공한다. 많은 질병이나 지체 장애를 지닌 사람들이 혼자서 시간을 보내기 때문에, 이들은 마땅히 상대 없이 할 수 있는 활동들의 목록을 갖고 있어야 한다. 전체적 유형은 치료레크리에이션 전문가가 집단 상황 속에서 여전히 활동하고 있는 동안 기술의 습득을 촉진시킬 수 있게 한다.

■ 개인 간(Inter-individual)

"한 사람이 다른 사람을 향하여 행하는 경쟁적인 특징을 지닌 행위"

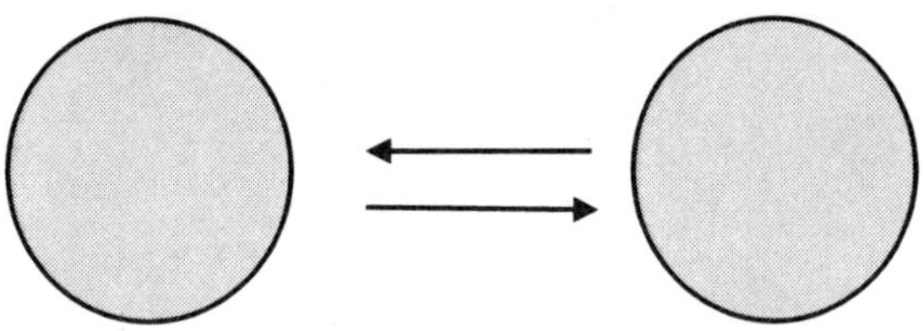

이 상호작용 유형은 많은 정신적이고 신체적인 활동들에 있어 기본적이다. 장기, 바둑, 단식 테니스, 배드민턴 그리고 라켓볼 등이 예이다. 이 유형은 상대방과 계속적으로 상호작용할 수 있고 이기려는 의도나 최소한 시도 그 자체를 즐기면서 필요한 기술들을 적용할 수 있는 능력을 요구한다. 경쟁은 사람들이 타인과의 상호작용 속에서 자신을 견고히 할 필요가 있는 일상생활 속 많은 대인관계 만남을 고무시켜 준다.

개인 간 활동들은 언어적 표현과 여타 사회적 반응의 향상을 가져오기 위해 선별되고 후속으로 쓰여진다.

이 유형의 또 다른 치료적 적용은 상호작용의 빈도와 관련이 있다. 탁구와 같은 게임은 공이 이쪽에서 저쪽 테이블로 빠르게 옮겨가듯 계속적인 응시와 반응이 필요하다. 그러나 장기와 같은 게임의 경우, 즉각적인 움직임을 강요하지 않는다. 빈도의 변화는 전문가가 더욱 더 도전적인 상호작용적 활동을 후속 프로그램으로 짜 넣을 수 있게 한다.

상호작용 유형이 항상 경쟁적이기 때문에 사람들이 스트레스, 외압 그리고 승패의 개념에 대처할 수 있도록 도와주는 치료적 특성을 지니고 있다. 개인간 활동에서, 클라이언트들은 많은 여타 삶의 상호작용을 위한 적절한 역할 모형 만들기를 경험할 수 있다.

▪ 일방적인(Unilateral)

"3명 또는 그 이상 사람들 사이의 경쟁적인 특징을 가진 행위, 그 중 한 사람이 경쟁상대자나 술래가 된다."

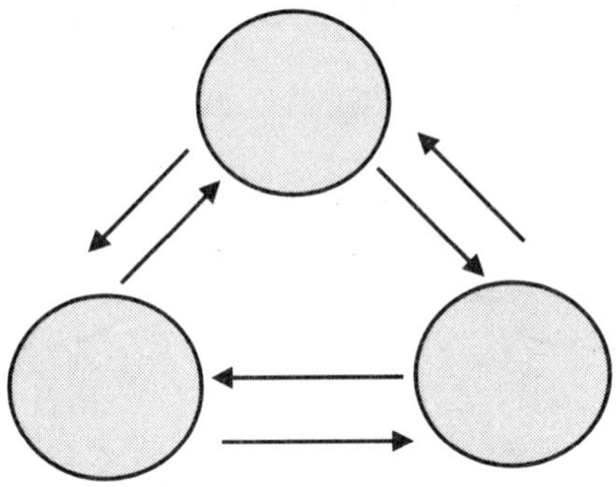

많은 아이들의 게임이 일방적인 유형에 속한다. 따라잡기, 숨바꼭질이 그 예이다. 아주 소수의 어른들의 게임이 이 범주에 속한다. 이와 같은 종류의 게임에서, 한 사람을 제외한 모든 놀이자가 똑같은 역할을 한다. 서로 다른 놀이자는 서로 다른 기능을 한다는 개념은 농구나 야구와 같은 게임에서 발견된 복잡한 역할 속에서 더 많이 개발된다는 것을 인식하게 되는 초기 단계이다. 한 사람이 바로 술래가 될 때, 서로 다른 역할의 개념이 빠르게 학습되고 이해될 수 있다.

또 다른 몇 가지 편익이 일방적인 활동을 통하여 일어난다. 정신지체인 사람들과 활동을 할 때, 일방적인 활동을 갖고 경쟁의 초기 개념을 가르치는 것이 쉬울 것이다. 다른 대상의 경우, 일방적인 활동은 한 사람에게 시선을 집중하게 한다. 경쟁적 압력은 한 사람에서 다른 사람으로 옮겨가게 하고, 이윽고 다른 유형의 활동 속에서 지속적, 경쟁적인 압력에서 벗어나게 한다.

▪ 다자 간(Multilateral)

"술래 역할 하는 사람 없이, 3명 또는 그 이상의 사람들 사이에 경쟁적인 특징을 지닌 행위"

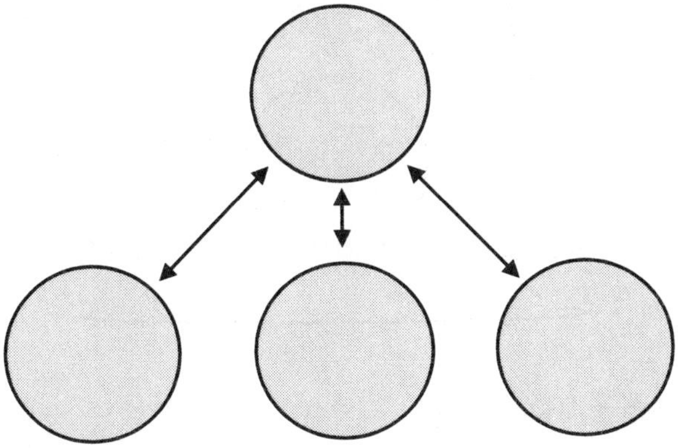

다자 간 활동 속에서, 모든 놀이자는 모든 다른 놀이자의 상대이다. 포커와 화투 같은 게임이 이 같은 유형에 속하는 예이다. 다자 간 활동은 치료적인 결과를 위해 사용될 수 있는 몇 가지 특징을 지니고 있다.

다자 간 활동은 각자가 다른 사람들과의 경쟁적 행위를 주도할 것을 요구한다. 오직 한 사람과 지속적이고, 경쟁적인 활동을 지속할 수 없는 사람의 경우, 이 같은 유형의 활동은 노력이 분산되게 한다. 다자간의 활동 속에서, 사람들은 종종 동시에 다수의 사람들에 의해 함께 움직일 것을 강요받게 된다. 이처럼 주어진 경험은 사람들이 동시에 다양한 사람들의 압박에 직면하게 되는 다른 실질 생활 상황의 경우 그 가치를 발휘한다.

다자 간 활동은 각자가 게임 속에서 독립적인 존재이기 때문에, 각 개인들에게 직접적으로 통제에 대한 책임이 부여된다. 의사결정, 전략 그리고 행위는 팀 구성원이 나누어 가질 수가 없다. 결과에 대해 준비가 된 사람들에게만 자족감을 가져다주게 될 것이다. 분명히, 이와 같은 유형의 활동은 내적 자기 동기부여와 독립성에 초점을 두고 있기 때문에 많은 클라이언트들은 이 같은 유형의 상호작용의 능력을 향상시킬 필요가 있다.

■ 집단 내(Intragroup)

"공동의 목적에 도달하려는 의도를 가진 둘 또는 그 이상의 사람들이 하는 협동적인 특징을 가진 행위. 활동은 적극적인 언어와 비언어적인 상호작용을 요구한다."

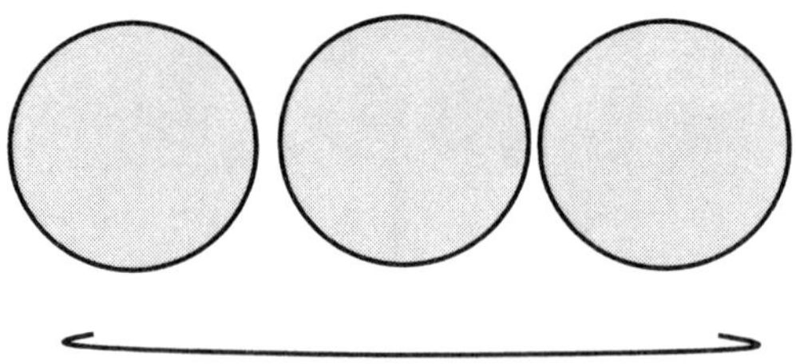

이 같은 유형을 요구하는 활동의 예로는 음악 집단(밴드 그리고 합창단), 연극, 봉사 계획, 스퀘어나 볼룸 댄스 등이 있다. 집단 내 유형의 레크리에이션적인 활동 그 자체로는 협동적인 행위를 창출하지 않는다. 민감하고 빈틈없는 지도력이 집단 간 활동의 편익을 극대화시키기 위해 필요하다. 삶에 있어 아주 많은 사회적 상황이 협상과 협동을 필요로 하기 때문에, 이 범주의 활동들은 사회적 기술의 기틀을 잡는 것을 도와주는데 필수이다. 가족생활과 대부분의 사회적 상황 그리고 노동은 집단 간 상호작용 능력을 필요로 하는 일상적인 예들이다. 우리가 긍정적이고 협동적인 상호작용 기술을 개발하고자 하는 클라이언트를 도와주려고 한다면, 이 같은 범주의 활동을 프로그램으로 만드는 것은 매우 중요하다.

많은 전문가는 경쟁적인 활동이 치료레크리에이션 프로그램에 있어 지나치게 강조되고 있다고 느낀다. 재미는 활동 속에서 누군가 무엇을 하거나 다른 사람을 이기는 것이 포함되어야 한다는 개념은 매우 편협적인 것이다. 즐거움은 협동적인 것을 통하여 증진된다.

집단 내 유형을 활용한 좋은 활동들을 찾아내거나 창출하는 것은 치료레크리에이터에게 있어 하나의 도전이다. 참가자들이 적극적인 상호작용을 촉진할 수 있도록 충분히 매력적인 공동의 목적을 설정하는 것은 대개 어렵다. 그럼에도 불구하고, 집단 간 활동에 대한 성공적인 참여를 통하여 얻는 편익은 노력을 매우 가치 있게 만들어 준다.

■ **집단 간(Inter-group)**

"둘 또는 그 이상의 집단 간의 경쟁적인 특징을 지닌 행위"

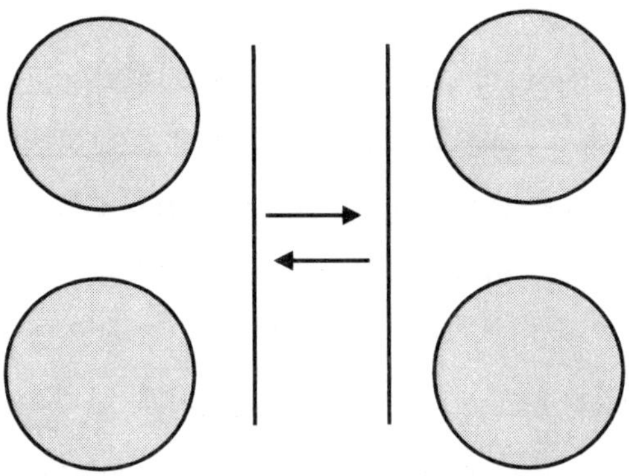

모든 팀 스포츠와 게임이 이 범주에 속한다. 소프트볼, 이어달리기, 복식 테니스가 그 예이다. 이 같은 활동들은 참가자들이 자기 팀 구성원들과 협동하여야 할뿐만 아니라 상대방과 경쟁을 하여야 하기 때문에, 수행하기가 가장 어렵다. 거의 대부분, 클라이언트들은 요구되는 고급 상호작용 기술의 습득을 준비하기 오래전에 집단 간 활동을 하게 된다.

치료레크리에이션 치료사는 참가자들이 기능적으로 그리고 발달적으로 관련되는 다양한 상호작용을 조절할 수 있다고 확신할 때까지 집단 간 활동을 도입하는 것을 피해야 한다. 불행하게도, 많은 전통적이고 익숙한 활동들이 이 유형이다. 우리는 이 활동들의 인기나 명성 때문에 복잡함을 간과한다.

집단 간 활동은 오히려 많은 명백한 치료적 편익을 갖고 있다. 좋은 팀 구성원이 되는 것을 학습하는 것이 편익의 하나이다. 이 같은 상호작용 유형은 한 집단이 다른 집단을 상대로 움직이는 많은 실질 생활 상황을 표상하고 있다. 효과적인 공격에 이르기 위해 필요한 것을 주고받는 상호작용은 노동, 가족 그리고 다른 사회적 상황에 가치 이월 효과를 지닌 게임을 통하여 경험할 수 있다.

집단 간 활동의 이점은 활동들이 종종 팀 구성원 사이의 또래 역할을 형성하게 한다. 이것은 참가자들에게 효과적으로 의미 있는 행동 변화를 야기시킨다. 그러나 결과는 긍정이고 부정적인 함의를 담고 있다. 집단 역학의 이해는 치료적 또래 역할을 형성하게 한다.

만일 현명하게 조절한다면, 집단 간 활동들이 경쟁의 요소를 갖고 있다는 사실은 또 다른 편익이다. 승리를 위해 협동하도록 역할이 주어지는 것은 종종 집단을 그렇지 않으면 하나로 기능을 할 수 없거나 아마 할 수 없을 것 같은 집단을 하나 되게 한다. 이 경우, 경쟁은 긍정적인 영향력을 지닌다. 과정을 통하여, 사람들은 흔히 다른 사람들에 대해 크게 존경하고 좋아하게 된다. 이것은 긍정적인 상호작용의 또 다른 길로 이어지게 한다.

집단 간 유형의 또 다른 치료 편익은 지지 체계(support system)의 개념이다. 팀의 구성원이 되고, 소속감을 갖고, 집단 속에서 하나 됨을 경험하는 것은 모두 중요하고 긍정적인 경험이다. 많은 경우, 장애를 가진 개인들의 삶에서 잃어버릴 수 있는 경험들이다. 집단 간 활동들은 소속감을 촉진시키고 개인들에게 다른 집단과 연결을 시작할 수 있는 바탕을 제공해 준다.

활동 속에 발견되는 내재한 상호작용 유형을 이해하는 것은 참여에 대한 역동의 이해뿐만 아니라 선별과 연이어지는 과정 속 치료 가능성에 있어 상당한 도움이 된다. 상호작용 유형을 활용하여 활동들을 분석하는 것은 활동 참여를 둘러싼 중요한 문제에 대해 초점을 파악하게 함으로써 사회적 상호작용 기술 개발을 위한 가치 있는 도구를 제공한다.

■ 다른 사회적 요인들

1. 활동은 이성(異性)과 상호작용할 수 있는 기회를 제공하는가?
2. 활동은 근접한 사회적 상호작용을 촉진하는가?
3. 활동에 얼마나 많은 신체적 접촉이 필요한가?
4. 활동에 얼마나 많은 언어적 의사소통이 필요한가?
5. 활동에는 얼마나 많은 참여자가 필요한가?

(3) 정서적(정의적) 요구 조건들

즐거움. 우리는 사람들이 자신에 대해 좋은 느낌을 갖고, 즐거움을 경험하고 또는 최소한의 만족을 느끼기를 원한다.

죄책감. 죄책감은 매우 파괴적인 정서이다. 이것은 부끄러움과 불완전한 감정을 낳게 하고, 종종 후회와 적개심과 같은 역반응을 가져다준다.

고통. 고통이나 상처는 신체적, 정신적 또는 정서적인 사건을 통하여 경험할 수 있다. 우리는 게임에 지거나 누군가와 다르다는 것을 인정하게 될 때 고통을 느낀다. 경쟁적인 활동들이 이 같은 반응을 가져온다. 한 쪽만이 승자가 될 수 있다. 누군가 항상 진다. 우리는 거부당하거나 제외되었을 때 고통을 느낀다.

분노. 분노는 다양한 상황 속에서 예견된다. 신체적인 제지가 필요한 특정 활동은 통상적으로 억누르기나 등 밀치기를 당하는 사람 속에서 분노가 일어난다.

두려움. 두려움은 이상한 정서이다. 대부분의 경우, 이 정서는 인식에 관한 것이고 항상 비현실적이다. 그러나 개인이 느끼는 반응은 현실적이다. 종종 사람들은 실행하는 자신의 능력에 대한 확신이 없거나 자신들의 능력에 대해 다른 사람들의 판단에 관심을 가질 때, 두려움을 느끼게 된다. 사람들은 실패하는 것 또 기대에 못 미치는 것을 두려워한다.

좌절. 좌절은 일반적으로 개인의 능력이 과제의 요구 조건과 일치되지 않았을 때 일어난다.

(4) 인지적 요건들

인지는 신체뿐만 아니라 참여의 다른 행동 부분들을 통제하기 때문에, 인지는 활동 참여에 있어 가장 중요한 요구 조건이다. 인지적 몇몇 측면들은 활동 분석에 있어 중요한 고려사항이다.

규칙의 수와 복잡성은 미리 결정될 필요가 있다. 장기와 화투는 많은 규칙을 갖고 있다. 반면 창의적인 드라마는 본래부터 내재된 규칙이 없다. 지도자는 아마도 약간의 규칙을 부여한다. 그러나 활동 그 자체는 규칙이 없다고 할 수 있다. 규칙은 반드시 인지해야 하며 놀이 지도자는 반드시 규칙에 따라 그들의 행동을 통제해야 한다. 많은 개인들 -정신지체인, 정서 장애, 뇌졸중 그리고 노인-은 아마도 복잡한 규칙을 갖는 게임을 함에 있어 많은 어려움이 있을 것이다. 기억력은 인지에 있어 또 하나의 중요한 영역이다. 그것은 규칙뿐만 아니라 활동 동안 계속적으로 사용되고, 진행되고, 저장될 필요성이 있는 새로운 정보와도 관련이 있다. 어떤 활동을 개입하기 전에 장단기 기억력과 모든 특징을 분석할 필요가 있다.

집중력의 필요성 또한 중요하다. 어떤 활동은 긴장과 계속적인 집중력을 필요로 한다. 탁구가 그 예이다. 그러나 볼링은 간헐적인 집중을 요구한다. 전문가는 반드시 활동을 실행하는 데에 필요한 집중력의 수위뿐만 아니라 그 빈도까지도 알고 있어야 한다.

활동은 말로 나타내기와 지시어가 필요한가?

일반적인 언어 사용은 인지적 기능으로 간주된다. 활동들은 단어의 선별, 구성, 활용의 정도가 다르다. 빙고 게임은 말이 거의 필요가 없다. 반면, 촌극을 기획하고 막을 올리는 것은 언어가 필요하다.

전략은 많은 레크리에이션 활동들 속에 내재하고 있는 또 하나의 인지적 기술이다. 이것은 대안과 의사결정을 분석할 수 있는 능력을 요구한다. 장기와 화투는 필요한 전략의 기술 차이가 있다. 그것은 마치 테니스와 말굽던지기의 차이와 같다. 지적 기술의 요구 조건 대 기회 또한 활동 분석에서 고려해야 한다. 어떤 활동은 약간의 정신적 활동을 고려한다. 예를 들면, 화투, 포커, 주사위 놀이는 지적 기술에 의존하는 것보다 주사위 던짐 또는 잡은 패의 행운에 거의 의존한다.

읽기, 쓰기, 산수와 같은 학문적인 기술들은 당연히 대부분의 활동과 관련하여 분석을 해야 한다. 예를 들어, 수학적인 계산과 같은 끊임없이 계속되는 활동은 점수를 기록하고 유지할 역량을 필요로 하고 있다. 우리는 흔히 활동이 본래 처음부터 신체적인 것이기 때문에 복잡성에 대한 능력을 당연한 것으로 여기거나 간과한다.

다른 인지적인 문제들은 기본적인 요소들이다. 방향성의 이해, 공간 지각, 사물, 사람, 부분 그리고 상징동일시와 변별력 등이다. 활동들은 이와 같은 개념의 활용에 있어 매우 다르다. 비록 일반적인 사람도 어렸을 때 이와 같은 능력을 습득하지만 많은 성인(예를 들어, 일시적인 정신적 어려움)들은 아마도 일시적으로 하나 또는 그 이상의 영역에서 기능을 발휘할 수 없을 수도 있다.

인지적인 요구에 대한 활동 분석은 필수적이다. 대개 인지적 어려움은 클라이언트의 활동 참여를 어렵게 하여 좌절을 경험하게 하거나 활동을 불가능하게 한다. 인지적 요구 조건은 신체적 요구 조건 만큼 어렵고 특징을 찾아내기는 더욱 어렵다.

3) 적절한 활동 선별에 있어서의 고려해야 할 사항

- TR전문가는 미리 결정된 치료 또는 개입 효과를 거두기 위하여 4가지 영역에 대한 철저하고 정확한 활동 분석이 필요하다.

- Client의 욕구 및 구체적 개입 목표 등에 대한 사전 논의가 필요하다.
- 활동 분석외의 다음에 제시될 기타 영역에 대한 고려가 선행되어야 client 욕구나 프로그램 목적에 적절한 활동이 선별될 수 있다.

① 연령

- 정신지체 성인이나 장기 보호 시설의 노인 등의 client와의 관계에 관심을 가져야 한다.
- 연령 및 신체적, 심리적, 사회적, 인지적 발달 요인들을 고려하여야 한다. 예를 들어, 초등학교 어린이에게 너무 이른 나이부터 과잉 경쟁심을 자극시키는 팀 경쟁 활동이나 사교무도 등과 같은 활동은 부적절하다.

② 참여 client 수

- 예를 들면, 스퀘어 댄스의 경우 최소 8명 이상의 참여자가 있는 경우에만 활동의 목표나 취지 상 성공할 가능성이 높다.
- 대상 집단의 수가 많은 경우 개인적 여가기술 지도는 별도로 편성하는 것이 바람직하다.
- 스텝-client 비율, 예산 등이 참여자 숫자에 영향을 미치는 또 다른 요인이다.
- client나 그 가족의 욕구 등에 대한 고려 없이 편의대로 프로그램을 계획하고 실행하는데 무리가 있다.

③ 이용 가능한 시설

- client의 욕구에 적절히 대응할 수 있는 특정 활동이 확인됐음에도 불구하고 필요한 시설이 없을 경우 프로그램에 그 활동을 포함 시키는데 어려움 있다.

④ 장비 및 설비

- 대부분의 경우 제한된 예산을 가지고 해당 활동이 요구하는 준비물을 모

두 갖추기는 어렵다. 이런 경우에 TRS는 해당 활동과 동일한 특성 및 역동성(Dynamics)을 갖고 있지만 준비물에 대한 중요성이 덜 한 해당 활동과 유사한 활동을 찾아내야 한다.

⑤ 스텝의 기술

- 스텝들이 해당 활동에 필요한 기술이 없는 활동을 선정하는 것은 부적절하고 위험스러운 일이다. 예를 들어, 자질을 갖추지 못한 스텝에 의한 수영 프로그램이다.
- 현직 훈련(In-Service Training) 또는 전문성 개발 기회 등을 통한 스텝에 대한 기술 개발 및 향상은 활동의 다양성, 안전성, 책임성, 전문성 측면에서 바람직하다.
- 자원봉사자 인력을 활용해 보는 것도 현재 스텝 및 프로그램 역량을 향상시킨다.
- client 욕구와 관련되어 있는 프로그램 내용은 스텝 기술에 좌우 되지 않는 것이 이상적이다.

⑥ 잔여 가치

- 선별 절차는 client의 장래 생활양식이나 환경에 대한 이해가 기반으로 깔릴 수 있다.
- 활동 선별은 TR 서비스의 장기적 목적에 초점을 맞추어야 한다. 프로그램 내용을 위한 활동들의 선별은 다양한 변수의 주의를 요구한다. 프로그램의 특징, 프로그램의 목적들 그리고 목표가 주요 관심사이다. 클라이언트의 특징과 능력 또한 반드시 고려해야 한다. 기관의 제한 요소와 특징들 그리고 기관의 자원들 또한 중요하다. 활동 분석을 통해 얻은 정보에 따른 이와 같은 요인들을 고려하는 것은 활동 선별 과정을 더욱 더 정확하고 적절하게 만들어 준다.

4) 활동 변형

활동 변형의 2가지 조건에서 첫 번째 조건은 레크리에이션 참여, 여가 활동 기술 개발 또는 교육 프로그램 속에서 장애를 가진 사람들과 함께 활동할 때 생겨난다. 활동 분석은 신체적, 정신적, 사회적인 부분에 대한 실제적인 참여 요구 조건을 표명하게 되고, 이에 따라 개인은 이 같은 기준 요구 조건에 따라 사정된다. 특정한 기능적 역량이 없거나 손상되었을 때, 분석은 활동의 변형이 필요한 곳을 나타내 준다.

고려사항으로 활동과 행위는 가능한 본래 또는 전통적인 활동에 근접하게 유지해야 한다. 이것은 새롭게 바뀐 것이 전통적인 것과 매우 동떨어질 때 활동에 참여하는 클라이언트는 매우 재미없어 한다. 또한 적응이 필요한 활동의 부분만을 변형한다. 정신지체인 클라이언트는 게임의 규칙을 단순화하는 것이 필요하다. 그러나 신체적인 행동은 완벽하게 실행할 수도 있다.

변형을 개별화한다. 똑같은 장애를 가진 클라이언트라 할지라고 똑같은 적응을 하지 말고 개별화해야 한다. 또한 변형은 가능한 일시적으로만 해야 한다.

두 번째 주요 조건은 클라이언트 요구를 사정하고 치료 목표가 쓰여 지는 치료나 재활 프로그램에서 대개 일어난다. 활동 분석은 치료 목적에 대한 활동의 적절성이나 기여도를 가늠한다. 신속한 두 번째 분석은 활동에 참여하고자 하는 집단 구성원들에 대하여 이루어진다. 이와 같은 분석은 어떤 사람은 아마도 활동의 특정 부분에 대해 어려움을 갖고 있다는 것을 밝혀줄 것이다. 이윽고 치료적 편익을 얻도록 개인들 또는 집단을 위해 최소한의 변형이 이루어진다.

활동분석표
(Therapeutic recreation activity analysis chart)

프로그램 명 : ______________________________

활동 명: ______________________________

치료레크리에이션(therapeutic recreation)사 : ______________________________

A. 신체적인 요소

1. 활동시 주요 자세는?

엎드리거나 구부린 자세 (　　　　　　　　　　)
무릎을 꿇는 자세 (　　　　　　　　　　)
앉은 자세 (　　　　　　　　　　)
서는 자세 (　　　　　　　　　　)
기타 (　　　　　　　　　　)

2. 해당 활동시 주로 사용되는 신체부위는?

팔	________	손	________
목	________	머리	________
다리	________	발	________
상체	________	하체	________

3. 해당 활동시 요구되는 동작 형태는?

구부리기	________	뻗기	________
서기	________	걷기	________
쥐기	________	주먹으로 치기	________
잡기	________	던지기	________
때리기	________	건너뛰기	________
한 발 뛰기	________	달리기	________

4. 활동을 실행함에 있어 신체부위와 몸동작 간의 협응성 정도는?

1	2	3	4	5
많이				조금

5. 활동시 요구되는 주요 감각은?

0=전혀 1=드물게 2=가끔 3=자주

촉각 ________ 미각 ________ 시각 ________ 청각 ________ 후각 ________

6. 손-눈 협응력

1 2 3 4 5

많이 조금

7. 힘

1 2 3 4 5

많이 조금

8. 속도

1 2 3 4 5

많이 조금

9. 지구력

1 2 3 4 5

많이 조금

10. 에너지 수준

1 2 3 4 5

많이 조금

11. 유연성

1 2 3 4 5

많이 조금

12. 심폐기관에 대한 부담 정도

1 2 3 4 5

많이 조금

B. 사회적 요소

1. 활동시 상호작용의 형태는?(한 문항에만 표시하시오)

____ 개인내적: 활동시 마음가짐이나 자세를 달리하거나 실제로 신체 한 부위를 사용하지만 타인이나 객체가 관여하지는 않는다(예: 공상 등).

____ 개인외적: 한 개인에 의해 특정 객체를 대상으로 행해지는 놀이로 타인과의 접촉이 요구되지 않는다(예: TV시청, 원예, 독서 등).

____ 전체적(Aggregate): 한 개인에 의해 한 객체를 대상으로 행해지는 놀이이지만 자신 외의 동일한 환경 내에서 동일한 종류의 객체를 대상으로 동일한 유형의 놀이를 실행하나 행위 자체가 집단 내의 타 성원을 대상으로 하거나 그들 간의 상호작용을 필수적으로 요구하는 것은 아니다(예: 소집단 프로그램 중 개인 공작물 만들기, 취미교실, 빙고 등).

____ 개인 간(Inter-individual): 한 개인이 상대방을 대상으로 행하는 경쟁적 본질을 가지고 있는 놀이(예: 장기, 단식정구, 배드민턴 등).

____ 일방적 활동(Unilater): 3인 혹은 그 이상의 사람들이 그들 중 하나를 견제해야 하는 대항자로 내세우는 경쟁적 성질을 가지고 있는 놀이(예: 치기 놀이, 숨바꼭질 등).

____ 다자 간(Multilateral): 대항자 없이 3인 혹은 그 이상의 사람들이 행하는 경쟁적 성질을 가진 놀이(예: 포커 등).

____ 집단 간(Intr-group): 2인 혹은 그 이상의 사람들이 공동 목표를 달성하고자 협동하는 활동으로 언어적, 비언어적, 긍정적 상호작용이 중요하다(예: 합창단, 연극 모임, 자원봉사 활동 등).

2. 참가 인원은? ____________________

3. 남녀 간 구성비는? ________________

4. 참가자 간의 공간적 거리는?

1　　2　　3　　4　　5

가깝다　　　　　　　　멀다

5. 활동 성격상 참여자 모두가 상대방과의 의사소통이 가능한가?

예 ________________　　아니오 ________________

6. 활동이나 놀이가 협동 또는 경쟁을 요구하는가?

협동 ________________　　경쟁 ________________

7. 놀이나 활동 참여시 요구되는 신체적 접촉도는?

1	2	3	4	5
많이				조금

8. 놀이나 활동의 구조 특성은?

1	2	3	4	5
엄격하다				자유롭다

9. 소음정도?

1	2	3	4	5
높다				낮다

C. 인지적 요소

1. 해당 놀이나 활동을 행하는 경우 지키거나 따라야 하는 규칙은?

1	2	3	4	5
많다				적다

2. 규칙의 복잡성은?

1	2	3	4	5
많다				적다

3. 장기적 기억력이 요구되는 정도는?

1	2	3	4	5
많이				조금

4. 즉각적인 회상력은 얼마나 필요한가?

1	2	3	4	5
많이				조금

5. 활동에 있어 작전이나 전략이 요구되는 정도는?

1	2	3	4	5
많이				조금

6. 활동에 참여함에 있어 요구되는 언어성은?

1 2 3 4 5

많이 조금

7. 요구되는 집중력 수준은?

1 2 3 4 5

많이 조금

8. 활동에 참여함에 있어 아래의 기술이 활용되는 빈도수는?

0=전혀 1=드물게 2=가끔 3=자주

읽기 ____________ 산수 ____________

쓰기 ____________ 철자법 ____________

9. 채점 과정상의 복잡성?

1 2 3 4 5

매우 복잡함 전혀 복잡하지 않음

10. 아래 영역에 있어 요구된 판별수준은?

자주 전혀

1 2 3 4 5

형태 및 모양

1 2 3 4 5

색깔

1 2 3 4 5

크기

1 2 3 4 5

감촉

1 2 3 4 5

분류

1 2 3 4 5

숫자

1 2 3 4 5

청각적 상징물

1 2 3 4 5

시각적 상징물

1 2 3 4 5

구체적 사고

1 2 3 4 5

추상적 사고

1 2 3 4 5

11. 요구되는 지향성은?

좌·우 ______________________

상·하 ______________________

사 방 ______________________

사람·사물 ______________________

사람·사람 ______________________

사물·사물 ______________________

D. 심리적 요소

1. 활동시간동안 다음에 제시된 감정 표현 정도는?

자주 전혀

1 2 3 4 5

기쁨 ______________________

죄책감 ______________________

고통 ______________________

노여움 ______________________

두려움 ______________________

좌절감 ______________________

E. 행정적 요소

1. 리더십: 구체적인 활동 기술의 전문성: ______________________

2. 일반적 활동 기술 능력: ______________________

3. 관리 감독: ______________________

4. 장비

   특정 상표 제품: ______________________
   만들 수 있음: ______________________

5. 시설

   특정 자연 환경: ______________________
   특정 인공 환경: ______________________

6. 기간

   설정된 시간: ______________________
   자연스러운 결말: ______________________
   계속: ______________________

7. 참여자

   수에 상관없음: ______________________
   일정 수 혹은 다수: ______________________

2. 일반화

치료적 프로그램에서 생각해야할 다른 중요한 요소는 '일반화'이다.

케어는 치료레크리에이션 활동을 개입할 때 client가 가능한 일반적 삶에 가까운 생활양식의 기회를 제공하기 위해 이루어져야 한다. 레크리에이션 치료사는 노인의 일상에 맞는 매일의 스케줄에 일반화를 시도해야 한다. 예를 들어 활동의 일반화를 위해 아래와 같이 몇 가지 질문을 던지고자 한다.

- 대다수 노인들은 아침 9시부터 테이블 게임을 하는가?
- 지역사회에 거주하는 노인들이 얼마나 많이 목요일 저녁 6:30분에 교회

에 가는가?

- 노인에게 현재 적용되는 활동은 나이에 적절한가?
- 노인요양시설에 거주하는 노인에게 어린이 장난감을 사용하는 것은 적절한가?(예를 들어, 테디 베어는 요양시설에 오면서 헤어진 가족과 애완동물을 대신하기에 노인에게 적절한가?)

만약 지역사회에 사는 이 나이의 대부분의 사람들이 테디 베어를 사용할 것인가를 질문했을 때 만약 대답할 수 없다면, 이것은 나이에 적절하지 않은 것이라 할 수 있다. 또한 크레파스 또는 거품을 부는 것이 나이에 적절한가? 지역사회에 사는 대다수의 노인들은 일반적으로 자신의 동의로 이러한 여가 재료를 사용하지 않을 것이다. 그러므로 대부분의 상황에서 어린이용 장난감은 요양시설에서 적절하지 않다. 나이를 먹는 것은 어린이로 돌아가는 것이 아니므로 프로그램안의 요소로 어린아이의 활동을 사용하는 것은 결코 적절치 않다. 이렇게 하는 것은 존엄으로 대우해야 하는 client의 권리에 위배되는 것이다. 그러나 기능의 증진을 위해 의도적으로 장난감을 사용하는 경우는 있을 수 있다.

일반화는 프로그램에서 개인의 희망 즉, 욕구를 위해 고려된다. 일부 요양시설은 client 프로그램을 위탁할 경우 욕구를 제외하거나 프로그램이 어려운 client들은 자주 포함시키지 않는 경향이 있다. 이른 아침 프로그램은 그들이 흥미를 갖게 될지 모르는 그날의 이벤트에 대해 설명하고 그들의 제안을 들어야 한다.

일반화된 환경은 프로그램에서 제공된다. 예를 들어, 야외 원예 프로그램을 시도하고, 요리반은 부엌 또는 식사공간에서 프로그램이 이루어 질 수 있다. 또한 여가교육기술은 그들이 사용할 수 있는 환경 안에서 가르쳐져야 한다. 프로그램은 가능한 많은 지역사회를 이용한다.

치료레크리에이션 개입을 위한 계획은 활동 분석, 일반화 요소를 포함하고, 치료와 단순한 기분전환이 아닌 모든 요양시설에서 제공되는 레크리에이션 활동은 노인의 삶의 질과 연관되어 이루어져야 한다.

3. 개입 계획과 임파워먼트

노인요양시설의 케어의 초점은 의학적 처치보다 삶의 질이라 할 수 있다. 삶의 질은 구속으로부터의 자유, 자기결정, 존엄, 선택의 자유에 대한 client의 임파워먼트 지지를 통해 완성될 수 있다. 노인요양 시설에서 레크리에이션 활동 프로그램은 세 가지 유형과 삶의 질 요소를 포함하고 있다.

첫째는 임파워먼트 활동이다. 임파워먼트 활동은 자기표현, 개인적 책임, 선택을 위한 기회제공에 자기효능감 향상을 촉진하는 활동이라 할 수 있다.

둘째는 유지활동이다. 신체적, 인지적, 사회적, 정서적 건강촉진을 위해 제공되는 활동이라 할 수 있다.

셋째는 지지활동이다. 다른 활동유형으로부터 일반적인 이익을 얻을 수 없는 client를 위한 자극이나 위안을 제공하는 활동이다.

Myers(1990)와 Water와 Goodman(1990)은 client 자신의 인생의 회복을 돕는 방법으로써 임파워먼트의 개념을 제안했다. 저자들은 많은 노화현상을 경험한 노인의 무력감을 돌이키거나 극복하기 위해 이 방법을 사용했다. 자기존중감과 자기가치는 자기결정을 하는 노인의 임파워먼트에 의해 향상될 수 있다. 임파워먼트는 노인의 독립심, 자존심 그리고 인지된 자유의 수준 향상을 돕는 것에 의해 완성될 수 있다. 교육을 통해 노인에게 의사결정기술과 그들의 선택을 최대화하고 구체화하는 방법을 가르칠 수 있다.

임파워먼트 활동은 여가의 인지된 자유를 향상시키는 활동이다. 역사적으로 요양기관에서 대부분의 레크리에이션 프로그램들은 활동을 지지하고 유지하는 것에 집중한다.

Sommer와 Osmond(1960-61)는 연구를 통해 시설에 거주하는 사람들이 그들의 행동과 사고 및 독립심에 어려움이 있다고 보았다. 이것은 심리적 또는 신체적 감퇴, 문화적 가치와 태도에 영향을 미친다고 할 수 있다. 또한 지역사회로부터의 소외 그리고 가족과 친구들부터 격리의 느낌이 증가된다는 것이다.

Hulicka, Morganti와 Catalo(1975)의 연구는 지역사회에 사는 노인들은 요양기관에 사는 이들보다 더 많이 선택하는 것을 발견했다. 종종 요양기관의 client들은 기관에 들어갈 때도 선택의 여지가 없었다.

Ferrari(1962)는 노인요양시설에 입소한 두 그룹을 비교했다. 스스로 시설에 입소를 결정했던 한 그룹과 가족에 의해 시설에 입소하게 된 다른 그룹으로 나누어 연구를 실시하였다. 그 결과 시설에 거주한지 한 달 내 사망의 86%는 가족에 의해 입소한 경우이고, 이에 비교하여 스스로 선택한 그룹은 겨우 22%였다. 노인들의 인지된 통제의 부족은 사망률을 높일지도 모른다. Seligman(1975)은 이 데이터를 사용하여 통제의 부족은 우울증을 이끌고 결국 노인을 죽게 할 수 있다는 이론을 만들었다.

자기결정은 인간의 기본 권리이다. 사람이 권리를 잃었을 때, 그들은 낮은 자기존중감, 자아개념의 감소, 무력감, 우울 그리고 무기력 같은 결과를 가져온다(Howe-Murphy & Charboneau, 1987, p112).

일반적이지 않는 통제는 정신과 신체적 건강에 영향을 미친다(Langer & Rodin, 1976; Shulz, 1976). 그러므로 그들의 환경, 삶, 그들의 여가에서 통제는 노인들의 주요 정신적, 신체적 건강과 관계가 있다(MacNeil & Taegue, 1987).

Iso-Ahola(1980)에 의하면 치료사의 주요 과제는 환자의 무력감으로부터 그들을 보호하고, 환경의 극복과 인지된 통제를 향상시키는 것이다(p323).

Perterson과 Gunn(1984)에 따르면 치료레크리에이션 프로그램 활동 안에서 client 자신이 환경을 통제하고, 자발적으로 참여를 선택할 수 있음을 시사했다. 그들은 '높은 수준의 자유와 참여자의 통제'를 모든 치료적 프로그램의 핵심으로 발견한다.

Frye와 Peters(1972)는 치료적 목적에 따라 client에 의한 선택의 자유를 보장하고 레크리에이션 리더는 그의 선택을 지지함을 제시한다.

Howe-Murphy와 Charboneau(1987)는 조력자와 client 관계의 주요결과는

"조력자로부터 client에게 의사결정을 위한 임파워먼트의 전달"이라고 말했다 (p56).

Bengtson(1973)은 요양시설에서 client들에게 선택할 권리도 제공하지 않고 종합적으로 제공되는 치료는 전혀 치료를 하지 않는 것보다 좋지 않다고 믿었다.

Langer와 Rodin(1976)은 요양시설의 91명의 client와 실험 수행에 의한 선택 부족의 결과와 통제를 연구했다. 그들은 client를 두 그룹으로 나눴다. 한 그룹은 그들 자신에 대한 책임이 그들에게 있다고 말하고, 다른 그룹은 스텝에게 모든 client를 위한 책임이 있다고 말했다. 선택 그룹은 활동 방 꾸미기와 다른 개인적인 항목에 의사결정이 허락되었고, 그동안 비 선택 그룹은 의사결정이 허락되지 않았다. 두 그룹모두 "행복, 활동적, 경계하는" 등의 특성을 활동 전에 테스트하였고, 이 실험은 3주간 실시되었다. 선택 그룹은 세 항목 모두 향상이 있었고, 비 선택 그룹은 그렇지 않은 결과로 나타났다. 간호사가 두 그룹 모두에게 평가를 물었을 때 선택그룹은 93%의 향상이 있었고, 비 선택 그룹은 71%가 모든 상황에서 감소를 보였다. 선택 그룹은 client에 의한 활동참여의 수가 증가하였고 적극적이었으나, 비 선택 그룹은 더욱 참여에 소극적이 되었다.

Langer와 Rodin(1977)은 18개월 전에 관찰된 같은 대상에 의한 선행연구를 부연했다. 선택 그룹은 이 시간동안 그들의 건강이 향상되었거나 유지되었고, 비 선택 그룹은 건강상태의 상당한 감소가 계속되었다. 두 그룹의 사망률을 비교 했을 때 선택그룹은 15%, 비 선택 그룹은 30%인 것으로 비교되었다. 연구는 시작할 때 client의 건강상태의 차이가 통제되었다. 선택의 증가가 사망률을 낮추고 건강상태를 유지한다는 사실을 확인할 수 있다.

Jeffares(1986)는 선택의 자유는 요양시설에 거주하는 노인의 도덕과 행복의 주요 요소 중 하나라고 주장했다.

요양시설에서의 어려움은 타인과의 사회적 접촉이다. Schulz(1976)은 건강상태, 삶의 열정, 희망, 미래지향의 사회적 상호작용을 넘어 통제의 영향을 연구했다.

67살에서 96살사이의 퇴직자전용아파트의 42명의 client(여성 6, 남성 6)를 4그룹으로 나눴다.

첫 번째 그룹은 2개월에 걸쳐 대학생으로부터 방문 기간과 빈도의 선택을 허락 받았고 방문자가 통제하는 그룹이다.

두 번째 그룹은 방문 기관과 빈도가 예고되나 이 결정은 방문자에 의해서 결정되는 그룹이다.

세 번째 그룹은 학생들로부터 예정에 없는 무작위 방문을 받았던 무작위 방문자 그룹이다.

네 번째 그룹은 학생의 방문이 없었다.

장기간 활동을 관리했던 간호사에게 치료 후 건강상태 척도와 삶의 열정 척도를 통하여 주제의 평가를 요청한다. 활동관리자인 간호사는 실험에 대해서 전혀 몰랐고, 그러므로 그룹이 어떤 주제에 참여하는지 몰랐다. 대상은 또한 치료에 뒤이어 앞의 4가지 질문서를 조사했다. 질문서는 '활동들', '나의 일상', '미래일지', 'wohlford 희망척도'였다. 부가적인 세 가지 척도는 치료 후 실행되었다. 이들 척도는 그들의 행복, 건강상태, 유용성에 관한 정보와 방문자 프로그램에 대한 정보, 집에 머물고 대상의 주변 환경에 관한 정보를 모으기 위해 사용된다.

결과는 방문자가 예측되거나 통제된 client가 무작위로 방문을 받거나 방문이 전혀 없는 client보다 적은 투약과 더 나은 건강의 증진을 있었음을 알 수 있었다. 예고되고 통제된 대상은 신체적 건강상태가 유지되었고, 무작위나 방문이 없던 그룹은 감소했다.

심리학적으로, 통제되거나 예고된 그룹은 그들의 상황이 증진되었으나 무작위나 방문이 없던 그룹은 삶의 열정, 희망, 미래지향의 비율이 감소했다. 또한 통제되고 예고된 그룹은 다른 그룹보다 활동적이었다.

Shulz and Hanusa(1978)는 건강상태에 관한 통제의 장기간 효과에 대한 테스트를 실시하였다. 위에서와 동일한 그룹을 최초의 방문기간에 뒤이어 24개월, 30개월, 42개월의 간격을 두고 추적조사를 실시했다. 이 연구의 결과, 통제되고 예고된 그룹에 대한 결과는 일시적이고, 종료 후 신체적, 심리적 건강상태가 다른 그룹의 수준으로 돌아왔음을 가리켰다. 즉, 선택과 통제 개입은 일관되어야 하고 효과적으로 되기 위해 계속 진행되어야 한다는 것이다.

환경 내에서 타인들과의 사회적 상호작용을 통한 통제가 긍정적 영향을 미친것과 같이 환경내의 사물을 통한 통제가 활발할 때도 발생한다는 결과가 보고되었다.

Branzinger and Roush(1983)은 client의 대인관계, 신체적 활동 수준, 삶의 만족과 환경 내 사물을 통한 통제사이의 관계 실험을 수행했다. 40개 요양시설에 거주하는 57세에서 98세까지의 노인들이 연구에 참여했다. 그들은 3그룹으로 나뉘었다.

첫 번째 그룹은 자신을 위해 새 모이통을 관리할 수 있는 기회가 주어졌고, 새 모이통에 관한 책임이 그들에게 있다고 말했다. 그들은 프로그램 안에 참여를 선택하고, 그들의 창문에 놓아줄 새 모이통의 유형을 선택할 기회가 있었다.

두 번째 그룹 또한 새 모이통이 주어졌으나 책임이 그들에게 없다는 메시지를 주었다.

세 번째 그룹은 새 모이통 또는 메시지를 받지 않았다.

자기보고 질문서에서 새 모이통 통제 그룹이 다른 두 그룹보다 통제, 행복, 활동 그리고 삶의 만족의 수준이 높았음을 보여준다. 자신의 환경에 대한 통제감을 갖는 것은 레크리에이션 프로그램의 참여를 증가시키고, 삶 전반에 만족을 준다.

종교와 영적인 참여는 또한 인생에 대한 통제를 증가시키고 선택을 위한 많은 기회를 client에게 제공한다.

Baak(1985)의 연구는 지역사회와 종교레크리에이션 프로그램 및 여가에서 인지된 자유도가 일반적인 자로 구체적인 종교를 포함하는 60세 이상의 198명의 노인이 대상이었다.

요양시설의 노인과 작업할 때 레크리에이션 스텝은 client에게 선택의 책임을 주어야 한다.

Perterson과 Gunn's(1984)의 치료레크리에이션 서비스 모델 또한 클라이언트에 의한 독립적 선택에서 치료사에 의한 개입의 움직임이다. 여가교육은 여가에서 client의 기술 향상 방법을 구체화하고 선택하게 할 수 있다.

Rodin(1983) 선택 훈련을 받은 client가 통제 안에서 더욱 느끼고 훈련을 받지 않은 다른 그룹보다 더 활동적이라는 것을 발견했다. 자신의 활동을 선택한 사람들은 활동에 장기간 참여할 것이다. Rwalon, Favell 그리고 Lowerre(1990)는 개인의 자유에 의해 선택하는 몇몇 장애를 가진 노인들은 여가추구동안 장시간 상호작용을 할 것이고, 스텝에 의해 선택이 이루어질 경우 사회적 상호작용의 시간이 짧아질 것이다.

Parsons, Reid, Reynolds 그리고 Bumgarner(1990)는 만약 대상이 그들의 스스로 활동을 선택할 경우 과제를 할당받았을 때보다 더 오래 참여한다는 것을 발견했다.

요양시설의 client들은 그들 자신의 레크리에이션 프로그램 선택까지 포함해야 한다. Mannell, Zuanek 그리고 Larson(1988)은 일반적 어르신의 정신적 유형을 반영하는 92명의 은퇴노인의 여가선택을 실험했다. 저자는 활동을 지시받는 그룹보다 자신들에 의해 활동이 자유롭게 선택되는 그룹이 높은 긍정적 정서, 집중 그리고 긴장감의 감소를 발견했다.

프로그램 작성에 client를 포함하는 것은 시간을 낭비하는 것일지 모르나 그것은 참가자를 위해 유익한 결과를 가질 것이다.

선택의 자유는 은퇴에서 최고의 만족을 느끼게 한다. Russell(1984)은 client가 높은 선택과 통제의 수준을 느낄 때 은퇴의 만족은 더욱 커지는 것을 발견했다. 삶의 만족은 환경과 환경안의 타인을 넘어서 증가되는 client의 선택과 통제에 의해 향상될 수 있다. 이것은 참가자에 의해 느껴지는 인지된 자유의 수준과 구체적 활동에 대한 작은 연구이다.

Gottesman과 Bourstom(1974)은 요양시설 client의 시간사용을 조사했고, 그

들이 시간의 56%를 소극적 활동으로 보내는 것을 발견했다. 소극적 활동은 아무것도 하지 않음, 쉼, 기다림, 앉아있음, 공상으로서 정의되었다.

Voelkl(1989)도 또한 요양시설 client의 시간사용을 조사했고, 그들이 시간의 35%를 소극적 활동으로 보내는 것을 발견했다. 이것은 하루의 시간의 가장 큰 덩어리로 간주된다. 또한 시간의 85%를 자신의 방에서, 그중 63%는 혼자 보낸다는 것을 발견했다. 그녀는 여러 활동에서 client에 의해 느껴지는 통제의 정도를 조사했다. 특히 스텝, 방문자 등 다른 사람과 함께 있을 때와 독립적으로 활동을 수행할 때 client에 의한 높은 통제수준이 경험되어진다고 조사했다.

client들은 혼자 있을 때, 수동적인 활동을 할 때, 먹을 때, TV볼 때 또는 너싱홈의 다른 client들과 있을 때 통제를 느끼지 못한다.

노인요양시설에서 지지하는 목적은 종종 3가지로 요약되고 그것은 회복, 재활, 지역사회로 복귀이다(Teague, MacNeil, & Hitzhusen, 1982. p.258).

Bowker(1982)는 client들의 삶의 질 위에서 '선택과 책임을 위한 기회를 client에게 제공하는 것은 많은 유익한 결과를 가진 것처럼 보인다'고 했다(p. 11). 개입과 활동을 계획할 때 임파워먼트를 위한 기회를 제공하고, 이 요소를 마음에 유지하는 것은 치료레크리에이션 스텝의 책임이다.

Martin과 Smith(1993)은 레크리에이션을 통해 client의 통제감과 자유감을 강화하기위한 다음의 지침을 제공했다.

① client의 통제 인식을 사정(assessment)하고 모니터한다.

② 적어도 2개에서 6개의 선택사항과 함께 가능할 때마다 최적의 선택 수준을 제공한다.

③ 선택을 촉진하기위해 여가교육 활동을 이용한다.

④ 레크리에이션 활동계획 과정에 client를 포함시킨다. 그들 자신의 프로그램을 통해 가능한 많은 통제를 준다.

⑤ 개인적 욕구와 선호에 기초한 활동을 제공한다. 현재 활동 스케줄 안에서 client에게 꼭 맞게 하는 것은 간단하지 않다. 대신, 대상자의 흥미에 스케줄을 맞추어야 한다.

⑥ 참여의 장애를 줄이거나 제거한다.
⑦ 나이에 적합한 활동을 확보한다.
⑧ 활동을 일반화한다.
⑨ 사회적 상호작용을 위한 기회를 제공한다.
⑩ 영적 개발을 위한 기회를 포함한다.
⑪ 계획안에서 적극적 참여를 강조한다.

4. 지역사회 통합

Maslow(1968)는 사람의 기본적 욕구 중에 하나는 사랑과 소속이라고 저술했다. 모든 사람은 적어도 한 그룹의 일부로서 연결될 필요가 있다.

Jean Baker Miller(1976)는 그녀의 책 'toward a New Psychology of Women'에서 타인과의 관계 속에서 여성의 개발과 성장에 대해서 이야기했다. 이것은 요양시설 안에서 머무는 동안 지역사회와의 연결감을 계속 유지하는데 여성을 위해 특히 중요할지 모른다. 특별한 노력은 노인이 요양시설에 입주할 때 지역사회안의 그룹 또는 조직과의 어떤 연결이라도 지탱하게 만들어야 한다. 이것은 두 가지 방법으로 할 수 있다. 첫째, 요양시설 안에서 지역사회에서 이루어지는 프로그램을 기획함으로써 지역사회 조직을 초대하는 경우라 할 수 있다. 이것은 실행하는 지역사회조직을 초대하거나 간호 시설 안에서 제공되는 서비스 또는 강의나 콘서트 같은 요양시설에서 준비한 특별이벤트참석을 통해 할 수 있다. 둘째, client는 자동차를 타고 익숙한 가까운 주위를 가더라도 한 달에 한번 정도 지역사회로 나가는 기회를 가져야 한다. 다른 대중적인 이벤트는 콘서트, 종교서비스 그리고 지역 레스토랑에 외식하러 가기 등이다. 여행은 공원, 농장, 다른 지역의 특징을 감상하고 표현할 수 있게 한다. client가 자신이 속한 지역사회와 상호작용을 유지하는 기회를 갖는데 매우 중요하다.

제7장

치료레크리에이션 실행

제 7 장

치료레크리에이션 실행

1. 치료적 관계

임파워먼트는 '그들의 삶을 통한 개인이 얻은 지식과 통제에 의한 과정 그리고 그들 환경의 비평적인 이해'이다(Zimmerman, Israel, Shulz & Checkowya, 1992). 이 개입은 그들의 삶과 운명을 통제하여 여성을 돕기 위한 여권주의 치료 안에 광범위하게 사용되어왔다. 개입은 client의 회복 또는 자기결정 유지를 돕기 위해 요양시설에서 적용될 수 있다.

심리치료는 노인에 대해 많은 부정적이고 함축된 고정관념을 가져온다. Maslow와 Roger의 인본주의 심리학에 기초한 치료레크리에이션 임파워먼트는 모든 스텝과 모든 훈련에 의해 사용될 수 있는 방법이다. 자기결정 또는 인지된 자유는 여가와 임파워먼트의 결정적인 요소이다. 인지된 자유가 여가경험의 중요한 요소(Neulinger, 1974)라고 한다면 요양시설 생활영역에 여가 또는 레크리에이션은 특히 임파워먼트의 개입으로 적절하다.

Murphy(1975)는 인간 본질과 개입의 인본주의적 관점을 채택한 여가서비스를 기록하였다. 치료레크리에이션을 통한 임파워먼트는 client들의 긍정적 변화를 가져다 줄 수 있다고 생각된다. 요양시설에서 임파워먼트를 유용하게 사용할 수 있는 개입방법중 하나는, Virginia Axline(1969)에 의한 놀이치료 채택의 기술이다. 그 기술은 어린이의 치료적 개입을 위해 개발되었으나 요양시설의 노인들과 함께 사용을 위해 변형될 수 있다.

1) 레크리에이션 치료사와 Client의 관계

여가 임파워먼트를 통한 우선적 견해는 치료사와 client 사이의 관계 안에서 발생한다. client의 성장을 위한 임파워먼트 관계는 client가 자신의 감정을 표현할 수 있는 안전한 환경이 보장되어야 한다(Maslow, 1968).

Carl Rogers(1961)는 이 관계를 세부적으로 기술했다. 조력관계는 일대일 또는 그룹중심일 수 있다. 이 관계의 질을 결정하는 가장 중요한 요소는 조력자의 느낌과 태도이다(Rogers, 1961).

Rogers는 조력자들의 태도는 과정, 기술 또는 지식보다 매우 중요하다고 믿었다. 효과적인 임파워먼트적 관계를 위한 Rogers의 제안은 다음과 같다.

① 스텝의 행동과 client의 인식은 일치해야 한다(Rogers, 1961). 정기적인 피드백을 위한 client들의 욕구에 의해 그들의 인식을 모니터하는 것은 좋은 생각이다.

② 스텝은 신뢰할 수 있고, 의지할 수 있고, 일관적이어야 한다(Roger, 1961).

③ 스텝은 약속과 제시간을 지켜야 한다. 스텝은 그들이 전달할 수 없는 어떤 약속도 하지 않아야 한다.

④ client의 존엄을 위한 친밀과 존경은 핵심이다.

⑤ client에 대한 비밀이 보장되어야 한다. client에 대한 절대적으로 필요하지 않는 '일련의 정보' 또는 '프로그램 중에 발생한 상황'은 다른 스텝과 공유되지 않아야 한다. 신뢰는 시간을 넘어 조력자와 client사이를 개발시키고, 치료적 과정을 진행되게 한다(Johnson, 1981).

⑥ 스텝의 행동은 일치해야 한다(Rogers, 1957). 스텝의 태도와 느낌은 그

들의 행동과 말에 일치해야 한다.

⑦ 스텝은 정직하고 진실해야 한다. 진실하다는 것은 client의 반응에 대한 스텝 자신의 감정에 대하여 솔직해야 한다는 것을 의미 한다(Cormier & Cormier, 1985).

예를 들면, 만약 스텝 일원이 client에게 화가 났음에도 아무 일도 아닌 것처럼 활동을 시도한다면 client는 그 기분을 느낄 것이다. 이 감정과 의사소통의 불일치는 지금까지 형성되었던 어떤 신뢰도 무너뜨릴 수 있다. 사람은 모든 시간에 자신의 느낌을 인지하고, 의사소통을 통하여 그 느낌은 조화가 이루어 표현된다.

2) 행동수정

client들의 동의 없이 행동수정 같은 client를 조작할 수 있는 개입은 사용되어서는 안 된다. 'Skinner의 생각은 사람은 자유와 자기결정 안에서 그의 신념을 포기해야만 하고, 그 자신의 외부 힘에 의해 그가 통제되는 사실을 수락해야 한다.'(Lefcourt, 1982, p.2).

행동수정은 자기통제기술이 사용되지 않는다면 임파워먼트와 함께 양립할 수 없다. 행동수정의 유형 안에 client는 자신의 행동을 모니터하고 바램에 따라 결정하는 행동을 위한 보상을 잡는다(Cormier & Cormier, 1985).

3) 친밀감 형성

client에게 친밀함, 돌봄, 선호, 흥미, 존경의 태도가 명확한 방법으로 표현되어야 한다(Rogers, 1961. p.52).

냉담한 전문가의 무관심은 진실한 케어를 대신할 수 없다. 친밀함은 조력관계에서 중요한 요소이다(Goldstein, 1980). 비언어적 행동은 친밀함의 중요한 표현이다(Johnson, 1981). 예를 들어, 부드럽고 진정시키는 높이의 목소리, 미소, 편안한 자세를 취함, 적절한 눈맞춤 그리고 터치는 의사소통을 친밀하게 하게 한다.

Gazda(1984, p.111) 등은 client에게 터치를 사용할 때 다음의 질문을 할 것을 제안한다.

① 다른 사람이 이것을 어떻게 인식할까? 이것은 진실 또는 중요 하지 않은 기술로써 보일까?

② 다른 사람이 기분 나쁘지 않을까?

③ 나는 사람 또는 만지는 사람에게 관심이 있는가? 이것은 나, 다른 사람을 위한 것이고, 관찰하는 그들에게 감동을 줄 것인가?

4) 강점 중심 초점

client 개개인 또는 모든 client에게 훌륭한 것을 발견해라. 강점에 근거한 초점에 의해 사람들은 긍정적 모습을 볼 수 있다. 대부분의 특성은 강점으로써 보여 질 수 있다. 레크리에이션 치료사는 client의 권리를 존중하고 요구를 인정하며 그 잠재적 힘을 촉진함으로써 요구를 해결할 수 있도록 돕는다. 그러므로 자기결정을 최대화하기 위해서는 client의 약점보다는 강점과 능력을 강조해야 한다.

client의 특성은 일반적으로 사회에 의해 약점으로 재구성될 수도 있고, 강점으로 고려될 수도 있다. 이것은 특징을 도와주는 목적으로 보는 관점과 특별한 욕구에 충족하는 방법으로써 바라보는 관점에 따라 달라질 수 있다.

예를 들어, 영희는 정신과 병원의 의사로부터 우울증 진단을 받았다. 그녀는 그녀 골반의 통증으로 불편하였다. 그로인해 많은 검사를 했으나, 그녀 고통의 어떤 원인도 발견할 수 없었다. 영희의 고통은 의사로부터 사랑을 받기위해 그녀가 습득한 방법으로 밝혀졌다. 이것은 영희 스스로 조작된 것이기 보다는 사랑 받고자 하는 대상에 대한 관심과 사회적 상호작용을 위해 그녀의 욕구에 충족되는 정당한 학습이라 할 수 있다. 사실 영희의 행동은 욕구를 충족하는데 충분히 현명한 방법으로 보여 지는 강점이라 할 수 있다. client의 욕구를 충족시키는 절충적인 방법은 치료적 관계의 신뢰와 안정 속에서 제안되고 시도될 수 있다. 영희는 가장 좋아하는 방법을 선택할 수 있다. 강점 중심의 접근을 사용하면 변화는 욕구와 결과가 꼭 일치한 결과를 가져오지 않을 수 있다. 스텝은 client의 욕구와 바램을 이전의 방법으로 고집한다면 client 선택을 기꺼이 받아들여야 한다. 만약 영희가 의사에게 사랑을 얻기 위해 허리의 고통을 계속 사용한다면, 그녀의 결정을 받아들여야 한다.

이 이론적 틀과 다른 행동수정 프로그램을 사용하게 될 경우 레크리에이션 치료사와 영희의 접촉으로부터 긍정적인 강화는 줄어들게 될 것이다. 따라서 그녀가 원하는 욕구를 충족시키는데 어려움을 가져다 줄 수 있다.

5) 인본주의적 관점

레크리에이션 치료사는 악이 아닌 본질적 선으로써 client를 보아야 한다(Maslow, 1968). 이것의 철학적 중심은 인간본성이다.

인본주의 철학관점은 사람은 근본적으로 자기실현을 취하려는 동기와 스스로 자신의 문제를 해결하고 이해할 수 있는 능력을 가지고 있다는 관점에서 출발한다.

client들은 목적 설정 과정과 사정(assessment)의 중심으로서 참여하여야 한다. 인간중심(person-centeredness)은 이 태도를 묘사하는 용어이다. 이것은 개인은 병이나 장애가 아니라 사람으로서 대우해야 한다는 의미이다. 이 태도는 '인간제일'이란 용어의 사용에 의해 증명되었다(Dattilo & Smith, 1990). '당뇨병', '절단' 또는 '이동 장애'로 개인을 부르는 것 대신에, 그들에 대하여 '당뇨병을 가진 사람', '절단을 가지고 있는 사람' 또는 '휠체어를 사용하는 사람'이라고 불렀다. 이 용어는 이야기할 때 또는 장애를 가진 사람에 대해서 그리고 의학적 차트를 기록할 때 사용되었다.

6) 의사결정

레크리에이션 치료사는 client의 결정을 존중하여야 하며 활동참여 동안 그들이 진실인지 거짓인지를 느낄 때, 활동 안에서 계속되는 충고나 강요를 하거나 client들을 감언이설로 속여서는 안 된다.

레크리에이션 치료사는 client의 의사결정에 다음과 같은 사항은 피하는 것이 바람직하다. ① 레크리에이션 치료사가 문제 해결을 위한 중요한 책임을 지고 client에게 단지 종속적인 역할만을 수행하도록 하는 일은 피해야 한다. ② client가 원하는 욕구를 도외시하고 치료사 중심으로 서비스 계획을 수립하고 실행하는 것을 피해야 한다. ③ 치료사는 client 행동방법을 교묘하게 조정하는 것을 피해야 한다. ④ client가 결정을 내리기 위해 필요한 정보 이상으로 치료사가 개입하여 영향력을 행사하는 것을 피해야 한다. 만약 client가 의사결정을 하면 치료사는 언제나 의사결정을 지속하게 하고, 의사결정 후 기회를 가져가면 안 된다.

7) 감정이입

감정이입이란 client의 감정과 경험에 동참할 수 있는 능력을 말한다. 즉, client 생각과 감정, 행동의 세계를 상상을 통해 이해한다는 것을 의미한다. 감정이입 과정에서 레크리에이션 치료사는 자신의 관점을 인식하면서 client의 느낌과 경험을 이해해야 한다. 이것은 다른 사람의 감정을 깊이 느낄 수 있는 능력이다. 레크리에이션 치료사는 그 감정으로부터 충분히 분리되어 객관적인 지식을 활용할 수 있는 능력이다.

감정이입의 기술은 레크리에이션 치료사의 비언어적 행동, 경청, 관심집중, 요약이나 해석, 질문 등을 활용하여 적용한다.

레크리에이션 치료사는 감정이입을 통해 client의 세계에 대한 이해를 위해 어떤 것을 느끼고 보려고 시도할 것이다. 감정이입은 client가 자신의 감정, 특히 비난 받을 지도 모르는 부정적인 감정을 자유롭게 표현하도록 돕는 것이다. 그리고 레크리에이션 치료사가 client 자신을 이해할 기회를 줄 수 있다.

8) 수용

수용이란 레크리에이션 치료사가 client의 장점과 약점, 바람직한 행동이나 바람직하지 않는 행동, 긍정적 감정과 부정적 감정 등을 다 포함하며 client의 있는 그대로를 편견 없이 받아드리는 것을 의미한다.

수용은 인간의 존엄성과 가치 그리고 인간에 대한 사랑에서 비롯된 태도로서 절대적이고 종합적으로 client를 받아들인다.

수용은 client에 의한 어떤 활동에도 의지하지 않는 절대적이어야 한다. 이것은 client가 무엇을 하든지 개인적 판단을 피하는 태도를 통해 보여 진다. 모든 느낌, 사고 그리고 행동들은 client의 중요한 어떤 것으로 받아들여진다. 수용은 찬성도 반대도 아니니다. 분노와 슬픔은 많은 사람들이 받아들이는데 어려움을 가진 감정이다. 수용을 통한 감정적 공간은 행복을 위해서 뿐만이 아니라 어려운 느낌을 위해서도 만들어져야 한다. 레크리에이션 치료사는 위협적이지 않고, 섬세해야 한다. 수용을 통한 client 감정에 초점을 맞춘다면 충분히 안전함을 느낄 것이다.

예를 들어, K요양시설에 거주하는 동수는 당구치는 방법을 배울 수 있다. 전문가는 당구의 많은 시합과 상을 가지고 있고, 자주 그의 기술에 대해서 자랑한다. 용수는 포켓볼을 칠 때 치료사의 지식에 위협을 느낄지 모르고, 게임을 배우려고 시도할 때 그는 전적으로 쩔쩔매는 시간에 대해 아마도 충분한 안전을 느끼지 못한다고 말할 것이다. 그는 질문하는 것에 대해 그리고 전문가와 무능력과 공포감을 공유하는 것이 바보스럽다고 느낄지 모른다. 대신 동수는 상처받기 쉬운 그의 느낌을 드러내는 것에 두려워하고, 당구하는 것에 흥미가 없다고 간단하게 말한다.

그룹참여는 많은 개인들을 위해 위협적일 수 있다. 위협적이지 않게 만들기 위해 장소의 규칙은 반드시 만들어져야 한다. client는 자신이 좋다고 느낄 때 참여를 시작하고 끝내야 한다. 각 그룹을 시작할 때 client들은 언제라도 참여하지 않을 수 있다는 것을 상기하고, 순서를 지나가기 위한 신호를 합의해야 한다. 신호는 지나감을 의미하는 것보다 자신에 참여의 부담감을 표현하는 것이다.

client들의 참여는 '도전'이라는 주제를 상기하는 것으로 참여를 격려할 수 있고, 때때로 스트레스 받을 수 있지만 기회를 잡기위한 가치가 있는 것이다. 참여를 결코 강요하지 않으나, 참여를 격려하고 요구하기 위해 '우리와 당신의 느낌을 나누고자 합니다.'라고 말한다. 그러나 만약 client가 거절하거나 거절 사인을 한다면, 더 이상 강요하지 않아야 한다. 레크리에이션 치료사는 client의 결정을 지지하고 받아들인다. 각 client들 순서대로 또는 순환하는 것은 각 client들이 참여할 기회를 갖는 좋은 방법이나 client를 위한 분노를 유발할 수 있다. 이것은 그룹참여에 대해서 스트레스를 덜 받는 client가 첫 번째로 참여할 수 있도록 지원자를 묻는 것이 더 좋다. 그리고 그들이 준비됐다고 느낄 때 다른 사람들은 참여할 수 있다. 그룹 참여를 표현할 수 있는 충분한 시간은 허용되어야 한다. 불확실한 client를 위해 지지의 격려를 제공할 수 있다. 만약 그들이 어느 것도 더할 수 없다면 자발적이지 않는 특별한 client는 요구할 수 있다.

레크리에이션 치료사의 임파워먼트 개입에서의 client 수용의 저해요인을 살펴보면 ① 레크리에이션 치료사는 자기 자신 속에 해결되지 않는 문제로 인해 억압된 갈등을 가지고 있을 경우 이러한 유사한 욕구 가진 client를 바르게 수용하는데 어려움이 있을 수 있다. 즉, client와 치료사의 분리된 욕구를 인식하여야 한다. ② 치료사 자기 자신의 감정을 인식하지 못하거나 자각하지 못할 경우 자기 무의식적 분노와 거부를 client에게 향할 수 있다. ③ 치료사의 편견이나 선입견, 특히 client와의 문화, 경제적 지위, 교육, 가치의 차이에서 오는 편견으로부터 분리되어야 한다. 이것은 치료사와 client 사이에서 발생하는 이

슈다. 레크리에이션 치료사는 client와의 상호작용에 자신감을 가져야 한다.

예를 들어, 레크리에이션 치료사는 client의 사별에 감정적으로 슬픔을 느껴야할지 모른다. 그러나 슬픔은 client에 속하지 치료사에 속하지 않는다는 것을 인지해야 한다. 레크리에이션 치료사는 때로는 client보다 다른 가치, 생각, 도덕을 가지고 있어야 할지 모른다. ④ client들이 레크리에이션 치료사의 관점에 적응하게 되어서는 안 된다. ⑤ client에게 자유는 허락되며(Rogers, 1961), 자신을 위한 최선을 알고 있다. 따라서 client를 속이면 안 된다.

9) 느낌나누기(feed back)

레크리에이션 치료사는 client를 외부적 평가로부터 자유롭게 해야 한다(Rogers, 1961). 다른 사람의 생각이나 판단은 자제하고 client의 평가가 중요하다. 즉, client의 느낌과 강화 또는 추구하는 그들의 느낌을 표현하도록 돕는다. 레크리에이션 치료사의 메시지는 '좋아요' 또는 '너는 잘할 수 있어'와 같은 격려의 말을 할 때 매우 명확해진다.

10) 현재 여가 경험 초점

현재의 여가 경험에 초점을 맞춘다(Rogers, 1961). 과거 또는 미래에 의해 제한되어서는 안 된다. 만약 client가 어릴 때 배우지 않아서 수영을 못한다면, 그것은 현재 학습의 선택에서 배제되어야 한다. 과거는 과거다. 미래는 불확실하다. '만약.......한다면' 하면서 언제나 걱정하는 client는 지금 현재 욕구에 초점을 맞추어 격려하여야 한다.

레크리에이션 치료사는 현재 충분한 경험 안에 client의 변화를 시도할 수 있다. 레크리에이션 치료사는 지금 어떻게 느껴지는가(보기, 듣기, 맛, 냄새)라고 질문을 할 수 있다. '어느 것도 도움이 되지 않았다'는 client에게는 '그렇다면 지금은 어떠한가?'라고 물을 수 있다.

현재 초점은 여가에서 특별히 중요하다. 최고의 여가 경험 또는 여가 몰입은 주어진 과제에 종합적으로 포함되면서 특징 지워진다(Csikszentmihalyi, 1975). 추억에 잠기는 것이 가능하고, 유익한 과제일 때가 있지만 레크리에이션 프로그램 또는 client의 인생에 우선적으로 초점을 맞추지 않아야 한다. 개인들은 현재에 살고 있고, 현재의 경험적 생활에서 이익을 얻을 수 있다. 확실히 자신의 인생을 되돌아볼 때 성취감을 느낄 수 있으나 현재와 미래 안에서 client가 갖는 인생은 과거에서의 제한된 삶의 영향을 받을 수 있다.

과거 지향적 삶은 현재 살아있지만 사회적 죽음이라고 불리며 그들의 인생이 끝난 것으로 간주되는 경향이 있다. 인생은 끝날 때 까지 끝이 아니고, 마지막까지 삶을 살 때 많은 만족을 얻을 수 있다. 대부분의 것들처럼 과거를 위한 건강한 평가와 미래에 기대되는 삶 사이의 조화는 심지어 타협으로 보인다.

2. 노인 임파워먼트 환경

여가 임파워먼트의 신체적 환경을 위해 다음의 지침이 Axline(1969)로부터 적용되고 받아들여졌다. 최적의 상황으로서 여가 임파워먼트 경험은 최적의 장소를 갖는 것이다

다음의 제안은 개인에게 꼭 맞는 공간과 시설의 예산상 어려움이 있을 수 있다. ① 방은 휠체어를 사용하는 10-15명의 client를 수용할 수 있기에 충분한 크기여야 한다. ② client들은 의자와 다른 가구사이에서 움직이기에 부족하지 않은 공간에서 자유롭게 움직일 수 있어야 한다. ③ 낮은 선반은 여가 재료들을 꾸미고 나열하기위해 유용하다. 모든 선반은 휠체어로부터 볼 수 있고 보여야 한다. ④ 방안에는 몇 개의 테이블이 있어야 한다. 하나의 테이블은 그룹 활동을 수용할 만큼 충분히 커야 하고, 둥글어야 한다. 다른 것은 개인작업 공간 또는 두 개의 공간이 제공되는 것이 가능해야 한다. ⑤ 모든 테이블은 휠체어에서 테이블에 인접해 앉기가 허락될 만큼 충분히 높아야 한다. 휠체어 팔걸

이는 테이블 아래 있어야 한다. ⑥ 방은 밝은 색깔과 좋은 빛이 있어야 한다. ⑦ 일광 또는 인공일광설비는 바람직하다. ⑧ 방안의 모든 외면은 쉽게 치울 수 있고 깨끗하게 할 수 있어야 한다. ⑨ 바닥은 타일 또는 장판이어야 한다. 색깔은 가능한 밝고 빛나야 한다. ⑩ 방안의 싱크대는 최적이지만 절대적일 필요는 없다. 모든 장식은 모든 재료에서 나이에 적절해야 한다. ⑪ 어떤 상황에서도 아이의 장난감은 절대 사용되지 않아야 한다. ⑫ 다양한 재료는 바구니 안에 놓일 것을 제안한다. 이 바구니는 선반위에 위치한다. 휠체어와 목발을 사용하는 client를 위해 간단한 도구의 변용은 허용될 것이다. 점수판과 연필은 사용의 유연성을 위해 바구니에 덧붙여 제공되어야 한다. 비슷한 도구는 그룹별로 함께 그리고 방의 영역은 운동도구, 미술재료 그리고 뮤지컬 영역과 같은 특별한 사용을 위해 디자인될 수 있다.

모든 재료는 나이에 적절해야 한다. 명확하게 디자인된 여가 임파워먼트 회기를 위해 사용되는 방은 중요하다. 레크리에이션 치료사는 여가환경을 위한 아이템 선택에서 창의적이어야 한다. 치료레크리에이션 치료사는 새로운 것에 대한 시도를 자유롭게 느껴야 하고, 거주자의 개인적 흥미에 충족되는 다른 아이템을 제공해야 한다. client들은 장소 사용 후 부가적인 아이템을 요청할지도 모른다. 도구는 언제든지 추가하거나 삭제될 수 있다. 레크리에이션 치료사는 언제나 client들에 의해 요구되는 도구들을 포함한다.

가능한 재료는 〈표 7-1〉에 나열되어 있다. 재료는 인지능력의 차이를 가진 client를 위한 여가 임파워먼트 회기 프로그램에서 사용되어지는 분리된 방, 도구 그리고 시간이 제외되어 있다. 도구 항목은 평균적 인지능력의 client들을 위한 최우선이다. 도구의 일부는 인지적 손상을 가진 client들을 위해 변형 되어야할지도 모른다. 많은 회사들이 치매 client를 위해 디자인된 활동재료의 제작과 공급을 한다. 그리고 이 도구들은 노인들과 여가 임파워먼트 회기 내에서 포함되어야 한다. 인지적 능력에도 불구하고 어떤 노인들에게도 나이에 부적절하게 사용되는 재료를 사용해서는 안 된다.

표 7-1 여가 임파워먼트를 위해 제안된 기본 재료들

미술재료	음악 자원	운동 자원
아크릴 물감 붓 크레파스 스케치재료 점토 공예 재료 나무세공	휴대용 키보드 헤드폰 카세트 음악 수집 리듬 도구 노래책 다양한 드럼	고정된 자전거 짐볼 세라 밴딩 rowing machine(노젓기) weights 매트 공기매트리스 훌라후프
스포츠	**게임**	**기타**
가벼운 농구 퍼트 연습장 원반밀어치기와 권투 게이트 볼 크로켓 배구/배드민턴 풀 축구 탁구 볼링 SET 궁도	고무팁 다트 카드 젠가 보드 게임 체커/체스 윷놀이 고리던지기 퀴즈게임 투호 장기 바둑	모래 상자 퍼즐 염색 기차 원격조정 지프와 모래트럭 샌드백 햄 라디오 애완동물 정원 가꾸기 탐조 연 꽃꽂이

1) 여가 임파워먼트 과정

다음의 과정은 놀이치료를 위한 Axline(1969)에 의해 윤곽이 잡혔고 요양시설 client들과 여가 임파워먼트를 위해 각색되었다. 개별 client들은 일대일 작업을 위한 여가 임파워먼트실로 데려올 수 있다. 그러나 개입의 대다수는 요양시설의 스텝 요구와 시간때문에 그룹세팅을 하는 경우가 대부분이다. client들은 공간과 시간의 허락에 따라 여가 방에 올 것 이다. 그룹세팅에서 일주일에 적어도 1회나 2회의 활동을 제안 한다. 최상으로 여가 임파워먼트실은 때때로 모든 client들에게 가능해야 하나 스텝과 시간의 부족으로 어려움이 있다. 소그룹의 모든 개별적 케어는 client에게 가능해야 할 것이다. 최대 그룹 수는 15명이다. client들은 방을 탐색하는 것과 활동을 제공 받는다. 각 회기를 시작할 때 그들은 이 시간이 그들의 만족으로 사용될 수 있는 시간임을 상기할 것이다. 기본적 장소 규칙은 만들어져야 한다. 모든 client들은 그들이 원하는 도구의 사용을 공유할지 모르거나 프로그램이 끝나고 도구를 선반이나 정리함에 넣는 방법을 모를 수 있으므로 되돌려 놓는 방법을 설명하고 이해시켜야 한다. 재료들은 방에 있어야 하나, 만약 client들이 몹시 바라는 것을 표현한다면, 스텝은 client들의 사용을 위한 추가 재료를 확보하기 위해 노력해야 한다.

client들은 개별적으로 또는 그룹에서 도구를 사용하기를 바랄 수 있다. 이 결정은 개별적 client 상황에 맞추어 요양시설 스텝과 상의하여 결정하도록 하나 도구를 사용할 수 있는 여건을 만들어 주는 것이 최우선이다. 어떤 client도 하고 싶지 않은 활동과 도구를 강요받아선 안 된다. 여가 임파워먼트 세팅에서 시간을 보내는 것은 client들의 자신이어야 한다. 만약 client들이 앉아 있고 아무것도 하지 않으려 한다면 그러한 행동도 존중하라. client 개입의 중요한 열쇠는 선택의 자유이다.

client들이 여가 방에 머물기를 원한다면 허락되어야 하며 그들이 원할 때 떠날 수 있어야 한다. 자유는 client들의 통제감, 인지된 유능감 그리고 자기존중감을 촉진한다(Shary & Iso-Ahola, 1989).

레크리에이션치료 그룹 회기에 스스로 참여를 하지 않을 경우 그룹 상황 안에서 자발적인 참여가 이루어 질 수 있도록 기다려 주어야 한다. 때로는 회기에 치료사와 함께하는 시간이 30분 이상 필요할지 모른다. 그룹세팅에서 몇몇 사회적 상호작용 유형은 관찰될지 모른다.

2) 여가 임파워먼트에서 Client와의 의사소통

치료레크리에이션 전문가는 여가 임파워먼트 회기 동안 모든 client들을 모니터해야 한다. 만약 회기가 그룹 안에서 이루어진다면 전문가는 각 client와 시간을 보내기를 시도해야 한다. 임파워먼트 회기 안에 다음의 8가지 기본요소를 서술하고자 한다.

① 치료사는 client와 따뜻하고 친밀한 관계를 개발해야 한다. 좋은 공감대는 가능한 빨리 완성되어야 한다.

② 치료사는 client 자체로서 정확하게 받아들인다.

③ 치료사는 관계 안에서 허용의 느낌을 완성하고, 자유롭게 그의 느낌을 완전히 표현하도록 한다.

④ 치료사는 client가 표현하는 감정을 인정하는데 재빨라야 하고 그가 가지는 의미를 잘 인식하여야 한다.

⑤ 치료사는 client의 능력을 인정하고 만약 그것을 할 수 있는 기회가 주어지면 그의 문제를 풀 수 있다.

⑥ 치료사는 어떤 방법으로도 client의 행동 또는 대화를 강요하지 않는다.

⑦ 치료사는 치료도중 서두르지 않는다. 이것은 점진적 과정이고 치료사와 client와 함께 동의되어야 한다.

⑧ 치료사는 client에 가장 적합한 치료적 계획을 세우고 client의 동의를 얻어 서로의 책임성에 대하여 인식한다.

여가 임파워먼트는 현재가 중심이다. 전문가는 현재 행동과 느낌에 초점을 둔다. 예를 들면, client는 홀수의 나무 조각을 탑으로 만드는 카프라 게임과 상호작용 한다. 그 후 그녀는 손을 뻗어 그것을 부순다. client에게 상호작용은 이런 것일지도 모른다.

치료사: 당신은 탑을 무너뜨렸네요. (객관적으로)

client: 예, 시시해 보였어요.

치료사: 당신은 탑이 시시하다고 생각하는군요. (사무적으로, 판단하지 않고)

client: 이것은 시시하고 난 그것이 싫어요.

치료사: 당신은 탑이 시시하다고 생각하고 당신은 그것이 싫군요. (치료사는 왜 그런지 묻지 않는다)

client: 예. 이것은 내 집의 나를 생각나게 해요. 때려 눕혔어요.

치료사: 탑은 당신의 집을 생각나게 하고 그 때문에 그것을 부쉈고, 당신을 그것을 싫어하는군요.

client: 예(화가 나서), 내가 여기, 이곳을 떠난 후 내 아들은 개발업자에 집을 팔았고, 그는 그것을 부순 후 가게와 큰 쇼핑몰을 세웠어요.

치료사: 당신 아들이 당신의 집을 개발업자에게 팔았고 그것을 부수어서 쇼핑몰을 세운 것에 분노를 느끼는군요.

client: 예. 그 집은 많은 추억이 있는데, 지금은 모두 과거가 되어 버렸어요.

치료사: 그 집에는 많은 추억이 있었는데, 지금 그 집은 과거이고 기억들도 함께 과거가 되었네요.

client: 아니오. 기억은 과거가 아니에요. 그러나 집은 과거예요.

치료사: 집은 과거로 갔지만 당신은 아직 추억을 가지고 있군요.

client: 예(슬프게). 나는 추억을 가지고 있어요. 그러나 나는 그곳에, 집에 결코 갈 수 없을 거예요.

치료사: 당신은 당신의 집에 다시 돌아갈 수 없어서 슬프군요.

client: (울음) 남편과 나는 그 집을 지었어요. 그가 죽었을 때 나는 슬펐지만 최소한 나는 집과 추억을 가지고 있었어요. 그런데 지금은 둘 다 가버렸어요.

치료사: 당신은 당신과 당신 남편이 함께 지었던 그 집이 과거가 되어버려 슬프군요. 이것은 당신에게 그를 기억나게 하네요.

client: 예. 나는 지금 아무것도 없어요.

치료사: 당신은 당신 옆에 아무도 없는 것처럼 느끼는군요.

client: 나는 혼자예요. 내 아들은 너무 바빠서 날 만나러 오지 못하고, 나는 그 밖의 아무것도 갖고 있지 않아요.

치료사: 당신은 당신 아들이 시간이 없어서 방문하지 않는 것 때문에 그리고 당신을 방문하는 사람이 없어서 혼자라고 느끼는군요. (치료사는 client가 스텝, 다른 사람들이 함께 한다는 것을 말하지 않는다. 이 느낌은 스스로 받아들여져야 한다.)

client: 나는 여동생이 있는데 그녀는 요양시설에 줄곧 있어요. 그러나 그녀는 방문하러 나올 수가 없어요.

치료사: 당신은 여자 형제가 있는데 그녀는 요양시설에 있기 때문에 당신을 만나러 오지 못하는군요.

client: 우리는 거의 매일 전화로 대화하곤 해요. 그리고 우리는 둘 다 아팠고, 난 그녀의 소식을 듣지 못하고 있어요. 잠시 동안.

치료사: 당신은 당신의 여자 형제와 매일 대화를 하곤 했는데, 요즈음엔 이야기를 못하고 있군요. (치료사는 제안이나 해결을 제공하는 것으로 넘어가면 안 된다. 그러나 그녀가 있는 곳에서 과정과 해결을 허락한다.)

client: 예. 나는 그녀가 어떻게 지내는지 궁금해요. 아마 나는 그녀나 누군가에게 전화할 수 있을 거예요.

치료사: 만약 요양시설의 여자 형제에게 전화할 수 있다면 당신은 놀랄 것입니다.

client: 예. 나는 그녀에게 전화하고 싶고 그녀가 어떤지 보고 싶어요. 여동생에게 인사하고, 우리가 사용했던 물건에 관해 이야기해 주세요.

치료사: 당신은 여동생에게 전화하고 그녀와 이야기하고 싶군요.

client: 예. 나는 정말 그러고 싶어요. 하지만 나는 거기를 어떻게 가는지 몰라요

치료사: 당신은 당신의 여자 형제에게 전화를 하고 싶은데, 그러기 위해 어떻게 사용하는지를 모르는군요.

client: 예, 그녀의 전화번호를 가지고 있지 않아요. 그녀는 당신이 아는 것처럼 전화가 없어요. 나는 번호를 알고 어디에서 전화할 수 있는지 알아야 해요.

치료사: 당신은 어디에서 여자 형제에게 전화할 수 있는지 그리고 전화번호를 알고 싶군요. (치료사는 client를 위해 번호를 제공하지 않는다. 그러나 만약 client가 요구한다면 동의한다.)

client: 예. 나는 그 요양시설의 이름은 알고 있어요. 그러나 당신이 알다시피 전화번호는 가지고 있지 않아요. 나는 전화안내나 전화번호 책을 보고 거기에서 찾을 것 같아요. 전화번호부는 공중전화 옆 바닥에 있어요.

치료사: 당신은 전화번호부에서 당신의 여동생의 요양시설의 번호를 찾고 싶군요.

client: 예. 내 방으로 돌아가자마자 난 그것을 할 예정이에요.

비지시적인 여가 임파워먼트의 중요한 몇 가지는 이 예로부터 배울 수 있다. 첫째, 전문가는 재진술을 통하여 client의 말의 반복이나 부연 또는 의미를 담고 전달한다. 그러나 정보의 느낌은 나중에 명확하게 하고 반영해야 한다. 전문가의 재진술은 client의 정확한 정보를 체크할 수 있다. 그리고 이것은 어떻게 느끼는지 뿐만 아니라 정보의 정확성을 명확히 하는 것을 돕는다. 둘째, 이 기술은 전문가가 그녀를 이해하게 되는 client의 느낌을 돕는다. 셋째, 의사소통의 이 유형은 client가 자신의 문제를 해결하도록 돕는다. 피드백은 그녀가 고독감을 명확하게 하도록 돕고, 그녀 자신을 해결하도록 돕는다.

여기서 배울 중요한 교훈은 전문가는 client를 위해 문제해결을 알고, 건너뛰지 않았다는 것이다. 전문가가 client앞에서 단계를 뛰어넘어서, 그녀 아들이나 동생에게 전화하기를 제안하고, 번호를 제공하고, 그녀를 위해 전화할 수 있는 곳으로 데려가는 다른 시나리오를 생각해 보자. 아마도 client는 스스로 많은 문제가 있다고 인식하거나 비슷한 문제로 논쟁이 많았다고 주장하며 거절했을 것이다. 그녀의 건강상태나 환경적 제약에도 불구하고 사고하는 능력과 독립적인 기능에 의해 임파워먼트 될 것이다.

명확한 비지시적 기술의 사용으로 인해 느낌과 정보는 반영되고, 전문가는 client들이 그들의 자기결정을 유지할 수 있는 권한을 부여한다. 이것은 재빠르게 건너뛰거나 client에게 해결을 제공하는 것이 아니라 기다림과 감정적으로 극복될 때 더 좋은 결과가 온다. 치료사에 의해 현재의 문제를 인식 했을 때 client는 자신의 문제해결을 하고, 동기를 불러일으킬 수 있다.

3. 인지, 감각의 변화에 대한 개입

1) 생활 습관

'생활 습관'은 치료적 개입 계획을 시작하는데 매우 중요하다. client의 매일 활동 주기, 식습관, ADL양식 그리고 관련양식이 기록된다. 만약 client가 매일 낮잠을 잔다면 이미 20년이 지났을지 모를 client에게 일상의 변화를 시도하지 않는다. 대신 client가 일반적으로 깨어있거나 활동을 할 때 프로그램을 계획한다. 아마 client는 결코 그룹 활동 안에 참가하지 않을 수 있으나 동물과의 교제는 즐길 것이다.

집단사교클럽 모임보다 동물 지원 치료프로그램 회기에 참여하는 것이 client에게 더 중요할 것이다. client의 취미와 동기가 레크리에이션 치료사에게 중요한 통찰력을 줄 수 있다. 생활 습관은 프로그램 실행을 위한 근본적인 자료로 사용되어야 한다.

2) 인지 양식

적절한 케어와 치료를 이해하고 제공하는 것은 인지의 정확한 진단과 정신건강을 위해 중요하다. 레크리에이션 치료사는 진단을 알고, 그에 따라 개입을 계획해야 한다. 유감스럽게도 가끔은 요양시설에서 client의 이 영역에 대한 완전한 진단을 받지 않는 경우도 있다.

만약 client가 우울증, 치매 또는 치료적 상호작용으로부터 간단한 섬망이 있다면 이것은 종종 결정이 어려워진다.

3) 치매(Dementia)

① 치료적 프로그램 욕구

일부 요양시설의 치매환자 케어와 치료를 위한 프로그램의 욕구를 살펴보면 다음과 같다.

(1) 활동 프로그램은 환자의 욕구, 능력 그리고 흥미에 적합한 서비스를 제공한다.

client들을 위한 명백한 목적과 의도를 가진 그들은 치료에 고려할만한 성공의 적당한 기회제공, 노인역할의 재확립, 존엄 확인, 만족스러운 활동을 포함한다.

활동들은 불안을 더하지 않아야 하고, 잔여능력을 이용한 다루기 쉬운 단계 안에서 시작되어야 한다. 활동은 문화적으로 적절하고 자발적이어야 한다. 예를 들어, 만약 당신이 유럽에서 이주해온 client를 만나고 있다면 요리 프로그램의 명칭은 '유럽 요리 클럽'으로 적용 하는 것이 참가자의 욕구와 정기적 만남을 위해 좋은 방법일지 모른다.

client들은 이 그룹 안에서 클럽을 위한 준비와 본국 조리법을 전수해줄지 모른다. 요리 과제는 한 번에 하나씩 나눠질 것이고, Index카드에 크게 프린트 될 것이다. 다른 나라들의 요리와 client의 본국요리에 대하여 회기동안 토론할 것이다.

(2) 활동은 움직일 수 있거나 움직일 수 없는 client 모두를 위한 개인과 그룹 세팅에서 제공되어야 한다.

이 규칙은 와상과 움직일 수 없는 client가 적절한 프로그램을 받는 것, 사회화를 위한 기회 그리고 활동을 보증한다. 예를 들어, 일주일에 2-3회의 개별 감각자극을 단순히 제공하는 것은 방에서 나올 수 없는 환자에게는 프로그램의 욕구에 충족되지 못할지도 모른다. 움직일 수 있거나 움직일 수 없는 client의 소규모 감각 통합 그룹에의 혼합은 동료와 사회화를 위해 허용되어야 할 것이다. client들은 프로그램 이외의 시간에 서로 방문하도록 촉진하여야 한다.

(3) 활동프로그램은 시설의 내부와 외부 모두에서 다양한 활동이 제공되어야 한다.

시설 내 프로그램의 조사는 감각 운동 프로그램, 음악요법, 미술과 회상 등을 포함한다. 만약 요양시설에서 이 프로그램을 제공할 수 없다면 그들은 지역사회에 가깝게 위치한 곳에서 서비스를 받아야 할지 모른다. 이러한 활동은 지역사회에서 가능하도록 하여야 한다.

감독자는 프로그램 계획안에 사용된 기준이 기능 강화를 위해 치료적 접근과 활동 모두가 다루어져야 한다. 다음의 활동-치료적 활동, 레크리에이션과 사회적 활동, 문학과 교육적 활동, 공동 활동, 영적활동, 창조적 활동, 지적 자극활동 그리고 그들의 생활양식의 유지안에서 환자들을 지원할 수 있는 기타 활동-은 기능 강화에 도움이 된다.

(4) 활동 계획표는 모든 환자, 스텝 그리고 방문자에게 공식적으로 알려져야 한다.

이것은 특히 client가 의사소통에 어려움을 갖고 있다면 방문동안 가족의 지지는 활동에 중요한 영향을 준다. 프로그램 안에 방문자와 함께하는 프로그램을 포함한다면 더욱 긍정적인 경험이 될 것이다. 방문자와 함께한 프로그램의 예를 들면, 가족과 차 마시기, 피크닉과 점심, 재능 보여주기, 저녁 산책 프로그램 그리고 음악센터 활동 등을 포함한다.

(5) 환자는 적절하게 독립적으로 쇼핑을 가고 지역사회 레크리에이션 활동, 사회 안에 참여하도록 한다.

레크리에이션 치료 팀은 client가 적절한 지역사회 나들이를 할 수 있도록 프로그램을 개발하여야 한다. 예를 들면, 소그룹으로 산책하는 활동, 지역 가게를 이용하는 것은 치료적이고 의미 있다. client들은 그들이 필요한 것을 구입하고, 약간의 돈을 관리하는 것에 참여하고 기회를 제공하여야 한다.

(6) 환자의 능력과 흥미의 만족이 가능하게 할 수 있는 다양한 준비물과 도구를 준비하고 활용하여야 한다.

준비물과 도구는 치매 client를 위해 안전해야 하고, 나이에 적절해야 한다. 영역의 내부와 외부 모두 여가활동을 위해 client를 가능하게 해야 한다. 휴게실은 돌아다니는 사람에게 필요한 준비물과 도구 및 레크리에이션 활동을 촉진시킬 수 있는 자원이다.

② 의학적 이슈

치매노인들은 기능의 변화와 인지적 손상 및 관련된 행동적 문제 때문에 전통적 장기요양 활동 프로그램 서비스를 받는데 어려움이 있다. 치매환자는 단계적인 지시와 적당한 자극이 필요하다. 치매환자들은 높은 위험에 잠재적인 증후군, 실패, 감각 상실 등을 이겨내야 한다. client들은 그들의 욕구, 과거 흥미 그리고 현재 기능 수준에 기초한 특별한 프로그램이 요구된다.

신경학자는 알츠하이머 치매노인은 언어, 정보, 규칙, 새로운 얼굴을 인식하는데 한계가 있다고 보았다(Eslinger & Damasio, 1986). 그러나 치료레크리에이션의 연구는 다른 중요한 어떤 발견을 이끈다.

예를 들면, 치료적 프로그램은 감각기관의 내용이어야 한다(Buettner, 1994). 만성치매를 가진 사람은 운동기술을 배울 수 있고, 힘, 유연성, 이동성의 영역에서 증진될 수 있다. 제공되는 활동에서 특별한 아이디어와 기술사용 및 활동 변형을 통해 치매 client는 의미 있는 여가경험을 할 수 있다. 프로그램 작성자는 치료적 활동 계획안에서 다음의 정보를 사용할 수 있다.

(1) 의사소통을 증진하라.

치료사는 client와 듣는 기술을 연습하는데 초점을 맞춰야 한다. 의사소통을 시도하기 전에 주위의 혼란을 주는 TV나 라디오 같은 환경을 제거한다. 개인으로서 client들을 대할 때 전체 그룹에게 말하지 않는다. 그러나 그룹안의 각 사람과 상호작용을 할 때는 눈높이와 면전에서 보고 이야기를 시도한다.

비언어적 의사소통은 client에게 긴장과 초조를 줄 수 있음을 기억하여야 한다. 안정된 표현과 편안한 시각과 언어는 도움을 준다.

(2) 활동의 결과보다 과정을 중시하라.

레크리에이션 치료사는 client에게 중요한 것은 활동이 포함된 과정이고, 결과물이 아니라는 것을 기억해야 한다. 치료사는 과제를 좌절이 아닌 도전으로 구조화시켜야 한다. client는 과제를 한 단계씩 나누는 것이 필요할지 모른다. 만약 client가 읽을 수 있다면 각 페이지에 한 단계씩 지시를 쓴다.

(3) 활동 스케줄을 표준화하라.

활동 스케줄은 전형적인 일상생활에 맞추어 디자인 되어야 한다. 예를 들어, 지역사회안의 노인은 이른 아침이나 저녁에 산책 나가는 것을 좋아할지 모른다. 따라서 산책 프로그램은 client가 아침이나 저녁 후 제공될 것이다. 치료사는 client가 무엇을 입어야 되는지, 신발은 어떤 것이 프로그램에 적합한지를 활동 스케줄에 기록하여 표준화해야 한다. 만약 치료사는 client가 높은 굽의 구두와 정장 차림으로 그룹에 온다면 산책 하는 것을 거절할 것이다. client는 만약 산책용 신발 대신 슬리퍼를 신었다면 그녀는 프로그램의 목적을 인지하지 못한 것이다. client의 방에 표준화된 스케줄표를 붙이고, 그것을 필요로 하는 client에게 카드를 주어 프로그램에 참여하는 것을 돕는다.

(4) client를 배제하지 말고 프로그램을 조절하라.

만약 치매를 가진 client는 활동과 환경이 자신의 기능수준에 적합하지 않는다면 동요될 수 있다. 만약 그들이 프로그램에서 너무 시끄럽거나 일대일 의사소통에 어려움이 발생한다면 집단내의 client들은 동요될지 모른다. 만약 client가 자유로운 움직임과 신체적 활동을 위한 기회가 주어지지 않는다면 프로그램을 거절하는 결과가 발생할 수 있다. client의 이러한 행동 때문에 치료레크리에이션 프로그램에서 제외하는 것보다 치료사는 client의 욕구에 충족될 수 있는 프로그램으로 조절해야 한다.

(5) 관심 전환을 위해 준비하라.

만약 client가 치료레크리에이션 프로그램 안에서 지루하거나 동요된다면 새로운 과제로 그들의 집중을 딴 곳으로 돌리는 것을 시도해야 한다. 레크리에이션 치료사는 client의 행동을 전환할 수 있는 도구를 만들어서 준비하여야 한다. 예를 들어, 이순덕 어르신은 일상운동시간에 운동을 멈추고 욕설을 했다. 이때 치료사는 주머니 크기의 앨범을 가지고 있었고, '행복 앨범'이라는 표지의 앨범을 이순덕 어르신의 손에 쥐어주었다. 어르신은 옛날 풍경의 사진에 관심을 보이고 즐기게 되었다.

관심을 전환시키는 방법으로 주머니에 다양한 아이템을 준비하여야 한다. 예를 들면, 잡지와 지갑으로 가득한 오래된 가방, 보석으로 가득 찬 오래된 보석상자, 상자 속에 숨겨진 물건과 함께 색깔양말 한 켤레, 자석보드에 붙일 수 있는 그림 등을 기분전환으로서 제공된다.

(6) client의 현재 기능수준에 기초한 프로그램 과제를 적용하라.

만약 프로그램 과제가 너무 쉽다면 client는 도전 없이 지루해 질 수 있고 과제가 너무 어렵다면 client는 혼란해지거나 좌절하게 된다.

(7) 일대일 프로그램보다 소그룹 프로그램을 실시하라.

치료사는 3명 또는 5명의 소그룹을 중심으로 구성하고 그룹내부에 각 과제를 개별화하여 제공해야 한다. client에게 각자 목적과 의사소통의 공유를 통한 적용은 치료적 효과를 강화할 것이다.

(8) 모든 레크리에이션 프로그램은 움직임과 자극 기회를 제공하라.

프로그램에 단순히 참석하는 것은 client에게 유익하지 않다. 운동과 움직임은 감정적·신체적 스트레스를 경감하는 것을 돕는다. 운동은 현재 client의 증상과 혼란을 감소시킬 수 있다. 힘, 유연성 그리고 운동기술의 유지 또는 증진은 자조적 활동의 증진을 이끌 수 있는 중요한 목적이다. 건강을 증진하는 치료적 목적은 성취될 수 있다.

(9) 단순하고 구조화된 선택 제공에 의한 client 역량을 강화하라.

2개 물감용기를 제공한 레크리에이션 치료사는 '당신이 제일 좋아하는 색깔은 무엇입니까?'라고 묻는다. 또는 '오늘은 야외 또는 실내에서 산책하시는 것이 어떠시겠습니까?'라고 상황을 부과하여 묻는다. 이때 client는 어디에서 쉴 것인지 얼마나 오래 쉴 것인지 선택할 수 있어야 한다. 활동의 적용에서 단순화, 구조화된 선택은 client의 역량강화에 도움이 될 것이다.

(10) 최선의 치료적 프로그램을 위해 팀워크 접근을 시도하라.

노인의 건강 상실은 신체적 기능뿐만 아니라 심리적·사회적 기능까지도 손상을 가져오기 때문에 노인을 원조하는 방법도 다차원적인 접근이 효과적이다. 따라서 간호스텝, 치료스텝 그리고 다른 이들은 매일의 일상이 인식될 수 있도록 일관되게 접근하고 함께 작업해야 한다.

그림 8-2 팀워크 스케줄의 예

시간	일상생활 및 활동
01시 - 08시	기상, 화장실, 아침을 위한 옷 입기
07시 - 08시	일찍 일어나 걷는 그룹
08시 - 09시	주방 - 아침 식사
09시 - 10시	마무리 및 프로그램 (오전치료/면도/컵 씻기/체킹/보청기/화장/악세사리)
10시 - 10시30분	기능을 위한 남/여 운동 그룹
10시30분 -	영양카트(nutrition cart)
10시40분-11시40분	남녀 공기 매트 치료
11시40분 - 12시	주방 감각 게임/인지활동과 점심 준비
12시 - 13시	점심식사
오 후 일 상	
1시 - 2시	방 또는 휴게실에서 휴식
2시 - 2시15분	기상과 화장실
2시15분-2시45분	자신의 간식 만들기 프로그램 - 믹서 요리
3시 - 4시	치료레크리에이션 월 : 사진 클럽 화 : 지역사회 정원 클럽 수 : 독서프로그램 - 시, 읽기, 쓰기 목 : 미술활동 프로그램 금 : 동물지원 활동 또는 아이 토 : 테이블 게임/빙고 일 : 가족과 함께(차 마시기)
5시	저녁식사
저 녁 일 상	
6시 - 6시30분	지역 뉴스 보기
6시30분	화장실, 씻기/휴게실 개방
7시	소그룹 활동, 가족 방문, 아이, 동물 방문, 바깥 산책
8시 - 9시30분	수면-침대 갈 준비/수면시간 음악

4) 섬망(Delirium)

'정신건강과 노인의 입문서'(Birren, Sloane, & Cohen, 1992)는 만약 치료되지 않은 왼쪽이 영구적 뇌손상을 가져올 수 있다면 변화가 가능한 기질적 상태로서 섬망을 묘사했다. 그것은 의사 또는 향상된 실천 간호사가 필요한 의학적 상태이다. 이것은 갑작스러운 발병을 가진 치매와는 다르다. 핵심적 특징은 환경에서 감소되는 인식과 집중이다. 섬망의 필수증상은 이미 존재하거나 현재 진행 중인 치매로는 잘 설명되지 않는, 인지변화를 동반하는 의식의 장애이다.

진단적 특징으로는 의식이 혼미해지고 주의집중 및 전환능력이 현저하게 감소하게 될 뿐만 아니라 기억, 언어, 현실 판단 등의 인지기능에 장애가 나타나는 경우를 말하는데, 주위를 알아보지 못하고 헛소리를 하거나 손발을 떤다거나 야간에 갑자기 큰소리를 지르거나 소동을 피우고, 흥분하여 밖으로 뛰쳐나가려 하고, 공포감에 사로잡혀 식구들을 깨우는 등의 증상들이 나타난다. 이러한 증상은 단기간에 갑자기 나타나고 그 원인을 제거하면 증상이 갑자기 사라지는 경우가 많은데 이러한 증상은 과도한 약물복용이나 신체적 질병(예: 간질환, 당뇨, 뇌수막염 등)의 직접적인 결과로 발생한 것이라는 명백한 근거가 있을 때 진단된다. 유병률은 일반적인 의학적 상태로 입원한 65세 이상의 노인에게서, 입원시 약 10%가 보고되고 있다. client의 변화유형은 의료진에게 바로 보고되어야 한다.

5) 감각 변화

요양시설에서 레크리에이션 치료사의 일중 하나는 프로그램동안 client에게 영향을 줄 수 있는 손실을 예방하여야 한다. 노인의 가장 해로운 결과는 감각기능의 손실이다. 심지어 간단한 사정(assessment) 인터뷰도 매우 어렵게 만드는 감각기능의 손실은 의사소통에 큰 영향을 미친다.

감각 손실을 구체화 한다는 것은 감각 손실의 영향을 주는 것을 예방적 차원에서 접근한다는 것을 의미한다. 예를 들어, 김덕순 어르신은 그녀가 가장 좋아하는 활동에 참여하여 집중하는 것을 멈췄다. 그녀는 방에서 더 많은 시간을 보냈다. 시설의 스텝은 우울 또는 정서적 불안으로 행동을 해석할 수 있다. 레크리에이션 치료사는 김순덕 어르신이 더 이상 활동 스케줄을 읽을 수 없는 것을 발견했다. 또한 어르신은 청력 손상으로 인하여 안내 방송을 들을 수 없는 상태였다. 따라서 김순덕 어르신은 프로그램 참여 시간을 읽지도 공지를 들을 수도 없다. 이것은 감각변화에 따른 치료레크리에이션 참여에 대한 동기와 참여의 기회에 영향을 미친다. 따라서 레크리에이션 치료사는 client의 행동의 변화의 동기를 유심히 살펴보고 그 원인이 감각기능의 손실에서 비롯되었는지를 살펴보아야 한다.

4. 의사소통/듣기에 따른 개입

1) 청각기능

청각 손상은 종종 점진적으로 일어난다. 특히 50세를 전후하여 난청현상이 나타나기 시작하다가 60세경에 이르러 급속히 저하하는 것으로 조사되었다. client는 아마도 문제의 확대를 깨닫지 못했거나, 또는 자신이 얼마나 청각 기능을 잃었는지 모를 것이다.

노인성 난청(presbycusis)은 노화에 따른 생리학적 변화 때문에 청력을 잃는 것을 가리키는 용어로 사용되어왔다. 이것은 ① 빈번한 소리의 자각 ② 소리 위치측정 ③ 말의 분별 ④ 부정확한 말 이해 능력 ⑤ 긴 문장을 기억하는 능력의 손상에 의해 특징지워진다.

2) 개입 전략

레크리에이션 치료사는 청력에 손상 있는 client와 프로그램을 개입할 경우 아래와 같이 해야 한다.

① 시작하기 전 client가 보청기를 착용했는지 확인한다.

② 개인과 말하기 시작할 때 '내말을 들을 수 있나요?'라고 묻는다.

③ 높은 소리 손상을 가진 client를 위해 레크리에이션 치료사는 목소리를 조정하여 떨어뜨린다.

④ 낮은 소리 손상을 가진 client를 위해 레크리에이션 치료사는 목소리를 조정하여 올린다.

⑤ 작업 장소는 조용한 곳을 택하고, 근처에 있는 라디오나 TV는 끈다.

⑥ 만약 시각이 가능하다면 메시지를 써서 사용해야 한다.

⑦ client 얼굴 앞에서 표준의 목소리 높이를 사용하여 이야기 한다.

⑧ 만약 client가 촉각적 접근에 거부 반응이 없다면 터치를 사용 하고, 치료사를 믿게 한다.

⑨ 청력 손상을 가진 client와 그룹에서 프로그램을 계획할 경우 회기마다 10-15분 정도의 의사소통 시간을 갖는다.

청력 손상을 가진 client의 사회적 활동의 증가를 돕는 활동으로 소그룹내의 카드놀이 또는 테이블 게임을 제안한다. 또한 회보 만들기, 요리, 춤, 산책, TV시청이나 라디오 청취를 위한 헤드폰 사용 그리고 청력 손상을 가진 작은 그룹의 노인들을 위한 가장 큰 야외 나들이는 볼링 치러 가는 것이다. 프로그램은 활동적이고 많은 언어적 의사소통이 요구되지 않는 것들이다.

5. 시력에 따른 개입

1) 시각

시각에 영향을 미치는 몇 가지 노인병이 있다. 그중에서 노인성 황반변성(senile macular degeneration)은 시력감소의 중심이나 주변시력을 둘러싸고 나타난다.

(1) 황반변성이란

연령관련 황반변성(Age-related Macular Degeneration)이란 시력에 매우 중요한 황반부에 나이가 들면서 여러 가지 변화가 일어나서 생기는 것으로 점차 진행하여 결국은 실명도 할 수 있는 무서운 질환이다.

연령관련 황반변성의 원인에 대해서는 아직 확실히 밝혀져 있지 않은 상태로, 연령 외에 심혈관계 질환이 위험인자중의 하나로 알려져 있다. 또한 흡연과의 연관성도 알려져 있는데 보고에 의하면 흡연이 다른 위험인자에 비해서 연령관련 황반변성의 위험성을 거의 2배에서 5배정도로 증가시킨다.

(2) 연령관련 황반변성의 형태

연령관련 황반변성은 건성과 습성의 두 가지 형태가 있다. 건성형태는 망막에 드루젠이나 망막색소상피의 위축과 같은 병변이 생긴 경우를 말한다. 이는 흔히 보는 형태로 연령관련 황반변성 모든 증례의 약 90%를 차지하고 있으며, 보통 심한 시력상실을 유발하지는 않지만 습성 형태로 발전할 수 있다.

습성형태는 연령관련 황반변성 모든 증례의 약 10%를 차지하며 망막밑에 맥락막 신생혈관이 자라서 생긴다. 이러한 신생혈관은 우리 눈의 망막 중에서 특히 중요한 황반부에 삼출물, 출혈 등을 일으켜서 중심시력에 영향을 주며,

발생 후 2개월~3년 사이에 실명을 초래하기도 한다. 습성형태의 황반변성은 진행속도가 매우 빨라서 수주 안에 시력이 급속히 나빠진다.

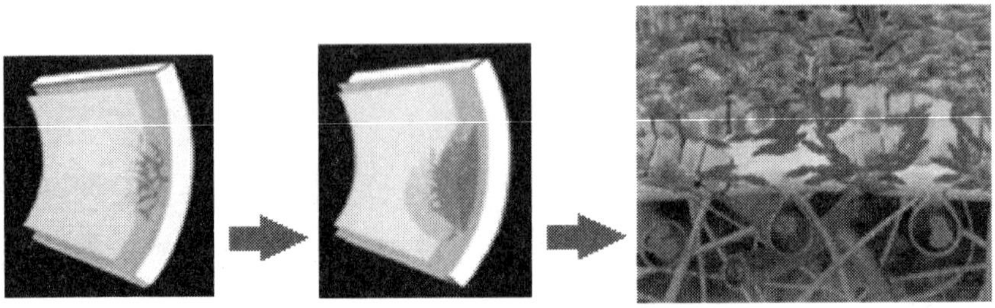

정상신생혈관 손상된 황반

(3) 혈관 누출로 인한 상처

따라서 연령관련 황반변성은 시력장애 및 실명으로 인해 각 개인 환자의 정서 상태와 사회생활, 삶의 질에 큰 영향을 끼칠 뿐 아니라, 이로 인한 사회전체의 경제적, 사회적 손실은 매우 크다고 하겠다.

(4) 환자가 느끼는 증상

황반변성의 초기에는 글자체나 직선이 흔들려 보이거나 굽어져 보이고, 결국에는 단어를 읽을 때 글자의 공백이 보이거나, 그림을 볼 때 어느 부분이 지워진 것처럼 보이지 않는 증상(시야 중심부에 맹점이 나타남)을 경험한다. 자신은 바라보고 있으나 아무 것도 눈에 들어오지 않을 때의 그 당혹감은 이루 말할 수 없을 것이다.

이 문제는 노인의 섭식 또는 타인과 상호작용 하는데 영향을 줄 수 있다. 노인성 황반변성(senile macular degeneration)을 가진 client는 3-5명의 소그룹으로 프로그램을 운영하는 것이 효과가 있다. 프로그램에서 활동에 어려움이 발생 활 경우 옆의 사람과 공유함으로써 소그룹은 가장 성공적인 배치가 된다.

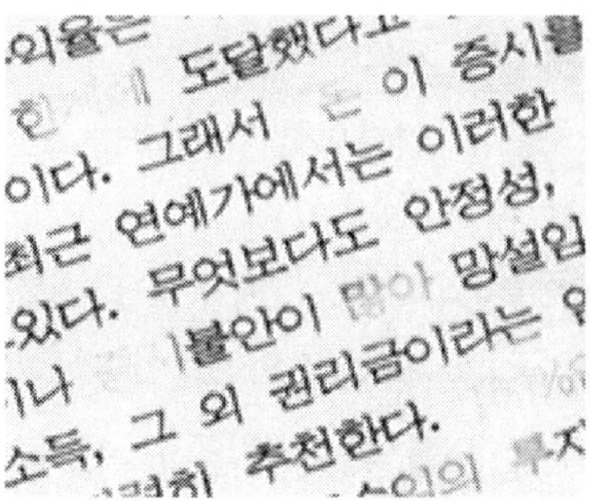

글자의 공백시야

중심부의 맹점

※ 출처 http://www.visudyne.co.kr/fa2.html 인용

노인성 황반변성(senile macular degeneration) 증상을 보이는 어르신에게 모서리위의 밝은 색깔을 가진 크고 세워진 활동판의 사용은 client 개인을 위해 개발해야 한다. 예를 들어, 만약 개인이 놀이를 직접적인 참여를 좋아한다면 활동판은 client 가까운 부분에 설치할 수 있다. 빼는 카드는 테이블 왼쪽 또는 오른쪽에 위치해야 한다. 또한 주사위는 큰 것을 사용하는 것이 도움이 될 것이다.

녹내장(glaucoma)은 노인의 시력에 영향을 미치는 질병이다. 처음에는 별다른 눈의 증상이 없이 두통, 메스꺼움 등이 계속되다가 시야가 점점 좁아지면서 몸의 균형을 유지하지 못하게 되고, 결국 실명에 이르게 된다. 치료사가 활동의 변형을 많이 하여 적용하더라도 순환활동과 같은 활동에는 어려움이 있어 좌절하기도 한다. client에게 근접하여 서로 직면하게 하는 것이 더 좋을 것이다. 만약 조명이 밝고 큰 사물 및 질감을 가진 사물을 사용하면 client에게 적용하는데 효과적이다. 예를 들면, 김순임 어르신이다. 그녀는 손자들이 방문했을 때 손자들과 함께 도미노게임을 하는 것을 좋아한다. 불행하게도 그녀의 녹내장은 더욱 나빠졌고, 그녀는 어두운 곳에서 작은 조각을 볼 수가 없었다. 레크리에이션 치료사는 최근 남성 DIY 목공동아리 회원과 함께 다양한 시각 손상 client를 위해 큰 사이즈 도미노를 만들었다. 또한 이 도미노를 이용하여 시각 손상이 있는 client를 위한 프로그램을 기획했다. 제작된 도미노는 크기가 크고 밝은 색을 지녔으며 나무결이 도드라졌다. client에게 시각, 촉각적인 도움을 줄 수 있도록 만들어졌다. 그 결과 김순임 어르신은 손자들과 함께 주말에 도미노게임을 성공적으로 다시 시작할 수 있었다.

백내장(cataract)은 시각부분이 전체적으로 흐릿하다. 백내장을 가진 개인은 밝기가 어운 곳에서 거리의 판별과 보는 능력이 감소한다. 아주 밝은 곳에서는 표면이 반사되는 것 또한 문제이다. 예를 들어, 김동수 어르신은 언제나 요리그룹 활동을 즐겼다. client는 주방에 처음 들어 왔을 때 밝은 테이블의 반사의 빛으로 인하여 불안과 두려움을 보였다. 커튼을 닫는 간단한 방법으로 반사의 빛을 제거하여 이 문제는 해결되었다. 또 다른 해결책은 자연일광을 차단하는 것 보다 면으로 된 테이블 천으로 눈부심을 막는 방법이 효과적이다.

시각적 손실로 인한 결과로 ① 일반적인 시각적 예민함 ② 주변 시력 ③ 거리판단능력 ④ 반사가 일어날 때 밝은 빛을 볼 수 있는 능력 ⑤ 어두운 밝기에서 볼 수 있는 능력 ⑥ 색깔을 구분하는 능력(특히 파랑과 초록) ⑦ 어둠에 적응하는 능력이 감소하게 된다.

2) 개입 전략

전략의 대부분은 시각 손실을 가진 client에게 공통의 감각접근에 기초하는 레크리에이션 치료사에 의해 사용되었다.

① 인사를 할 때 client를 놀라게 하는 것을 피해야 한다.
② 눈부심이 많은 곳에서는 활동계획을 세우지 않는다. 특히 완충된 바닥과 테이블 위를 유의한다.
③ 만약 프로그램이 야외에서 제공된다면, client에게 꼭 챙이 있는 모자와 선글라스를 준다.
④ 프로그램공간으로 들어갈 때나 활동을 시작하기 전에 client의 시력조절을 위한 시간을 언제나 주어야 한다.
⑤ client의 얼굴에 빛이 바로 투사하지 않도록 위치를 설정하여야 한다.
⑥ 시각 손상을 가진 client를 위해 재료를 글자로 써서 제공할 때에는 높이와 두께를 client에게 적합한 것을 사용한다. 이름표, 신문, 표지, 계획표 등 모든 것에 반영해야 한다.

6. 감정/행동 및 심리사회적 안녕에 따른 개입

나이가 들어가는 것은 노화현상을 통한 손실에 맞서는 것이라 할 수 있다. 사람에게는 친구가 죽을지 모르고, 가족이 이동할지 모르고, 자신의 건강이 나빠질지 모르고, 재정에 문제가 올수 있는 것처럼 보일지 모른다. 이들 사건의 어떤 것이라도 깊은 슬픔을 가져오는 자극이 될 수 있고, 우울증이 올수 있다.

1) 감정과 행동 양식

(1) 우울(Depression)

우울증(depression)은 치매노인을 자주 혼란스럽게 한다. 우울은 불행, 비관, 자기비하를 초래하는 정서적 질병이다. 이것은 내부갈등과 신원미상의 사건-예를 들면, 중요한 어떤 것과 사람을 잃는- 때문일지 모른다. 치매를 가진 client 또한 우울증을 가지고 있다.

노년기에는 여러 가지 상실을 경험하게 된다. 신체적 질병, 사회적 지위와 역할의 상실, 경제적 능력의 저하, 가까운 사람의 사망 등과 같은 다양한 상실 경험을 하기 때문에 노년기에는 우울증이 나타날 가능성이 높다. 우울증 주요 증상 및 특징을 살펴보면 다음과 같다.

① 우울증은 노인에게 나타나는 정신장애 중에서 가장 흔한 것이며, 우울과 슬픔, 자기 가치감의 상실, 의욕 및 동기의 저하, 피로감 등이 주요증상이다.

② 노년기 우울증은 젊은 사람들의 우울증에서보다 수면장애가 더 많이 나타나고 신체 증상의 호소와 초조감을 드러내는 경우가 더 많고, 죄책감이나 적대감과 자살사고가 적은 대신, 운동기능의 지체와 체중감소가 더 많고, 주의집중력과 기억력 등 인지기능의 저하를 호소하는 경우가 많다.

③ 노년기 우울증은 드러나는 증상이 초기의 치매증상과 유사하여 이를 진단하여 구분하는 것에 주의를 기울여야 한다(우울증 환자들은 우울한 기분이나 비관적 사고를 직접 보고하고, 기억장애를 더 많이 호소하고, 문제해결을 포기하거나 누락하는 양상을 더 많이 보이고 회복가능성이 높은 반면, 치매 환자들은 이를 인식하거나 표현하지 못하는 경향이 있고, 인지적 결함을 감추려하거나 기억장애를 가졌는지 조차 인식하지 못하고 있다).

④ 우울증은 대개 동기, 식욕, 수면, 성욕 등을 포함한다.

⑤ 우울증을 가진 client들은 에너지 감소, 사고의 어려움, 자살 또는 죽음의 순환을 나타낼지 모른다. 혼란, 우울한 기분 그리고 무가치감과 죄책감은 다른 증상이다. 우울증은 일반적으로 일주일 또는 한 달간 지속된다. 우울증을 가진 client는 약간의 약으로 우울한 증상을 덜 수 있다.

활동은 자기존중감과 상호작용의 증진을 구조화해야 한다. 게다가 일부 조사는 신체적 활동이 정서장애의 영향을 미친다는 연구가 보고되고 있다. client들은 움직임을 경험하는 프로그램을 통해 건강 증진에 효과를 얻을 수 있다. 산책 프로그램은 효과가 증명된 활동의 예이다. 임파워먼트의 초점은 우울 또는 학습된 무기력을 가진 사람들을 위해 효과적이다.

대부분의 client들은 슬픔 또는 우울을 경험할 것이다. 이것은 우울증과 다르다. client들은 기능의 손실, 공포 또는 고독 맞서기에 노력할지 모른다.

치료사는 client가 말하고 판단하는데 귀찮아한다면 그들을 주의 깊게 관찰하여야 한다. 치료사 또는 자원봉사자는 client 건강을 위해 정기적인 방문을 하여야 한다. 자원봉사자는 client의 행동을 관찰하고 지역사회에 참여를 도우며 자아존중감을 증진시키는데 기여할 수 있다. 레크리에이션 치료사는 이 슬픔과 고독감이 주말이나 휴일에 더 나빠질 수 있다는 것을 기억해야 한다.

가. Client들에게 동기를 부여하라.

Miller와 Rollnick(1991)는 '준비된 상태 또는 변화의 열망'으로서 동기를 정의했다(p.14). Prochaska와 DiClemente(1982)는 문제에 대처하는 사람들을 돕기 위해 동기부여에서 각각의 6개 주요한 전략을 기술했다.

① 부정(precontemplation)

이 단계에서 사람의 욕망의 변화는 없다. client는 어떤 문제의 인식 또는 욕구의 변화를 가지고 있지 않다. 예를 들어, client는 그녀 방에 머물거나 아무것도 하지 않는 것을 좋아할지 모른다. 그녀는 단지 앉아있는 것과 벽을 응시하는 것을 좋아할지 모르고, 심지어 죽는 것을 바랄지도 모른다. 그녀는 그런 태도에 만족하는 것으로 보인다.

Prochaska와 DiClemente(1982)는 'client가 문제의 자각과 변화의 가능성을 높이는 것'에 대해 정보와 피드백을 줄 것을 제안했다. 그러나 치료사는 암시 또는 충고를 주지 않아야 한다. 'Mary, 당신은 여기 앉아있는 모습이 매우 슬프고 외로워 보인다.'라고 피드백을 위해 말할지도 모른다. 또는 'Mary, 밖에 나가서 활동하는 client가 아무것도 하지 않는 client들보다 더 행복해 보여요.'와 같은 정보를 줄 수 있다. 피드백과 정보는 치료사가 client에게 강화를 증진시킬 수 있는 주제의 내용으로 다양하게 전달해야 한다.

② 탐색(contemplation)

이 단계에서 client는 약간의 문제 자각과 생각의 변화를 가지고 있다. 대개 문제와 변화 수용의 찬반사이에서 갈등을 하게 된다. 예를 들어, client는 '나는 내 방에 있는 것이 슬프고 외롭다. 그러나 나는 밖으로 나가 다른 client들과 있는 것을 원하지 않는다. 나는 내가 원하면 내 방에 머무를 수 있다. 만약 내가 나간다면 나는 그 사람들과 있는 것을 좋아하지 않을지 모른다. 그러나 만약 내가 여기 머문다면 나는 기분 나쁠 것이다'라고 생각할지 모른다.

치료사는 그녀 마음에서 일어나는 논쟁을 말로 표현하고, 정확한 측면을 강화하도록 행동을 제안해야 한다.

③ 결정(determination)

이 단계는 'client가 원하면 일정 기간 동안 열리는 기회의 창문'을 제공한다. client는 그녀 밖에서 활동을 시도하는 것과 같은 문제에 대하여 어떤 것을 결정할지 모른다. 치료사의 과제는 client가 성공과 즐거움을 주는 활동을 발견하도록 돕는 것이다. 만약 client가 적절한 활동을 발견하는데 실패한다면, 그녀는 탐색의 단계로 돌아갈지도 모른다.

④ 행동

이 단계에서 client는 변화를 만드는 어떤 활동을 실제로 한다. 치료사는 client의 활동에서 성공을 보장할 특히 활동의 계획과 실행 등에 필요한 지원을 많이 제공해야 한다.

⑤ 유지

이 단계에서는 새로운 활동을 시작한 사람은 그것을 지속한다. 치료사는 활동 유지를 위하여 client의 욕구를 구체화해야 한다. 예를 들어, client는 이동의 지원 또는 새로운 기술을 배우는데 도움을 필요로 할지 모른다.

⑥ 재발(relapse)

일시적으로 활동이 중지되는 동안 client가 퇴보할 수 있다. 새로운 활동은 언제나 원하는 결과를 가져다주지 않는 경우도 있다. 치료사는 client가 문제해결의 또 다른 방법을 발견하도록 하는 격려에 의해 client를 지원해야 한다. 목적은 '사람의 실망과 사기 저하를 피하고, 사고 변화의 지속, 결정보완 그리고 활동의 시작과 노력의 유지를 돕는 것'이다. 예를 들어, 치료사는 그녀가 그녀 방을 나와 더 큰 즐거움과 동기를 제공하는 새로운 기술을 선택하도록 client를 돕는 것이다.

나. 기타 프로그램 아이디어

'삶 되돌아보기' 프로그램은 때때로 가벼운 우울을 가진 client를 위해 영향을 미친다. 과거 경험을 되돌아보는 것은 인간본성의 핵심이다(Butler, 1962).

광범위한 자기소개 작업을 통한 자기반성(self-reflection)은 그들 인생의 재평가와 재구조에 도움을 줄 수 있다. 이 프로그램은 일부 노인을 위한 치료적 효과와 만족을 제공할지도 모른다. 그러나 이것은 또한 다른 사람을 위한 절망을 재개할 수도 있다. 치료사는 일부 client가 슬픔과 고통의 느낌을 경험할 것을 주의해야 한다.

세대사이의 프로그램은 노화에 대해 어린이와의 만남을 통해 배울 수도 있고, client에게 인생의 경험을 나눌 수 있는 장이 될 수도 있다. 아이와 함께하는 프로그램은 때때로 소극적이고 우울한 상황이 발생할 수도 있다.

다. 귀인과 우울

우울을 가진 노인들과의 프로그램에서 중요한 개념은 임파워먼트 과정이다. 치료사의 역할은 client가 성공 또는 실패를 위한 명확한 귀인을 인지할 수 있도록 도와주는 것을 의미한다. 활동에서 사람이 성공 또는 실패를 할 때, client는 언제나 그것을 위한 귀인을 만들거나 또는 이유를 설명하려 한다. 가능한 귀인의 유형은 4가지-능력, 노력, 과제의 어려움, 행운-이다.

예를 들어, client는 자신에 대해 이렇게 말할지 모른다.

① 나는 그것을 잘하지 못하기 때문에 게임에서 졌다(능력).

② 나는 노력하지 않았기 때문에 게임에서 졌다(노력).

③ 나는 그것이 너무 어려웠기 때문에 게임에서 졌다(과제의 어려움).

④ 나는 운이 없었기 때문에 게임에서 졌다(행운).

일반적으로 건강한 사람들은 성공의 원인이 능력 또는 노력에 있다고 생각한다. 우울을 가진 사람들은 그들의 성공의 원인을 행운이라고 생각한다. client들에게 성공은 '내 자신의 능력이나 노력에 있다'고 임파워먼트를 사용하는 것이 중요하다. client는 내부의 어떤 것 때문에 그것이 일어난다는 것이 내부적 귀인이다. 내부적 귀인은 client가 통제를 가지고 있는 어떤 것이다. 내부적 귀인은 성격, 능력, 동기 등에 그 원인이 있다고 믿는다. 따라서 client는 새로운 기술을 증진하고 어려운 것을 시도할 수 있다. 만약 client는 성공을 운이라고 여긴다면, 이것은 외부적 귀인(환경, 타인, 행운, 우연 등의 탓으로 간주)이기 때문에 매우 유해하다. 이것은 그녀의 통제가 가능할 수 없다. 만약 client가 활동을 실패한다면, 치료사는 노력을 더하도록 격려해야 하고, 그녀의 능력을 향상하는 기술을 증진하도록 그녀를 도와야 한다. 또한 성공이 보장되도록 과제의 어려움을 낮춰 성취감을 통하여 동기를 갖도록 한다.

귀인이론은 또한 client를 위한 활동을 계획할 때 도움을 준다. 치료사는 능력과 노력에 기초한 활동을 선택해야 하고, 활동은 과제의 어려움을 client 상황에 맞추어 제시하여야 한다. 행운을 기반으로 하는 프로그램은 프로그램 결과에 따라 client가 통제 하는데 어려움이 따를 수 있다. 즉, 빙고는 행운에 기초한 프로그램이다. 성공은 단지 행운이 원인이 될 수 있고, client가 통제할 수 없는 외부적 힘이다. 대신에 치료사는 명확함과 관련될 수 있는 활동을 선택해야 하고, 성공했을 때 내부적 귀인이 통제된다. 일부 예는 카드게임, 풀, 다트, 볼링 등의 활동이 포함된다.

2) 인지 손상, 정서 장애, 행동 문제 그리고 치료레크리에이션

인지적 손상, 정서장애, 행동문제를 가진 노인에게 치료레크리에이션 활동참여가 노년학 전문가로부터 효과성 검증에 대해 토론을 하고 있다. 이러한 토론은 노인 치료레크리에이션 기술을 유지하도록 돕는 자극을 제공한다. 저자는 치료레크리에이션이 인지적 손상, 정서장애, 행동문제, 혼동을 가진 client들을 위한 선택의 치료에 가능성을 가지고 있다고 믿었다.

움직일 수 있는 적절한 운동, 자극 그리고 활동은 기능 증진과 불안을 감소할 수 있다. 긍정적 여가경험은 서로의 관계를 회복시켜줌으로써 의사소통에 원활하도록 돕는다. 만약 치료레크리에이션 동안에 도전과 흥미의 과제가 제공된다면, client는 성공을 경험할 수도 있고 실패, 고독 그리고 불안의 경험을 할 수도 있다. client를 위한 치료레크리에이션 프로그램은 다른 client에게도 긍정적인 영향을 미칠 수 있다. 한 client가 불안을 느낄 때 주위의 모든 사람이 경험할 수 있다.

(1) 흥분(agitation)은 무엇인가?

흥분(agitation)은 큰소리로 나타날 수 있고, 반복적 요청 또는 어떤 목적에도 맞지 않는 움직임, 파괴적인 행동으로서 나타날 수 있다. 공격적 행동은 흥분(agitation)보다 더욱 구체적이고, 자신 또는 타인에게 해를 초래하는 언어적 또는 신체적 행동이라 볼 수 있다. 이 행동들은 치매증상을 가진 client를 위한 삶의 질에 깊은 영향을 가지고 있다. 홍분(agitation)은 client가 프로그램 관리, 활동 및 사회적 상호작용을 차단하는 방법으로 사용되기도 한다.

(2) 무엇이 흥분(agitation)을 초래하는가?

홍분(agitation)의 원인에 대해서는 거의 알려져 있지 않다. 연구자들은 홍분(agitation)된 행동이 client들의 병에 영향을 미치고 증상을 악화 시킨다는 것을 알고 있다. 홍분(agitation)의 상태는 ㉠ 운동, 자극 또는 행동의 부족 ㉡ 외로움 ㉢ 우울 ㉣ 일상의 활동에 지원 필요 ㉤ 억제하기 등을 포함한다. 일부 노년학자들은 client가 하루 중 아침과 초저녁시간에, 특히 인지적으로 손상된 client가 더 많이 홍분(agitation)된 것으로 보았다.

client를 위해 너무 쉽거나 너무 어려운 활동과 과제는 더욱 실패와 홍분(agitation)으로 이끌지 모른다.

(3) 무엇을 할 수 있는가?

치료레크리에이션 전문가는 장기요양시설 client들의 홍분(agitation)을 줄이는 역할을 할 수 있다. 프로그램으로부터 client를 배제하는 대신에 원인으로서 문제 행동을 바라보고, 치료사는 client의 욕구에 더욱 충족되는 활동을 개발해야 한다.

client의 홍분(agitation)된 행동의 중요한 생물학적 원인에 대해 인지해야 한다. 홍분(agitation)을 위한 의학적 원인에 대하여 소홀히 다룬 경우가 많았다. 다음은 치료적 접근을 위한 레크리에이션 치료사의 지침을 소개하고자 한다.

① 좋은 라포(rapport) 관계를 통하여 온화한 치료적 관계 형성 및 client와의 의사소통의 증진을 촉진시킨다.
② client의 개인적 공간을 고려한다. 홍분(agitation)된 개인은 바로 밀접하게 접근되어서는 안 되고 또는 혼잡한 활동 지역에 위치해도 안 된다.

③ 홍분(agitation)된 개인의 참여를 지지한다. 스텝은 client의 개인 접근을 통한 조용한 어투로 의사소통을 지원하여야 한다.

④ 명료하고, 가장 단순한 과제를 위해 명확한 지시를 준다. 홍분(agitation)된 개인은 적합한 응답 결정에 어려움을 가질지 모른다.

⑤ 편안한 위치결정, 마사지 그리고 자유로운 이동이 허락되는 소그룹 활동을 사용한다.

⑥ 충분한 휴식, 수면 그리고 이완을 증진한다. 감각 공기매트치료 작업은 치매 client를 위해 적합하다.

⑦ 활동 적용에 일관성이 있어야 한다. 신체적 그리고 사회적 환경의 낮은 자극을 제공한다.

⑧ 통제감, 책임감 그리고 유용성을 개인이 유지하도록 돕는 구조화된 프로그램을 제공한다.

⑨ 기술수준과 개인의 지구력 수준이 일치되는 활동과제를 구조화한다.

⑩ 홍분(agitation)된 개인을 위해 그들이 불안하거나 외로울 때 적용할 수 있는 프로그램을 미리 준비한다. 치료프로그램은 일상생활의 스케줄 안에서 지루함의 시간을 줄여주기에 적합하여야 한다.

⑪ 힘, 유연성, 지구력을 제공하는 간단한 신체적 활동을 디자인한다.

⑫ 프로그램을 위해 환경변화를 최소화하고, 산책과 나들이를 위한 환경을 적절히 통제한다. 여가 휴게실처럼 사용될 수 있는 공간을 개발한다.

3) 심리사회적 안녕

레크리에이션 치료사는 심리사회적 안녕이 포함되는 영역에서 client를 지원해야 한다. 유능한 레크리에이션 치료사는 구조화된 여가시간활동 안에 client의 포함을 촉진하는 포괄적 케어를 할 것이고, 다른 사람과의 관계 속에서 client를 지원할 것이다. 레크리에이션 치료사는 또한 과거역할을 수행할 수 있게 하거나 맞서는 것을 도울 수 있다. 예를 들어, 박순희 어르신은 성인생활의 대부분을 초등학교 교사와 가정교사로서 아이들과 함께 일하면서 보냈다. 그녀는 더 이상 아이들을 가르칠 수 없게 되어 지금 슬픔과 공허감을 느낀다. 그녀는 그녀의 룸메이트를 포함한 다른 client들과 심각한 대립을 갖고 있는 상황에 대해서 몹시 화가 났다. 레크리에이션 치료사는 박순희 어르신에게 1주에 몇 회, 읽기에 어려움이 있는 3학년 어린이를 위한 읽기교육을 할 수 있는 방과 후 지도 프로그램을 개발했다. 그녀는 소속감을 다시 얻었고, 분노행동은 곧 사라졌다.

(1) 가족방문, 치매 그리고 레크리에이션 치료

가족구성원과의 일정치 않은 관계는 요양시설 client들의 문제가 될 수 있다. 일부 치매 client의 가족은 해결하는데 많은 어려움이 되곤 한다.

방문이 부정적 경험이 되지 않기 위하여 친구와 친척은 종종 방문하기 전 지지와 교육을 필요로 한다. 치료레크리에이션 전문가는 긍정적 가족방문의 촉진 위해 중요한 역할을 할 수 있다. 종종 방문자가 도착했을 때, client는 휠체어 없이 급히 방문실로 간다. 치매를 가진 노인은 무엇을 할지 모르는 불편한 방문자와 낯선 방에 위치하게 된다.

다음의 가족방문 시 활용할 수 있는 추천항목이다.

① 방문은 요양시설 근처로 걷거나 산책을 위해 관리된 환경을 가진 익숙한 공간에서 이루어져야 한다.

② 레크리에이션 치료사 또는 사회복지사는 요양시설의 제안된 범위 안에서 방문자를 지원해야 하고 치매를 가진 노인을 포함하는 활동을 위한 도구를 지원해야 한다. 방문이 거의 완료되었을 때 전체 그룹은 단위활동 프로그램에 참여해야 한다. 가족은 client를 포함하여 한 번에 따로따로 떠난다.

③ 활동들은 개인의 흥미와 일치해야 하고, 전반적인 운동의 움직임, 자극적 감각 시스템의 반복을 위한 허락, 통제감을 위한 허락, 장기기억의 사용, 만들기 등이 허락되어야 한다. 예를 들면, 꽃이나 나뭇잎 수집을 위

한 산책, 동물 기르기, 아이와 공놀이하기, 가족앨범 감상하기, 옷 개기, 카드를 섞고 나누기, 표면을 씻는 것, 칠판에 글씨 / 그림 그리기와 지우기, 쿠키반죽의 그릇 휘젓기, 그리고 팝콘 한 묶음 흔들기를 포함한다.

④ 만약 개인이 흥분(agitation)된다면 client의 참석을 다시 지시한다. 오직 한사람이 client 눈높이에서 말을 조용하게 해야 한다. 너무 많은 사람들이 개입을 시도하면 상황을 더 나쁘게 만든다. 노인이 받고 있는 자극을 단순화하고 재구성할 필요가 있다.

7. 신체적 이슈와 개입

1) 신체적 기능과 구조적 문제들

(1) 낙상예방을 위한 치료레크리에이션

모든 건강관리 전문가들은 낙상과 관련된 위험을 자각해야 하고, 어떻게 예방할 수 있는지 알아야 한다. 이것은 특히 낙상의 공포 때문에 레크리에이션 치료와 관련된 여가의 중요한 제약이 될 수 있다.

낙상예방 레크리에이션 치료 프로그램은 프로그램을 구성하고 스텝이 돌보는 client들과 함께 환경 안에서 다루어져야 한다.

① 누가? : 부족한 균형, 감각손실, 불안정한 걸음걸이 또는 인지적 손상을 가진 client가 대상이다. 만약 client가 한 달에 2번의 낙상을 가졌다면 그는 낙상예방 프로그램을 위해 즉시 평가되어야 한다.

② 무엇? : 노인을 건강 예방을 위하여 낙상예방 프로그램이 필요하다는 것은 모든 스텝의 공통적인 인식이다. 이 프로그램은 모든 활동영역을 안전하게 만들고, client의 운동기술을 강화한다. 낙상예방 운동 그룹, 아침 또는 저녁 산책 프로그램 그리고 균형촉진은 모든 것을 포함하는 활동이다.

③ 어디? : 대부분의 client 낙상은 왕래가 빈번한 지역에서 발생한다. 낙상은 침실에서 가장 자주 발생하고, 욕실, 거실, 주방이 그 뒤를 따른다. 프로그램 참여 노인은 자주 낙상의 경험이 있거나 빈번한 낙상의 광경을 보일 때이다.

④ 언제? : 각 client마다 다르다. 치료사는 프로그램안의 각 client를 위해 낙상경험의 보고서로 평가해야 한다. 낙상기록보고서는 client의 낙상이 일어났던 시간과 장소를 자세히 기록되어야 한다. client가 낙상에 '위험에 처해있다'라고 판단되면 낙상예방 프로그램을 통하여 적응력이 향상될 때까지 프로그램은 지속적으로 진행되어야 한다.

⑤ 왜? : 낙상은 노인의 사망과 부상을 이끈다. 해마다 많은 어르신이 골반골절을 경험한다. 골절의 대다수는 예방할 수 있다. 덧붙여 낙상과 낙상의 공포는 노인을 위한 여가의 중요 제약이다.

가. client의 낙상 예방하기

낙상을 예방하기 위한 치료레크리에이션 전문가의 가장 좋은 방법은 각 client의 구체적인 기능을 인지하는 것이고, 기능의 변화에 민감하게 관찰하고 경계하는 것이다(focus on feriatric care and rehabilitation, 1987). 신체적 기능은 매일 매일 걷는 모습의 관찰을 통해서도 판단이 가능하다. 예를 들어, 일부 client는 낮 동안 독립적인 활동이 가능하나 밤에는 정서적인 불안이 일어날 겨우 낙상의 우려됨으로 조심하여야 한다. 다른 사람들은 밤을 통해 편안히 잠들지 모르나 침대 밖으로 나왔을 때, 낙상할 경향이 있다. 낙상기록보고서는 이 정보를 자세히 기록하여야 한다.

치료사는 다른 스텝 일원에게 어떤 관찰이라도 의사소통해야 한다. client들은 일상생활을 시설의 일정과 요구에 따라 구조화된 시스템을 따른다. 이 구조화된 일정에 따라 요양보호사의 케어를 따른다면 낙상예방을 높일 수 있다. 시설의 스케줄을 치료사와 스텝의 정보공유를 통하여 많은 낙상을 예방할 수 있다.

깔개를 흩어 놓거나, 가구 옮기기 또는 프로그램 공간에서 위험한 장애물 같은 환경적 장애물로부터 보호해야 한다. 만약 client가 실금, 토하는 경우, 침이 뱉어져 있다면 그 장소는 즉시 깨끗하게 해야 한다. 빛은 눈부시게 만드는 것 없이 적절해야 한다. 밤에 client의 방에 어두운 빛으로 조명을 켜 놓는다면 흥분(agitation)을 줄이는데 도움을 줄수 있다.

만약 client가 현기증 또는 허약을 호소한다면, 치료사의 지도에 따라 방으로 돌아가 침대에 눕히고 이 상황을 간호사에게 알려야 한다. 흥분(agitation)하거나 욕을 퍼붓는 client는 그 원인을 파악하기 위해 치료사는 client와 머물러야 하며 client를 안심시키고 보호해야 한다.

client가 낙상했을 때, 낙상에 대한 정해진 응급 대응 방법의 과정을 따라야 한다. 또한 심각한 부상이 우려 될 경우 응급 의료진의 처치가 있기 전까지는 움직이지 않게 해야 한다. 골반 부상(고통)은 낙상의 공통적인 결과이다. client가 골절할 경우에는 고통에 대한 통증이 점점 증가할 수 있다.

의식이 없거나 또는 흥분(agitation)의 증가는 머리부상을 나타낼 수 있다. client는 치료사가 안심시키는 동안 머리, 팔, 다리 그리고 골반위의 멍과 베인 곳을 위해 검사를 받아야 한다.

치료사는 client가 안전하게 옮겨질 때까지 client와 함께 머물러야 한다. 즉시 옮길 수 없는 client는 담요로 덮어야 한다(focus on feriatric care and rehabilitation, 1987).

나. 낙상 경계

뇌졸중과 같은 확실한 진단 범주에 속하는 증상은 낙상 가능성이 크다고 볼 수 있다. 치료사는 특히 다음의 어떤 의학적 상태-파킨슨병, 뇌졸중, 치매(인지적 손상), 두개외 혈관질환(extracranial artery disease), 심장병(cardiac disease), 탈수증(dehydration), 잠재출혈(occult bleeding), 고혈압(hypotension), 또는 발의 문제들-를 가지고 있는 client를 경계해야 한다.

낙상의 결과를 가져오는 다른 건강관련 문제들은 향정신성 약의 사용, 실금,

홍분(agitation) 그리고 일어나거나 이동했을 때 어려움을 포함하고, 일반적인 운동력과 힘을 감소시킨다.

마지막으로 낙상과 관련된 구체적 환경 요소-반질반질한 바닥, 맞지 않는 신발, 불안정한 가구, 흔들기 쉬운 침대 또는 휠체어, 부적절한 조명, 느슨한 깔개, 목욕/화장실을 위한 적절한 도구의 부족, 지나치게 어지러짐과 환경 안에서의 혼란 그리고 계단 넘기-들을 보여준다.

모든 레크리에이션 치료 프로그램은 위험요소를 정기적으로 점검하고 살펴야 한다.

다. 위험 요소와 개입

낙상의 높은 위험을 가지고 있는 client는 일반적으로 전신성 질병을 가지고 있거나, 시간 중 휠체어를 사용하고, 새로 시설에 입소한 경우 그리고 많은 약물을 투약하는 75세 이상의 어르신들이 많다. 그들은 홍분(agitation)되고, 충동적 또는 치매증상을 가지고 있을지 모른다. 또한, 허약하고, 느리고 불안정하게 이동하고 그리고 대개 낙상의 경험을 가지고 있다. 이들 client들은 이동하여 걸을 때나 옮겨질 때 또는 욕실에 있을 때 지속적인 감독이 필요하고, 감각운동 활동을 통한 지구력과 힘을 기를 기회를 주어야 한다. 또한, 환경과 일상에 익숙해지게 되는 기회 그리고 눈부심, 어질러짐, 느슨한 깔개 그리고 불안정한 가구에서 자유로운 환경이 필요하다.

적당한 위험을 고려한 활동 즉 치료과정 후, 매일의 활동 동안, 무엇인가 가져 올 때, 야간 배변 등은 client들의 기능에 도움을 줄 수 있다. 이들 client를 위해 특별한 시간에 지원과 케어가 필요하다. 예를 들어, 스텝구성원과의 의사소통, 위험수준의 변화를 위한 사정(assessment), 지원 장치의 사용에 대한 교육, 따라 다니기(일어나기 전 몇 분을 위한 침대 모서리위에 앉기), 치료적 활동을 통한 지구력과 힘을 키울 기회제공 등이 요구된다.

건강한 client들은 가벼운 신체적 손상을 가지고 있을지 모르나 경계하고 조심해야 한다. 그들은 그들의 결손 자각 및 교육과 이해가 가능하다. 이들

client들은 오리엔테이션의 혼란 및 신체적 욕구를 위한 준비와 요구, 낙상위험을 위한 지속적 사정(assessment), 전달 기술, 지원도구, 물건을 나르기 위한 제한, 약의 변화, 그/그녀의 상태가 나빠질 때 주의 깊은 관찰, 치료적 활동을 통해 힘과 지구력을 키울 기회가 요구된다.

라. client 목적과 관련된 낙상예방 프로그램

① client A는 지구력 향상을 위해 6주 동안 주 3회 아침 산책그룹에 참여할 수 있다.
② client B는 힘, 유연성, 균형 향상을 위해 주에 2회 20분간 운동할 수 있다.
③ client C는 매달 테스트를 통해 증거로 힘과 유연성의 향상을 증명할 수 있다.
④ 근력 테스트에서 2.5파운드에서 4파운드까지 힘을 향상시킬 수 있다.
  a. 근력 테스트에서 2.5파운드에서 4파운드까지 힘을 향상시킬 수 있다.
  b. MWBT에서 7인치에서 10인치까지 유연성을 향상시킬 수 있다.
⑤ client D는 90일 동안 모든 레크리에이션 치료 프로그램에서 독립적인 걸음으로 인해 안전한 보행을 증명할 수 있다.
⑥ client E는 매달 사고보고서에 의한 증거로 낙상으로부터 자유로워질 수 있다.
⑦ client F는 낙상예방 프로그램에서 종결하기 전에 3회기에 독립적으로 30m를 이동할 수 있다.

2) 감각운동 프로그램

이것은 '모든 client는 힘과 지구력을 키울 기회를 제공하는 프로그램이 필요하다'는 위의 기술보다 오히려 쉽게 보인다.

기능을 증진하는 운동프로그램 디자인은 정기적인 스케줄에 포함되어야 한다. 보편적인 운동 프로그램의 적용은 복합적 손상을 가진 client를 위해 충분하지 않다. 그 이유는 각 client는 능력이 다르기 때문이다.

client 욕구에 적합하게 계획된 소그룹 운동은 개인 그리고 모든 client의 개별 간호를 포함한다. 이 운동프로그램은 client가 좋아하는 음악 반주와 함께 계획될 수 있다. 치료사는 각 움직임이 client의 욕구를 해결해 줄 수 있는 활동으로 적용되어야 한다. 일상은 이 지침을 따라야 한다.

가. 기능을 위한 운동

① 힘, 유연성, 지구력 그리고 능력을 위한 각각의 client의 사정(assessment)을 언어로 따르고, 지시를 증명한다.

② 치료사와 함께 운동을 위해 소그룹 활동 방법을 적용하고 각 움직임을 위한 각 client들을 순환한다. 이 운동은 밴드 트레닝의 기본 운동이다. 이것은 개별적 배려를 위해 허용하고, 휴식시간을 만들었다.

③ wrist curls: 운동하는 쪽 팔은 손바닥이 하늘을 향하게 하여 허벅지에 고정하고, 밴드는 같은 쪽 발로 고정한다. 어르신의 발로 고정하는 게 어려우면 의자에 고정시키는 것도 좋다. 밴드를 손으로 잡고 손목으로 당긴다. 어르신의 개별적인 근력을 파악한 후 어르신에게 적당한 탄력이 있는 밴드를 사용한다.

④ wrist extension: 운동하는 쪽 팔은 손등이 하늘을 향하게 하여 허벅지에 고정하고, 밴드는 같은 쪽 발로 고정한다. 어르신의 발로 고정하는 게 어려우면 의자에 고정시키는 것도 좋다. 밴드를 손으로 잡고 손등을 올려 당긴다.

⑤ supination : 운동하는 쪽 팔은 손등이 하늘을 향하게 하여 허벅지에 고정하고, 밴드는 같은 쪽 발로 고정한다. 어르신의 발로 고정하는 게 어려우면 의자에 고정시키는 것도 좋다. 밴드를 손으로 잡고 왼쪽으로 손목을 돌립니다.

⑥ biceps curls : 손 자세에서 밴드는 발로 고정하고, 팔꿈치를 구부려 밴드를 위쪽으로 올린다. 발로 밴드 고정이 어려우면 바닥에 밴드고정 고리

를 설치하여 사용하는 방법도 좋은 예이다.

⑦ triceps extension : 선 자세에서 밴드를 머리 위쪽에 고정하고, 어깨의 수평 높이에서 팔꿈치를 앞쪽으로 밀어 밴드를 당긴다.

⑧ shoulder flexion : 선 자세에서 뒤쪽어깨 높이에 밴드를 고정하고, 팔꿈치를 편 상태에서 어깨를 앞쪽으로 90도까지 올린다.

(출처: http://www.corebody.co.kr 인용)

나. 기타제안들

① 당신의 운동프로그램을 정체하게 하지마라. 음악을 바꾸고 여름에는 야외로 나가거나 프로그램을 위한 도구를 client가 만들어 가지게 한다. 일상의 단계는 client가 얻는 힘과 지도에 따라 어려움의 수준이 증가한다.

② 단순한 힘과 유연성의 획득은 치료사가 client의 전반적 기능수준을 정확하게 판단하여 적용하고 때로는 중단할 수도 있다.

다. 운동도구

stretch 밴드 운동을 위한 넓은 고무줄(세라 밴드)

밸런스 폼 롤러

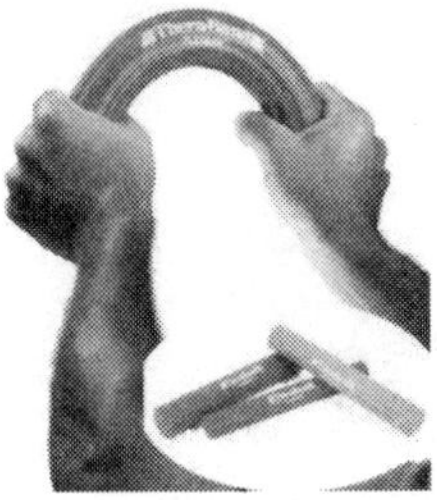

벨 런스 쿠션

플랙스바

짐볼과 밴드를 이용한 운동 도구

요가 운동 매트

※ 출처: http://www.corebody.co.kr 인용

3) 감각 공기 매트를 활용한 치료

운동성 손상의 client와 어르신에게 좋아하는 레크리에이션 활동을 물었을 때 공통적인 반응은 '공기매트 의자에서 나오는 것'이라고 말을 한다. 감각 공기흐름 매트 프로그램을 활용한 방법은 client의 운동성 기능을 돕는 방법이며 많은 치료레크리에이션 목적에 도달하기 위한 방법 중의 하나다.

감각 공기흐름 매트는 어려운 client들에게 움직이는 기회를 허용하는 도구 중 하나이다. 레크리에이션 치료사는 client 목적에 적합한 운동을 위해 치료적 도구를 안전하게 제공할 수 있다. 공기흐름 매트는 비제한적이고, 균형경험을 위해 허용되고, 감각적 자극과 이완 기회를 제공한다.

그림 7-1 공기 감각 매트

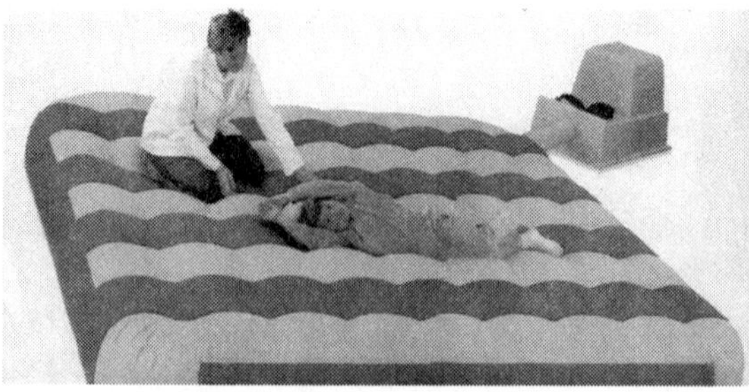

공기흐름 매트위에서 활동을 시작하는 것은 전체적 신체 움직임의 증진, 흥분(agitation) 또는 스트레스 수준 감소 그리고 전반적인 기능 강화의 몇 개의 구체적 영역이다. 감각 공기메트 이미지는 〈그림 7-1〉을 참고한다.

프로그램의 목적은 다음을 포함한다.

① 치료사와 client 사이의 의사소통 연결을 증진할 수 있다.

② 프로그램 안에서 발달상의 움직임의 제공은 일상 활동의 증진을 위한 기초가 될 수 있다.

③ 신체 자각 기술은 client가 공간에서 그/그녀의 적절한 위치를 이해하는 것을 돕는다.

④ 균형감각 또는 풍선을 치거나 또는 전달하는 것 같은 다양한 활동에 참여하는 동안 마음의 평정을 유지하는 능력 증진을 돕는다.

⑤ 전정부과 신경생리학적 자극을 통한 자기수용 과정을 증진한다.

⑥ 전달 또는 이동기술 증진을 돕는다.

⑦ 자신의 통제감과 유능감을 개발한다.

⑧ 혼란의 수준과 스트레스를 감소시킨다.

⑨ 힘, 유연성, 지구력 수준 증진을 돕는다.

4) 레크리에이션 치료의 허약노인 배치

이동성 손상의 client를 어떻게 배치할 것인가의 시나리오는 레크리에이션 치료 목적 프로그램에서 휠체어로 이동하여 참여할 것인지와 활동에 참여하지 않는 것인지에 대한 공통적인 고민이다. client는 종종 프로그램을 참석하지 못하거나 프로그램에서 배제될 수 있다. client 종종 잠들거나 좌절하고 분노를 느낄 수 있다. 사고의 단순한 실수는 'client를 방에 있는 것이 충분하다'고 생각하고 결정내릴 수 있다.

치료사가 client를 프로그램 안에 데려올 때, 처음 해야 할 것은 수용의 분위기와 편안함을 만들어야 한다. 이것은 심리사회적 요소일 뿐만 아니라 생리학의 하나이다. 그것은 활동을 client 배치의 변화를 포함한다. 기분전환을 통해 client가 편안함을 찾도록 돕는다.

가. 휠체어 이동을 위한 조언

- 모든 이동 동안 브레이크 사용
- 오늘 무엇을 할 것인지와 어떻게 도울 것인지에 대해서 client에게 이야기
- 꼭 필요한 곳에 도움을 준다. client에게 가능한 스스로 이동할 수 있도록 지지한다.
- 그녀의 일어서는 것을 도와주기 전에 그녀발의 감각을 인식할 수 있도록 지지한다. 노인은 자주 빈약한 혈액 순환과 하지 운동감각을 가진다.
- client가 이동하고자 하는 방향을 상기시킨다. 그녀는 그녀가 가려는 지점을 바라보아야 한다.

나. 치료사의 안전을 위해

- 등을 세우는 것을 유지하고, 허리를 구부리는 것을 피하기.
- 힘을 위해 다리를 사용하고 올리기.
- 천천히, 절제되게 올리기.
- 굽은 팔과 몸을 밀접하게 유지.

다. 휠체어에서 침대로 이동하기

① 이동하는 것을 client에게 알린다.

② 휠체어를 앞쪽으로 당겨 앉힌 후 휠체어 발판을 세운다.

③ client의 양쪽다리 사이에 케어 제공자는 한 다리를 끼우고 client의 팔을 케어 제공자의 어깨에 걸게 하고 케어 제공자의 손은 client의 허리를 잡는다. 이때 client의 옷을 잡는 것도 도움이 된다.

④ client의 허리에 중심을 두어 환자를 일으켜 세워 방향을 침대 쪽으로 틀어 침대에 앉힌다.

⑤ 양 무릎을 잡아서 침대위에 올리고 둔부를 축으로 회전시켜 상체를 눕힌다.

⑥ client를 중앙으로 옮기고 시트의 주름을 펴서 정돈한다(한국임상사회사업학회, 2006).

라. 침대에서 휠체어로 이동하는 방법

① 상체를 일으켜 앉히고 다리를 측면으로 돌린다.
② client를 침대 측면 가장자리 쪽으로 끌어 앉힌다.
③ 휠체어의 방향은 침대와 평행이 되도록 입구 쪽이 환자를 보게 돌려서 고정시켜 놓는다.
④ client의 양다리 사이에 케어 제공자의 휠체어 반대편 발을 넣고 client의 팔은 케어 제공자의 어깨에 올리게 하고 케어 제공자는 client의 허리를 잡는다.
⑤ 허리에 중심을 두고 client를 세운 후 중심을 다리에 두고 휠체어 방향으로 client를 돌려 세우고 휠체어에 앉힌다.
⑥ client를 뒤쪽으로 당겨 앉히고 휠체어 발판을 펴서 다리를 올려놓고 고정대를 푼다(한국임상사회사업학회, 2006).

마. 제안

① 가능한 client가 직립을 유지하도록 노력한다.
② 기대는 자세는 일시적으로 짧은 시간만 수용한다.
③ 자세변화를 위해
　㉠ 머리와 어깨아래 베개 사용
　㉡ 힙과 무릎을 구부리고 외전(外電)하는 자세
　㉢ 소그룹 작업을 위해 bean bag chair를 사용하여 client가 안전하고 편안하게 활동을 할 수 있도록 한다..

5) 잠재적 비사용 증후군(potential disuse syndrome)

잠재적 비사용 증후군(potential disuse syndrome)이란 처치나 불가피한 부동의 결과로 신체의 합병증 발생가능성이 있는 상태를 말한다.

PDS(potential disuse syndrome)는 개인이 규정된 합병증을 위한 위험 또는 불가피하게 나타나는 증상이다. 잠재된 합병증은 욕창(pressure ulcers), 변비(constipation), 폐분비 울혈(stasis of pulmonary secretions), 혈전형성(thrombus formation), 비뇨기계감염(urinary tract infections), 힘과 지구력 감소, 운동관절범위 감소, 방향감각상실, 무기력과 신체상 혼란(body image disturbance)을 포함한다.

요양시설에서의 레크리에이션 치료사에 의해 제공되는 치료적 프로그램의 대다수는 PDS(potential disuse syndrome)의 합병증을 목적으로 적용할 수 있다. 레크리에이션 치료 사정(assessment)에서 치료사는 client의 위험한 증상을 구체화할 수 있다.

레크리에이션 치료 케어 계획은 다음을 포함해야 한다.

① 이동성에 독립을 촉진하는 계획
② 힘과 지구력을 향상시키는 활동
③ 간단한 선택을 할 기회제공
④ 빈번한 위치변화의 기회제공
⑤ 적절한 자극을 위한 기회제공
⑥ 체중을 유지할 기회제공
⑦ 오리엔테이션을 위한 단서(언어적 그리고 신체적)와 익숙한 환경에서 활동 기회제공
⑧ 각 소그룹 내 일대일 배려의 소그룹 프로그램 제공

다음은 목적의 예이다.

① client 김○○은 MMSS(Mini Mental State Score) 사전 사후검사에 의한 증거로써 규정된 그의 장기요양 기간 전체에 걸쳐 그의 정신기능을 유지할 수 있다.
② client 박00은 각 활동회기 시작하기 전에 치료사로부터의 지도에 따라 침대에서 독립적으로 자세를 취할 수 있다.

③ client 최00는 아침마다 두 가지 선택이 주어질 때 일상 활동에 요구되는 한 가지를 선택할 수 있다.

④ client 박00은 60분의 치료레크리에이션 프로그램동안에 20분을 치료사의 지원으로 자세변화를 할 수 있다.

⑤ client 노00은 감각 그룹 프로그램동안에 2명의 client들과 인사할 수 있다.

⑥ client 윤00은 규정된 장기요양이 끝난 후 4주 동안 낙상의 부상으로부터 자유롭게 지낼 수 있다.

⑦ client 이00은 하루에 여가휴게실 안에서 휠체어에서 등이 곧고 딱딱한 의자로 옮길 때 서고, 체중을 지탱할 수 있다.

⑧ client 한00은 하루에 한번 방에서 레크리에이션 프로그램으로 독립적인 이동을 할 수 있다.

⑨ client 방00은 계절적 레크리에이션 계획을 위한 모임에서 여름동안 그룹 소풍을 위해 두 가지 제안을 할 수 있다.

6) 와상 client를 위한 프로그램

(1) 이동하는 여가 카트를 활용한다. 여가 카트는 책, 잡지, 게임도구, 헤드폰과 음악, 공예와 감각을 촉진할 수 있는 물건 아이템으로 준비한다. 여가 카트의 활용은 훈련된 자원봉사자로 구성하여 기본적으로 다른 프로그램에 참여할 수 없는 client를 방문하여 프로그램의 서비스를 제공한다.

(2) 여가 상자 또는 여가 가방은 client의 욕구와 홍미에 개별적으로 맞추어 준비할 수 있다. 이 상자와 가방은 활동과 자극을 위한 사물로 가득차게 준비한다. client의 과거 생활양식을 이용한 도구를 사용하면 더욱 효과적이라 할 수 있다. 예를 들어, 정원장갑, 스펀지, 뮤직박스, 잡지, 보석, 작은 사진 앨범, 오래된 시계, 지갑을 포함한다. client가 사용한 오래된 지갑은 또한 멋지다. client의 과거로부터 의미 있고 안전한 물건을 샅샅이 찾아서 채운다. 이들은

자신의 자극과 여가시간활동을 찾지 못하는 client들이 이용할 수 있게 해야 한다.

(3) 감각 운동 자극 중심은 유지, 회복 또는 상위 감각의 기본적 기능을 향상시키는데 도움이 된다. 감각운동 Box를 개발하고 디자인할 수 있다. 감각운동 Box는 시각, 청각, 자기수용자극, 촉각의 자극을 촉진할 수 있는 도구를 중심으로 배치한다. 이것은 감각 운동 자극에 영향을 미칠 것이며 client또한 효과를 믿고 적극적 참여에 임할 것이다.

감각적 접근은 와상 어르신에게 생명의 연결고리이다. 손안에는 많은 감각기관이 있다. 자극은 이 감각기관이 client의 통합 감각 수행을 돕는다. 이 행동은 매일의 활동뿐 아니라 많은 레크리에이션 수행을 위해 필요하다. 도구로 발달할 수 있는 기본적 손의 행동은 ① 뻗기-만지기 ② 잡기-밀기 ③ 전환 회전과 나르기 ④ 놓기를 포함한다.

이 치료도구는 싼 재료도 만들 수 있다. 자극박스는 많은 감각기관에 만짐, 압력 그리고 위치감각을 공급한다. 이 자극도구는 client의 흥미 있는 활동을 찾는 것을 허용하고 즉각적 보상을 제공한다. 이 도구는 치료사의 지침이 되거나 또는 client 자신이 원하는 감각 자극을 찾는데 격려할 수 있다.

8. 배설 관리적 개입

요실금은 요양시설 client와 케어 제공자들에게 중요한 문제이다. 요실금은 방광 안의 압력이 요도의 저항보다 클 때 client의지와 상관없이 소변이 배설되는 것을 말한다. 그 원인으로는 노화, 약물의 장기 복용, 스트레스 등이 있다.

긴박요실금(urge incontinence) 원인은 소변기능이 손상된 client가 소변의 필요성을 느낄 경우 배설되는 경우이다. 만약 client가 긴박요실금(urge incontinence)을 가지고 있다면 client는 화장실에 재빨리 가기에 충분하지 못할지도 모르고, 작은 양의 음료수를 마시거나 화장실을 매우 자주 가서 배뇨를 해결할 것이다.

복압성 요실금(stress incontinence)은 재채기, 기침, 또는 웃을 때 소변이 배뇨하는 현상이다. 또한, 어떤 client는 의자에서 일어날 때, 걸을 때, 또는 운동할 때 배뇨되는 증상을 가지고 있을지 모른다.

익류성 요실금(overflow incontinence)은 방광이 가득 차있다고 느낄 때 배뇨되는 현상이다. 이 유형을 가진 client는 화장실을 자주 가거나, 화장실에 오랫동안 머물렀으나 배설하지 못한다.

레크리에이션 치료사는 요실금 진단을 가진 client에게 적합한 프로그램과 기구에 대해서 인지해야 한다. 레크리에이션 치료사는 프로그램동안 화장실에 가고자 하는 client에게 수치심을 갖지 않도록 배려하고 친밀한 배변과정을 가져야 한다. 치료사는 또한 실금에 대한 client의 느낌에 민감해야 하고, 심리사회적 결과를 인지해야 한다.

9. 구강/입 상태와 구강/치아 상태

1) 후각

노화와 함께 냄새를 맡는 능력이 감퇴하는 것의 이유는 많다. 또한, 제1뇌신경(first cranial nerve), 외상(trauma), 종양(tumor)으로 손실을 입거나 또는 후각 신경구에 가까운 감염은 우리 냄새 맡는 능력을 방해할 수 있다(Maloney, 1987). 흡연을 하는 client는 후각손실의 증가를 가진다.

2) 후각을 이용한 개입들

후각은 치료사에게 유용할 수 있다. 역사적으로 응급요원들은 의식을 잃은 사람을 깨우는데, 냄새 맡고 정신 차리게 하는 약을 사용해왔다. 이것은 후각자극사용을 위한 신경학적 기초이다(Ayres, 1978). 후각시스템의 자극은 망상 활성체(reticular activating system)라 불리는 중뇌에서 연결을 이끈다. 이 시스템은 각성을 이끌어오고, 중앙신경시스템은 활성화된다.

자극의 이 유형의 인식에 있어 client의 감정과 기억을 강하게 이끌어 낼 수 있다(Moore, 1976; Farber, 1978). 이것은 개입을 신중하게 계획하고, 반응을 관찰하고, 활동에 따라 수정할 수 있도록 준비하는 것이 중요하다. 단순히 몇 개의 냄새를 통해 client의 증상에 효과를 가져다주는 것은 아니다

예를 들어 영순 어르신과 순희 어르신은 요리활동에서 모든 사람이 음식을 만들어서 시식할 때부터 끝까지 프로그램에 활발히 참여하지 않았다. 양 쪽의 client에게 프로그램 준비단계에 도움을 요청하는데 어려움이 있었다.

영순 어르신은 활기가 없고, 열기, 씻기 또는 재료 썰기의 돕기를 거절했다. 순희 어르신은 정서적 불안을 보였으며 그는 주머니 안에 물건과 재료를 몰래 훔치는 행동도 나타났다. 치료사는 이 두 client에게 새로운 접근을 시도했다. 그녀는 영순 어르신과 순희 어르신을 프로그램 5분전에 데려왔다. 요리그룹 활동을 시작하기 전에 그녀는 자극제로서 계피, 참기름 그리고 바닐라를 사용했다. 영순 어르신은 그의 아이들을 위한 휴일동안의 요리 만들기를 기억했다.

순희 어르신은 유명한 사과머핀과 그것을 만드는데 필요한 모든 재료에 대해서 이야기했다. 두 client는 모두 음식 준비그룹에서 경계하지 않고 더욱더 기꺼이 돕게 되었다. 영순 어르신은 모든 요리활동을 인계받았고, 순희 어르신은 신선한 과일 껍질 벗기기를 즐겼다.

치료프로그램 안에 쉽게 결합되는 다른 자극은 신선한 꽃, 상록수, 신선한 과일 또는 야채이다. 휴가 가까이의 프로그램 전에 귤 껍질을 벗기는 것은 client가 제주도로 여행 갔던 일을 기억하게 도와주는 간단하고 효과적인 방법이다.

효과를 높이기 위해 냄새는 client에 의해 명확하게 인지되어야 한다. 만약 당신의 프로그램동안 불규칙한 호흡이 발생하면 의료진에게 의례하여야 한다. 인공적인 냄새는 일반적으로 자연적이지 않기 때문에 때때로 비위에 거슬리는 재료가 될 수 있다.

3) 미각(Gustatory)

미각의 감지 능력은 40세 이후부터 서서히 감소하다가 60세 후반부터 감소 현상이 증가하고, 70세경에 이르면 심화의 정도가 더욱 높아진다. 특히 나이가 들면서 짠맛과 단맛을 감지하는 기능이 떨어져 젊었을 때보다 음식을 짜게 먹는 경향이 나타나고 단 것을 좋아하게 되며 조미료를 많이 첨가한 진한 음식을 찾게 된다. 단맛의 감각기관은 마지막까지 작용한다. 즉 대부분 노인들은 단 음식을 선호한다. 미각감지 능력의 감소는 대다수 노인들이 식욕을 잃는지 그리고 영양학적으로 부적당한지 설명한다.

레크리에이션 치료사는 식사시간에 일반적인 영양공급과 함께 큰 원조를 할 수 있다. 치료사는 client와 추억을 이야기하면서 먹는 동안 음식의 맛과 씹는 느낌에 대해서 나눌 수 있다. 활동 스텝은 파티를 통해 음식을 준비함으로써 원기회복을 돕는데 활용된다. 이 세팅은 맛 감지능력을 증가시키기 위한 활동 보충으로 중요하다.

치료사는 음식을 포함한 프로그램동안에 구강/치아 상태에 관하여 주의 깊게 살펴봐야 한다. 만약 client가 구강의 어떤 불쾌감이라도 생기거나 구강 상태가 좋지 않을 경우 간호사나 의료진에게 알린다.

10. 피부(Skin) 개입

터치와 자기자극수용(prioception)은 치료적 활동 동안에 중요하게 사용되는 감각이다. 자기자극수용(prioception)은 자신의 움직임과 공간에서의 위치에 대해 자각하는 것이다. 예를 들어, 자기자극수용은(prioception) 운동그룹 활동 동안 그녀가 관절을 묶거나 똑바로 세우는 감각을 client에게 준다.

피부 탄력의 감소는 노인의 감각기관 세포를 적게 터치해서 생기는 현상이라 믿는다. 대다수 노인에게 촉각지각은 다른 기관에 비하여 손상되지 않고 남아있다. 감각접촉은 노인의 자조를 촉진하고, 이전의 흥미를 지속할 수 있으며 새로운 여가기술을 갖는 게 가능하도록 할 수 있다.

기술로서 터치를 사용할 때 다른 어떤 방법보다도 먼저 client에게 주의해야 한다. 예를 들어, client에게 터치하기 전에 바디 랭귀지를 사용하거나, 눈맞춤 등을 통해 허락을 구해야 한다. 또한, 민족관습과 개인의 선택은 반드시 고려되어야 한다. 일부 client가 터치를 갈망하더라도 다른 client는 그것을 받아들이지 않을지 모른다.

터치는 다른 방법들로 사용될 수 있다. 예를 들어, 가벼운 터치는 client를 경고하거나 프로그램의 시작에 사용한다. 껴안는 터치는 평온하거나 위안을 준다. 이것은 종종 통합그룹치료의 마지막 단계 또는 회기의 종결동안에 사용된다. 또 다른 예는 마른수건과 젖은 수건, 사포 블럭과 부드러운 나무 블럭, 굵은 삼베조각과 벨벳조각을 포함한다.

움직임과 활동과제는 노인을 위한 성공적인 프로그램을 이끈다. 최대한의 자기자극수용과 터치는 이들 프로그램에서 발견할 수 있다.

요양시설의 레크리에이션 치료사 또는 활동 관리자는 client의 모든 변화, 각 개인의 삶의 관점에 적합한 프로그램을 배치하고 치료 계획을 인지해야 한다.

제8장

치료레크리에이션 개입을 위한 촉진기법

제 8 장

치료레크리에이션 개입을 위한 촉진기법

치료레크리에이션은 레크리에이션과 여가를 수단으로 클라이언트에게 서비스를 제공하는 것이다. 이 목적을 이루기 위해 치료레크리에이션 전문가에게 필요한 것은 레크리에이션과 여가활동을 가르치고 이끄는 지시적이고, 기술과 치료수단으로 사용을 돕는 촉진기술이다.

개인의 건강과 복지를 위한 치료레크리에이션은 개인의 여가태도, 가치관, 행동, 결정 등을 충분히 생각하여 결정하고 평가하는 개인의 능력을 촉진하는 방향으로 접근하고, 동시에 이런 선택 효과를 확실히 하기 위해 추가적인 심리적인 기법이 필요하다.

개인의 발전적인 접근에서 치료레크리에이션 전문가의 역할은 때로는 의사의 역할에서 교사, 친구의 역할로 변화될 수 있다.

올바른 치료레크리에이션 전문가가 되기 위해서는 다음과 같은 태도와 전달기술이 필요하다.

① 즉답형식으로 지시를 내리기 보다는 질문을 하라.

② 당신은 자신의 생각을 '~해야 합니다.'의 형식을 사용해서 알리기보다는 여가의 화제, 문제점, 가치에 관한 개인적인 인식과 명확화를 위한 기회를 제공하라.

③ 사람들로 하여금 지도자에 의하여 지배당하기보다는 스스로 결정하는 능력을 이용하고 확장할 수 있게 하라.

1. 가치명료화 전략

Wilberding(1992)은 '건강관리 전문 직종(health care profession)은 점차 클라이언트-제공자 관계의 핵심에서 클라이언트의 자율성이라는 사실을 인식해가고 있다'라고 주장했다.

가치명료화(value clarification)는 클라이언트들이 그들의 가치와 일치하는 자율적 결정을 내리도록 도와주는데 사용될 수 있는 촉진기법이다. 건강관리 전문 직종은 클라이언트들이 그들의 가치들을 탐색하고, 그 가치들(사람들이 삶을 살아가는데 있어 가지고 있는 중요한 신념이나 원칙들)에 따라 결정을 내릴 수 있도록 도와줄 수 있다.

Simon과 Olds(1977)는 가치명료화와 관련해서 7단계로 이루어진 가치명료화에 대한 접근을 제시했다. 이 일곱 단계는 다시 세 개의 주요 범주 -선택(choosing), 마음에 품기(cherishing), 행동(acting)-로 구분된다.

첫 번째 범주는 자신의 믿음과 행동들을 선택하는 것과 관련이 있다. 이 범주는 세 개의 하위과정을 가진다: 선택들의 탐색 또는 대안의 결정; 특정한 선택이 가져올 결과들에 대한 평가; 그리고 이성적으로 고려한 후 자유롭게 가치를 선택하는 것이다.

두 번째 범주는 믿음과 행동을 마음속에 간직하는 작업과 관련된다. 이는 네 번째 단계를 포함하는데, 즉 당신이 자신의 선택에 만족하거나 행복한지 그리고 다섯 번째 단계에서는 다른 이들이 당신의 선택을 알게 하도록 할 준비가 되어 있는지를 묻는다.

세 번째 범주는 마지막 두 단계를 포함한다. 여섯 번째 단계는 행동 혹은 자신의 가치에 관여하려고 하는 것을 결정하는 작업이다. 일곱 번째 단계는 그 가치를 자신의 삶에 있어 일상적 부분으로 만들어 가는 것이다.

■ 치료레크리에이션에서 적용

여가교육과 여가상담 프로그램에서 가치명료화 전략이 널리 사용된다. 이러한 전략들을 통해 개인들은 여가의 가치를 발견할 수 있고, 그것들의 가치에 근거해 행동할 수 있는 계획들을 시작할 수 있다. 일반적으로 전략들은 각각의 전략에 대한 지시를 제공하는 치료레크리에이션 전문가가 있는 그룹에서 완성된다. 사용할 수 있는 칠판이 있으면 도움이 될 수 있겠지만, 어떠한 특정한 준비물도 필요하지 않다. 참가자들에겐 이 훈련을 끝마치기 위해 종이와 연필만 필요하다.

가치명료화의 경험은 사람들의 평가과정의 진행을 돕도록 고안된 학습된 행동 또는 경험으로 계획되어 있다. 여가교육에서 가치명확화를 수행할 때, 치료레크리에이션 전문가는 이러한 경험에 일반적인 촉진지침에 나와 있는 그룹토의와 상호작용 제안을 부가할 필요가 있다(노용구, 2002).

2. 자기주장 훈련

자기주장 훈련(assertive training)은 사람들이 사회관계, 성적 표현, 업무관련 상호작용, 기타 사회상황에서 자기주장을 하도록 돕는 행동치료법의 하나이다.

자기주장 훈련은 사람들이 습관이나 행동을 변화시키도록 도와주며, 이들이 자신의 권리와 다른 사람의 권리를 위해서 주장할 수 있게 한다. 이 새로운 자기주장은 반대로 자신을 더 좋게 느끼도록 만들며, 따라서 자긍심을 높일 수 있는 방법이 된다.

비 단정적인 행동(nonassertive behavior)들은 보통 수동적인 행동, 사회상황에서 의사소통을 할 수 없는 능력, 시선 접촉을 유지하는데 어려움, 거절의 두려움에 의해 반영된다. 단정적인 방식으로 반응하도록 배우는 것은 클라이언트가 좀 더 자기주장을 내세우고 싶은 상황을 확인하면서 시작한다.

전문가는 클라이언트가 소심한 행동에 깔린 비합리적인 신념을 검토하고 좀 더 합리적인 신념을 확인하는데 돕는다. 일단, 이 과정이 마무리되면 전문가와 클라이언트는 이루어질 수 있는 적절한 자기주장 반응을 확인한다.

역할연기(role playing), 리허설 모델링(rehearsal modeling), 강화 기술(reinforcement technique) 등은 새로운 자기주장 반응을 확립하는데 사용한다. 클라이언트가 자기주장 훈련 세션 내에서 반복적으로 자기주장 반응을 보이면, 클라이언트는 실제상황에서 그와 같이 행동을 나타내도록 격려 받는다.

성공적인 클라이언트는 새로 학습한 행동상의 경향이 다른 상황들을 일반화하면서 모든 종류의 상황들에서 자기주장대로 반응하는데 제약을 극복하게 된다(Eisenberg & Delaney, 986; Hackney & Cormier, 994; Matson, 1977).

■ 치료레크리에이션에서 적용

자기주장 훈련은 클라이언트들이 자기가 하고 싶은 말을 하고 자기가 원하는 일을 하게 하는 반응들을 개발하여 불안감을 감소시키는 전략을 제공한다. 치료레크리에이션 전문가들은 클라이언트들이 건강한 자기주장을 연습할 수 있는 기회를 쉽게 제공하면서 이 행동을 강화시킬 수 있을 것이다. 자기주장 훈련 치료레크리에이션 전문가가 자주 사용하는 촉진기법 중의 하나이고, 여가교육과 상담에서 필수적인 전략이다(노용구, 2002).

3. 사회기술 훈련

치료레크리에이션의 클라이언트는 사회기술의 결핍을 보이는 경우가 많다.

Sneegas(1989)는 사회기술의 결핍을 보여주는 치료레크리에이션 클라이언트를 나열했다. : 약물남용자; 정신지체아; 장기간 보호시설 거주자; 정신질환을 겪는 사람들(특히, 우울증과 정신분열증); 학습 장애아 등이 대표적이다. 이러한 클라이언트들은 기술훈련으로 도움을 받을 수 있다. 그리고 사회기술 훈련은 전체 인생에 걸쳐 발달장애를 겪는 사람들뿐 아니라 경영인, 교사, 사회봉사자, 의사, 기타 전문가들이 자주 사용하는 기법 중의 하나이다. 이성문제를 가지고 있는 청소년과 노인들에게도 적절한 훈련이라고 할 수 있다.

사회기술(social skill)은 Combs and Slaby(1977)에 따르면 사회적으로 받아들여지거나 가치가 있고 동시에 개인적으로 이익이 되거나 상호적으로 이익이 되거나 다른 사람들에게 주는 이익이 되는 특정한 방식으로 주어진 사회적 환경에서 다른 사람들과 상호작용하는 능력을 나타낸다고 말한다.

Cartledge and Milburn(1986)은 처음으로 사회기술을 긍정적인 반응을 유도하고 부정적인 반응을 피하는데 도움을 주는 방식으로 다른 사람들과 상호작용을 할 수 있게 하는 사회적으로 인정되고 학습된 행동들로 정의하였다. 좀 더 최근에 Cartledge and Milburn(1995)은 사회기술을 긍정적인 상호작용과 관계된 사회적 행동들로 정의하였다. 사회기술은 다른 사람들과 효과적으로 연관 짓는데 사용되는 능력들이다. 사회기술은 대인관계기술 혹은 상호작용기술이다.

Hewitt(1988)는 5가지의 사회기술 특성을 나열하였다.

첫 번째, 사회기술행동들은 특정목적을 달성하기 위해서 지향하거나 수행되는 목표이다(즉, 웃음과 접근은 우정을 달성하기 위한 목표를 지향한다). 두 번째, 목표와 관련된 각 사회행동은 상호연관을 가져야 하며 다른 행동들과 동시에 일어나야 한다(즉, 웃음과 접근은 우정 달성의 공통된 목표와 연관된 것으로 보인다). 세 번째, 사회기술은 운동근육기술과 마찬가지로 부분으로 나눌 수 있다(즉, 친구들 만드는 사회기술은 눈 접촉을 하는 것에서부터 개인에게 가장 적절한 사회반응을 선택하도록 동기를 부여하는 방식으로 강화하는 학습된 행동들이다. 즉, 몇몇 행동들은 이성보다 동성의 친구를 만드는데 적합하다). 네 번째, 사회기술은 개인이 통제한다(즉, 우정이 적절하지 않은 상황에서 우정을 형성하는 사회기술을 적용하지 않는다).

Sneegas(1989)의 사회기술 훈련방법

1. 문제의 평가
2. 사회성 성취하기 위한 과업의 분석
3. 사회성 소개 및 적합한 방법으로 강화
4. 모범이나 시범
5. 새로운 행동시연과 연습
6. 피드백의 제공과 행동 강화
7. 다양한 상황에서 일반화

사회기술 훈련(social skill training)은 사회기술의 문제점들을 고쳐 나가면서 그 사람의 개인적 사고를 발전시켜 나가는데 있다. 사회기술 훈련은 계획적인 사회성교육, 사회심리학, Bandura's 사회학습이론, 교육학습절차 등과 관련이 있다. 사회기술 훈련은 상대방의 모범(modeling), 시범(demonstration)과 관계를 맺고 있다.

▪ 치료레크리에이션에서 적용

사회기술 훈련은 그렇게 많이 알려지지는 않았지만, 치료레크리에이션에 많은 공헌을 했다. 치료레크리에이션의 클라이언트들이 많은 사회기술 결핍을 가지고 있고 치료레크리에이션 활동이 집단활동이기때문에 널리 사용된다. 사회성훈련은 치료레크리에이션에서 사용될 때 자긍심을 높이고 새로운 기술을 습득시키는 좋은 촉진기법이다(노용구, 2002).

4. 인지적 재활

인지적 재활(cognitive rehabilitation)은 머리를 다친 클라이언트들에게 적용되는 새로운 신경 정신적(neuropsychological) 회복방법으로 알려져 있다. 이러한 재활활동은 개별 활동으로는 성공적으로 치료할 수 없어 하나의 팀(치료레크리에이션 전문가 포함)으로 구성하고 있다.

Sohlberg과 Mateer(1989)는 이러한 인지적 재활은 집중력, 언어, 기억, 사고적인 문제에 도움을 준다고 주장했다. 게임과 활동들은 뇌 손상 환자들의 약점들을 보완하여 주며, 인내력과 유연한 사고를 키워준다. 치료레크리에이션 전문가들은 인지적 재활을 통해서 인지능력의 향상과 아울러 현실 세계를 이해하는데 도움이 되도록 도와준다.

치료레크리에이션에서 적용

치료레크리에이션 전문가들은 머리를 손상한 클라이언트들에게 보다 실질적인 능력을 접하도록 지도한다. 치료레크리에이션 전문가들은 한 팀을 구성하여 게임이나 활동 등을 통하여 치료를 주도한다. 또한 클라이언트의 인간관계나 사회적 활동에 관심을 둔다. 클라이언트들의 여가에 대한 관심이나 새로운 여가활동 등을 알려주는 것이 인지적 재활의 목적이다(노용구, 2002).

5. 재동기 부여

재동기부여(remotivation)는 노인 클라이언트들에 적용하기 위해서 Smith에 의해 처음 고안되었다. 이것은 현실 적응(reality orientation)프로그램을 성공적으로 마친 클라이언트들에게 다른 요법을 보강하기 위해 자주 사용된다.

재동기부여는 집단 상호작용 과정(group interaction process)을 포함하며, 보통 재동기부여자(remotivator)라고 불리는 훈련된 전문가에 의해 수행된다. 집단은 보통 매주 45분에서 60분 정도 모이며 8명 내지 15명 정도의 수용자들로 구성된다. 이 재동기부여 방법의 목적은 클라이언트들이 수용시설 밖의 세계와 좀 더 가까이 접촉하게 할 수 있는 주제들에 대한 토의를 촉진하는 것이다. 주제는 클라이언트를 묘사하는 것이나, 옛 취미를 되살리는 것 그리고 고립감을 감소시킬 목적으로 타인과의 대인관계를 향상시키는 것 등이다. 정신장애, 상당한 뇌 기능장애를 가진 클라이언트, 정신병원에 수용되어 있으면서 정신치료를 받고 있는 클라이언트 등에게 적절한 접근법이다.

재동기부여 클라이언트는 신중하게 계획된 단순하며, 감정적 어려움과 관련되지 않은 일상의 객관적인 특성들을 강조하는 일련의 대화를 통해 그들의 환경 속에서 새로운 취미를 찾도록 격려 받는다. 재동기부여자는 각각의 그룹 모임 동안 나눌 주제를 선택한다. 주제는 야구에서 정원 가꾸기에 이르기까지 광범위하다.

단 한 가지 제한점은 그것이 섹스나 정치, 종교, 결혼관계와 같이 논쟁을 불러일으키는 주제여서는 안 된다는 것이다. 그룹 모임은 5단계의 절차(five-phase process)를 거치는데, 각각의 단계는 약 10분간 진행된다. 첫 번째 단계와 다섯 번째 단계는 약간 짧을 수 있는 반면(예를 들어, 5분 정도), 둘째, 셋째, 넷째 단계는 때때로 길어질 수 있다(예를 들어, 15분 정도).

재동기화를 위한 시간은 고도로 조직적인데 대체로 다음과 같은 단계로 실시된다.

1) 분위기 조성(Climate of Acceptance) 약 5분

치료자는 인사말을 하고 모임에 참석한 환자들에게 감사를 표한다. 치료자는 돌아다니며 개인적으로 이름을 불러주고 또 그 자신을 소개한다. 치료자는 그들 앞에서 그들을 칭찬하며 비슷한 방법으로 접촉을 시도한다. 이 첫 단계의 목적은 집단구성원들을 사회적인 상황에 뛰어들게 하고 편안하게 쉴 수 있는 분위기를 조성하려 함에 있다.

2) 실제의 단계(A Bridge to Reality) 약 15분

치료자는 집단의 주의를 끌기 위해 어떤 시나 기사 등을 이용한다. 치료자는 시를 천천히 그리고 리드미컬하게 읽고 또 각 환자들 주위를 돌아다니며 환자들에게 읽게 하거나 기사에 사진이 있으면 보여주고 또 읽어보도록 권한다.

3) 나눔의 세상(Sharing the World We live In) 약 15분

이 단계는 환자들이 자발적으로 하도록 유도하며 주제를 발전시키게 되는데 이 주제는 전 시간에 주어질 수도 있다. 치료자는 환자들의 반응을 일으키게 하기 위해 어떤 주제를 준비하여 그것에 관해 환자들에게 물어 볼 특별한 질문을 미리 준비한다. 여가, 레크리에이션, 가정생활 그리고 개인적인 흥미 등에 관한 다양한 주제에 관한 문제들을 준비하는데 종교나 학벌, 경제수준 등 환자들의 감정을 상하게 할 우려가 있는 주제들은 피하여야 한다.

4) 활동의 세계(The World of Work)약 15분

이 단계에서는 활동에 대한 토론이 프로그램의 핵심으로 다루어지며 특히 퇴원하여 집으로 돌아갈 준비를 하고 있는 환자들을 수용하고 있는 정신병원 환자들에게 활동에 대한 감각과 인식을 고무시킨다. 이 단계는 나이가 많고 몹시 침체된 환자들에게는 비효과적일 수도 있다. 필요한 모임을 계속 유지하기 위해 제 2, 3, 4단계를 통해 비슷한 주제나 예가 이용되기도 한다.

5) 감사의 시간(Climate of Appreciation) 약 5분

치료자는 각 환자들에게 모임이 즐거운 시간이었다고 감사의 표시를 하고 다음 모임 일시를 알려주고 다음에도 참석하도록 권유한다(윤태원, 1993).

■ 치료레크리에이션에서 적용

따뜻하고 수용적인 분위기를 조성하며, 클라이언트의 장점을 얘기하고 취미를 발견하는 것을 격려하는 재동기부여 방법에 표현된 아이디어는 노인 클라이언트들의 치료레크리에이션에 효과적이다. 치료레크리에이션 프로그램은 클라이언트가 자신이 집단에서 필요한 존재라는 사실과 편안함을 느낄 수 있도록 도와야 하며, 긍정적인 태도를 발달시키는 것을 도와야 하고, 과거에 만족감을 느꼈던 취미에 대해 다시 관심을 갖도록 격려해야 한다.

노인 클라이언트들이 그들 자신과 주변 환경에서 새로운 취미를 찾기 시작할 때, 그들이 자신의 여가행위에 대한 통제감을 확립시키는 것은 매우 중요하다. Iso-Ahola(1980)은 클라이언트들이 자신의 행동과 환경에 대해 갖는 개인적 책임감과 통제감이 치료시설 수용자의 치료레크리에이션 활동참가의 가장 중요한 결과라는 논점을 지지하는 설득력 있는 증거를 발표했다. 그의 발표에 따르면, 행동을 선택할 수 있다는 사실을 클라이언트들로 하여금 자기 자신에 대한 책임감을 경험하게 하였다. 자신이 스스로 선택한 행동에 참여하는 것을 통해 무기력감은 지배감(feeling of mastery)이나 통제감(feeling of control)으로 바뀌었다.

6. 재사회화

재사회화(resocialiation)는 노인시설에 수용된 클라이언트들의 사회적 능력을 증진시키기 위해 사용되는 방법이다. 그것의 목적은 클라이언트끼리의 관계를 형성하고 우정을 키우며, 새로운 취미를 찾도록 도와주는 과정에서 자아와 타인의 인식능력을 증진시키는 것이다. 그룹 과정을 통해 고립된 개인은 그들의 환경과 가치와 잠재성을 발견하도록 격려된다.

재사회화 그룹들은 참가자의 정신적・신체적 능력에 따라 5명에서 17명의 클라이언트로 이루어진 그룹을 주도하는 한 명의 치료레크리에이션 전문가에 의해 이끌어진다. 그룹 미팅에는 다과가 제공되며, 미팅은 주당 3회씩 이루어진다. 미팅은 보통 30분에서 60분 정도 지속된다. 리더는 클라이언트를 맞이하는 모습을 보여주고, 비 판단적인 코멘트나 유연한 태도 및 토의에서 질문 등을 통해서 모델 역할의 임무를 수행한다. 그룹미팅의 초점은 관계를 수립하고, 그들의 사회적 공동체 안에서 함께 사는 문제를 토의하며, 행복한 경험들을 되풀이하는 것에 맞춰진다. 치료레크리에이션 전문가는 클라이언트가 자유롭게 개인 간의 문제를 토의할 수 있도록 부드러운 그룹 분위기 유지를 위해 노력해야 한다(Barnes et al., 1973).

치료레크리에이션에서 적용

재사회화 훈련과정을 통한 사회적 기능회복이 퇴행증후를 보이는 노인 클라이언트들을 대상으로 하는 치료레크리에이션 전문가들의 공통적인 목적이다. 노인 클라이언트들을 대상으로 하는 많은 레크리에이션 프로그램은 재사회화 방법과 비슷한 구조 및 목적으로 구성되어 있다. 그러나 치료레크리에이션에서 재사회화는 보통 토의에 중점이 있는 것이 아니라, 그룹의 멤버들이 만족을 얻을 수 있는 활동을 찾고 실행해 본다는데 더 큰 의미가 있다. 치료레크리에이션 프로그램은 상대적으로 고립되고 외로운 클라이언트들이 다른 클라이언트나 시설 스텝과의 관계를 맺을 수 있는 기회를 제공해야 한다. 그러한 사회적 관련을 통해 클라이언트들은 타인과의 사회적 역할에서 성공적으로 기능하기 위해 필요한 기능과 태도를 획득함으로써 그들의 환경에 효과적으로 반응하는 능력을 개발할 것으로 기대된다. 그러한 프로그램은 집단역할(group dynamics)과 대인 커뮤니케이션 기술, 사회화지식에 대한 기초적인 지식을 제공한다(노용구, 2002).

7. 감각훈련

감각훈련이란 환자들의 여러 가지 감각과 지각 그리고 의미 있는 반응을 증진시킬 만한 다양한 활동을 제공해서 잘못된 기능을 교정하고 또 침체된 환자들의 병세가 악화되는 것을 방지하기 위한 것으로 지각기능 장애아동들을 위해 1960년 초에 시작된 방법이다.

원래 지각적 운동장애(perceptual motor problem)를 가진 아이들에게 적용하기 위해 발전된 감각훈련(sensory training)은 퇴행성 장애를 겪고 있는 정신치료시설이나 간호시설에 수용된 노인 클라이언트들에게 광범위하게 시행되어 왔다.

만성적인 정신질환자에게 유용한 치료 접근법으로 목적은 환자 자신에 대한 인식과 타인에 대한 인식, 현실에 대한 적응력 강화 그리고 주의 집중력, 관용성, 판단력 그리고 섬세함과 민첩성 등 심신의 기능을 높여준다.

감각훈련은 침체되어 있는 환자, 맹인 혹은 휠체어에 의지하고 있는 환자 그리고 도움 없이는 활동에 참가하지 못하는 사람들을 위해 고안된 것으로 조직적이고, 집단과 개인이 공동으로 경험할 수 있는 연속적인 과정이다. 이 프로그램은 각 환자들이 지각과 주위환경에 대한 반응을 촉진시킬 수 있도록 서로 다른 자극을 자신이나 타인에게 가하는 것으로 청각, 후각, 촉각, 미각, 자각반응, 운동감각 등 모든 감각기관이 자극된다. 감각훈련은 자신의 식별과 자극에 대한 반응으로 자극에 대한 감각을 증진시키기 위해 고안되었다(Leona Richman : Manual of Sinsory Training Techniques. Geriatric Unit, Bronx State Hostpital, New York, 1968).

감각훈련은 모든 감각에 대한 직접적인 자극 충격 프로그램을 통해 퇴행성 클라이언트들의 기능을 유지하거나 향상시키는 것을 의도한다. 그것의 목적은 환경에 반응하는 개인의 지각과 기민성을 향상시키는 것이다.

Carter, Van Andel과 Robb(1995)는 감각훈련을 다음과 같이 설명하였다:

"감각훈련의 전체적인 효과는 신체적 훈련의 효과와 비슷하다. 운동을 할 때, 우리는 특정부위의 근육을 강화시키고 발달시키기 위해서 그 근육 부위에 과부하와 스트레스를 준다. 이와 마찬가지로 체계적인 감각자극 프로그램에 참여하는 사람의 신경학적 기능은 효과적으로 증대된다."

집단감각훈련에서 클라이언트들은 4명 내지 7명 정도의 그룹에서 30분에서 60분 동안 진행되는 세션을 통해 치료레크리에이션 전문가와 만나게 된다. 각각의 세션은 그룹이 원을 이루어 앉는 것으로 시작한다. 치료레크리에이션 전문가는 자신을 소개하고 클라이언트들에게 각자 자기를 소개할 것을 요청한다. 필요하다면 중요한 점을 노트하기 위해 칠판이나 게시판을 사용하여 세션의 목적을 설명한 후에, 치료레크리에이션 전문가는 모든 감각을 사용해야 하는 일련의 행동들을 시행한다. 세션의 종결부에 치료레크리에이션 전문가는 각각의 클라이언트에게 참여해 준 것에 대한 감사를 표하고 다음 세션이 언제 시작할 것인지를 상기시킨다.

치료레크리에이션 전문가는 각 세션의 시작과 끝에 클라이언트들과 악수를 하거나 이름표를 사용할 수 있다. 소개가 끝난 후에 치료레크리에이션 전문가는 각 클라이언트들에게 시간과 장소, 날짜, 요일 그리고 그들은 지금 특별한 보살핌과 치료가 필요하기 때문에 치료 시설에 와 있다는 사실을 주지시켜야 한다. 마지막으로 치료레크리에이션 전문가는 목소리를 크게 해야 하며 천천히 그리고 명료하게 말해야 하고, 필요시에는 반복하여 말하는 것이 필요하다.

실제 활동에는 운동감각각성훈련(kinesthetic awareness exercises)이 널리 사용된다. 이 훈련에서 클라이언트들은 앉은 상태에서 신체부위의 이름을 지칭한 뒤 그 부위를 굽혔다 펴는 훈련을 한다. 촉각자극 활동을 통해서 클라이언트는 공이나 스펀지, 나무 조각 등의 물체를 만지면서 그 느낌에 대한 호불호(好不好)에 대한 질문을 받거나 느낌을 묘사하는 훈련을 한다. 후각훈련을 통해서 클라이언트는 자극이 강하거나 독특한 냄새를 가진 물질을 냄새 맡고 나서 느낌을 얘기하게 된다. 청각훈련을 통해서 카세트 테입이나 CD를 통한 음악, 단순한 악기, 박수, 노래 부르기 등을 통해 많은 소리를 들려준다. 미각훈련을 통해서 사탕이나 피클과 같은 대조적인 맛을 가진 음식 등을 맛보게 한다. 그리고 시각훈련은 거울이나 다채로운 물체를 이용해서 이루어진다(Barnes et al., 1973; Kraus, Carpenter, & Bates, 1981).

감각훈련의 진행방법은 아래와 같다.

[도입단계]

① 인원은 4-7인의 환자가 적당하다.

② 훈련시간은 30-60분 기간은 매일 혹은 주 2-3회.

③ 원형으로 둘러앉고 치료자나 환자들 모두가 이름표를 단다.

④ 각자 자기소개를 한다. 치료자는 환자와 일일이 악수를 하고 큰 목소리로 천천히, 정확하게 얘기하고 필요한 부분은 반복 설명한다. 환자들이 서로의 이름을 모르면 치료자는 서두르지 말고 이름을 다시 소개하도록 한다. 손을 잡든가, 만지든가, 악수하든가, 서로 손뼉을 치든가 하는, 촉각을 이용한 접촉을 자주 할 수 있게 한다.

⑤ 소개가 끝난 다음에 치료자는 환자들에게 시간, 장소, 날짜 그리고 환자들이 어디가 아프고, 어떤 이유로 입원을 해서 어떤 치료를 필요로 하는가를 인식시킨다.

⑥ 감각훈련의 목적을 조심스럽고 천천히 반복 설명한다.

⑦ 중요한 사항은 칠판이나 게시판을 통해 써 보인다.

[실제단계]

이 단계는 환자들이 지루하지 않고 흥미를 가지며, 모든 집단구성원들이 적극적으로 참여할 수 있도록 게임을 통하여 하는 것이 효과가 있다.

① 운동감각과 자기반응 운동: 근육의 긴장을 이완시키면서 관절의 움직임을 인식하고 신체부분의 강조를 알게 한다. 환자들은 필요한 관절, 팔, 다리 그리고 머리와 같은 신체 부분을 설명하고 움직이도록 요구된다. 앉은 자세에서 환자는 다양한 굴신운동을 실시한다.

② 촉각운동: 사물을 만지고 알아내는 이 훈련은 주위환경을 인식하고 반응할 수 있도록 환자들의 인식 능력을 강하게 하기 위한 것이다. 치료자는 환자들에게 만져보거나, 짐작하거나, 문지르거나 혹은 비벼볼 수 있는 목적물을 제시한다. 이러한 목적물로는 나무 조각, 스폰지, 솔, 공 혹은 솜뭉치 등이 될 수 있다. 치료자는 환자들에게 담배, 겨자, 향수, 혹은 마늘과 같이 뚜렷한 냄새를 풍기는 재료나 보조 물질을 제공하고 각각 냄새에 따라 그 재료가 무엇이며, 느낌은 어떤지, 또 가능하면 무엇에 사용되는 것인지를 말하게 한다.

③ 청각, 시각, 미각 등과 같은 다른 감각들도 적당한 자극과 연습을 이용하여 훈련되도록 강조한다.

환자들은 그들의 능력과 정신적인 기민성에 따라 행동하게 되는데 기능이 좋은 사람들은 극도로 침체된 사람보다 훨씬 잘 반응을 하게 된다. 흔히 치료자는 환자들이 자신을 들여다 볼 수 있는 거울을 준비할 수 있다. 어떻게 해서든지 간에 만져보고, 들어보고, 쳐다보고, 냄새를 맡아보고, 또 맛을 보는 등의 행동에 의해 환자들은 충동을 느끼게 되고 또 짐작을 하며 강압적이 아닌 사회적 교류기회를 갖게 된다.

[정리단계]

감각훈련시간 끝에는 간단한 노래나 오락 등으로 이끌며 환자들에게 격려와 지지를 해주며 feedback을 준다. 그리고 치료자는 각 환자들과 악수를 하고 모임이 끝났다는 것을 알리며 다음 시간에 만날 것을 약속한다.

치료레크리에이션에서 적용

감각훈련은 지각을 활성화시키는 자극을 제공하고 각성을 증대시킨다. 노인들이 그들의 감각을 활성화시키기 위해 적절한 자극을 받으면 좀 더 활동적이 된다는 사실을 인식하는 것은 중요하다.

치료레크리에이션 전문가들은 감각의 사용을 강조하는 레크리에이션 프로그램뿐만 아니라 감각훈련을 시행할 수 있다. 이러한 프로그램을 통해 많은 수의 노인 클라이언트들은 장기요양시설에서의 지루하게 반복되는 환경 때문에 적절한 자극을 받지 못해오던 감각들을 재활성화시킬 수 있을 것이다(노용구, 2002).

8. 회상

회상(reminiscence)은 Weiss(1989)의 "과거의 기억으로의 여행"에서 처음 사용된 용어이다. 회상하는 동안 사람들은 물체, 장소, 다른 사람들 그리고 그 자신의 반영(self-reflections)을 떠올린다. 회상은 노인들에 의해 경험되어야 하는 정상적이며 건강한 과정으로 이해되어야 한다. 회상에 잠기는 노인들은 게으른 선택에 탐닉하는 것이 아니라 격려되어야 하는 긍정적인 과정에 참여하고 있는 것이다(Weiss, 1989).

Teague와 MacNeil(1992)는 회상을 '삶에 대한 회고(life review)'가 일어나는 삶의 후반부에 개인에게 직접적으로 유익하고 건강한 적응기제(healthy adaptation mechanism)'라고 칭했다. 'life review'의 개념은 노인들이 자신의 죽음에 대해서 의식하게 될수록 그들은 과거의 기억과 목표의 성취와 해결되지 않은 갈등에 대해 생각하게 될 것이며, 그들의 삶의 경험들을 통합하려고 시도하는 것이다. Edinberg(1985)는 기억의 음성적 회고는 카타르시스적이라고 주장하면서 회상과 언어적 표현의 중요성을 지적했다. 말하자면, 회상과 고백의 과정은 잠재적인 치료적 가치를 지니는 것이다.

과거의 기억을 음미하고 기억들에 대한 새로운 관점을 갖게 되는 것을 통해 클라이언트는 실제적인 내적 변화를 갖게 된다. 따라서 회상은 한 개인이 갈등이나 후회, 과거로부터의 실망을 해결함으로써 자신의 삶과 타협을 이루는 'life review'의 과정에 도움이 되는 것으로 간주된다.

삶의 회고(life review)는

- 사람들이 자신의 화려한 과거를 돌아볼 때 자존감을 향상시키며
- 자아정체성을 강화시키고
- 과거를 타인과 관계시키는 기쁨을 가져다주고
- 비슷한 시대를 살아온 사람들과의 나눔을 통한 기쁨을 주고

- 고독감과 분리를 극복하는 것을 도와주는 사회화를 제공하고
- 쇠약해질 수 있는 인식과정을 자극하고
- 시간과, 사람과, 공간에 대한 감각을 증진시키고
- 장기기억을 회상할 때 인식능력에 대한 자신감을 제공하고
- 즐거운 기억이나 억압된 분노의 해소를 통한 긍정적 효과를 낳는 감정분출을 허용하며
- 개인이 자신의 삶을 회상할 때 의기소침한 감정을 감소시키며
- 사회적 상호작용을 증진시키고
- 다른 사람들 앞에서 자신을 명료하게 표현함으로써 개인의 자존감을 증진시키고
- 자신의 삶이 과거에 존재했다고 생각하는 것으로 위안을 주며
- 자기이미지나 공적 인상(public impression)을 강화시키기 위해 자신의 과거 삶을 재 디자인하는 것을 통해 그것을 향상시키려고 하는 사람들에게 기회를 제공하며
- 능력있는 사람들이 과거의 실패와 타협을 이루게 함으로써 자신의 삶에 대한 균형 잡힌 관점을 갖도록 도와주며
- 자신과 똑같은 문제들을 가진 타인들을 볼 수 있게 해주며
- 타인과의 유사성을 발견함을 통해 사회일반의 결속을 창조하며
- 수용적인 타인과의 경험을 공유하는 것을 배움에 따라 두려움과 걱정을 감소시키고
- 오래된 농담과 우스운 사건들을 공유함으로써 즐거움을 제공하고
- 타인의 삶에 대해 듣는다는 것은 자신의 삶에 대한 새로운 개인적 관점을 획득하는 수단이 되어, 개인이 자신에 대한 통찰력을 갖게 되는 기회를 제공하고
- 여가에 대한 자기각성을 준다.

현실적응(reality orientation)이나 재동기부여(remotivation) 등과는 대조적으로, 회상은 구조나 절차에 있어서 정형화된 형태가 없지만 회상 그룹을 지

도하기 위한 몇 가지 제안들이 계속해서 개발되고 있다. 예를 들면, 클라이언트는 그룹에 참여할 것인지 여부에 대한 선택권이 주어지고, 또 그룹에 참여하기 전에 어떤 다른 클라이언트들이 참석할 것인지를 알 수 있도록 하는 등 그룹에 참여하는 것에 대하여 개인적으로 접근되어야 한다. 또한 그들은 그룹의 목적이 단순히 '옛날 일들'에 대해서 얘기하는 것이 아니라, 자신을 좀 더 바르게 평가하는 것을 배우기 위해 삶의 경험들을 반성한다는 사실을 주지시켜야 한다.

그룹의 크기는 10명에서 12명 이하로 유지되어야 하며, 클라이언트의 타입에 따라 어떤 그룹은 다섯 명이나 여섯 명 정도로 작게 구성되어야 한다. 각각의 개인들이 그룹 세션 내에서 상호작용 하도록 시간을 허용하는 것이 중요하다. 보통의 그룹은 한 주에 한 번, 같은 시간, 같은 장소에서 만나지만 만약, 원한다면 유연성을 가지고 좀 더 자주 만날 수 있다. 그러나 때때로 회상과정을 자극하기 위해서 세션은 다른 특별한 장소에서 개최될 수 있다. 세션은 특정한 주제를 중심으로 구성될 수도 있고(예를 들면, 가장 즐거웠던 휴가), 주제가 있는 영역(역사적 사건, 휴가, 계절 등)이나 발전단계(어린 시절, 청소년 시절)를 중심으로 계획될 수도 있다. 그룹은 그룹의 목적이나 시설 내 체류기간에 따라 길거나 짧은 기간 동안진행될 수 있다(Deig, 1989; Edinberg, 1985; Field, 1989).

Weiss(1989)는 그룹 형식의 환경에서 성공적으로 상호작용할 수 있는 능력을 갖지 못한 사람들의 회상을 위해 일대일 접근법을 제안했다. 치료레크리에이션 전문가와 자원자 그리고 가족 구성원들은 일대일로 접촉하는 동안 클라이언트 개개인이 회상을 용이하게 할 수 있도록 훈련될 수 있다.

회상을 돕기 위해 사용된 다른 보조방법들 중에는 시각적 보조(예를 들면, 골동품, 오래된 사진, 스크랩북, 옛날 옷, 미술품 등), 음식(미각이나 후각에 관련한 경험을 회상하는 것을 돕기 위해), 냄새(향료, 꽃, 향수 등), 영화와 슬라이드(옛날 뉴스, 정치적 연설 등), 음악(기억과 감정을 일으키기 위해) 등이 있다. 선택된 주제를 위해 어떤 수단이 사용되든, 치료레크리에이션 전문가가 그룹의 각각의 클라이언트에 대해 수용적 태도와 감사의 태도를 나타내는 감정이입적 청취자여야 한다는 사실이 중요하다.

■ 치료레크리에이션에서 적용

치료레크리에이션 전문가들은 회상은 단순히 시간을 때우는 게으른 활동이 아니며 회상의 과정은 클라이언트들에게 가치 있는 유익을 제공할 수 있는 자연스러운 현상이라는 것을 이해해야 한다.

치료레크리에이션 전문가들은 일대일 회상 세션을 시행하기 위해 회상 그룹을 지도하거나 다른 스텝이나 자원자나 클라이언트의 친척들을 훈련시키는 것이 필요할 수도 있다.

회상은 다양한 치료레크리에이션 프로그램 가운데 적극적으로 사용될 수 있다. 특별히 미술과 음악 프로그램은 클라이언트의 기억을 돕는 기회를 제공할 수 있다(노용구, 2002).

9. 행동수정(Behavior Modification)

행동수정치료는 정신요법의 한 형태로서 인격의 근본적 변화에 목표를 두는 것이 아니라 잘못된 행동을 수정하는 데에 그 초점을 두고 있다. 즉, 무의식을 탐구하거나 환자의 사고나 감정을 규명하는 대신에 치료자는 근본적인 학습기법을 적용하여 환자의 증상을 제거하고 무능하거나 부적응적인 행동양상을 수정하고자 하는 데에 그 목표를 설정하고 있다.

행동수정의 프로그램은 관찰자가 대상자의 전체 작동행동의 내용을 관찰하는 것으로 우선 시작된다. 그리고 난 후 어떤 반응에 대해서는 보수를 주고 어떤 반응에 대해서는 무시해 버린다. 그래서 기본적으로 새로운 행동 패턴을 만들어 내는 것을 말한다.

행동수정에 대한 이론은 사회적으로 비적응적인 행동들을 초기에 발견하여 이를 사회적으로 적절한 행동으로 교정시키는데 있다. 말하자면 모든 행동이 선행이건 악행이건 습득이 되는 것이며 습득되는 이유도 사회적으로 적절한 행동으로 교정시키는데 있다. 말하자면 모든 행동이 선행이건 악행이건 습득이 되는 것이며 습득되는 이유도 사회적으로나 혹은 기타의 이유 때문이라는데 있다. 그래서 특수한 행동을 나타나게 하는 고정된 상태를 세심하게 그리고 일관성 있게 다루면 배우지 않은 과거의 행동(즉, 고정되지 않은 행동)으로 유도하여 긍정적인 고정화를 가져와 새롭게 선택된 행동을 반사적으로 학습하게 된다는 것이다.

행동치료의 시초는 벡떼레에프(V. M. Bekhterev)의 반사학, 손다이크(E. L. Thorndike)의 학습심리학, 파블로프(I. P. Pavlov)의 조건반사학의 이론에서 기인한다. 행동치료의 이론적인 배경은 인간에 있어서 문제행동이 발생하고 또 지속하는 데에는 생리적 측면도 관련이 있음을 인정하고 심리학의 실험적, 이론적 지식을 정신의학 임상에 조직적으로 응용하고자 하는 접근방법의 총칭이다. 행동주의의 입장에서 볼 때에는 정상행동과 마찬가지로 문제행동도 대부분 학습성 행동이라는 것이다. 문제행동에는, 첫째 조건화의 부족 또는 결함에 의한 것과, 둘째 조건화의 과잉에 의한 것도 있다고 생각하고 적응을 위해서는 적당량의 조건반응을 가질 필요가 있으며 그 목적에 맞도록 부족한 것은 증가시키고, 과잉의 경우에는 감소시켜 주는 조건화 과정을 밟도록 해주는데, 이것이 행동요법에 의한 치료이다. 따라서 치료자는 환자의 동기, 반응목록, 강화인자의 질과 양, 기타 학습에 포함되는 요인을 고려하여 치료 계획 작성을 중심과제로 한다.

치료기법을 살펴보면, 병적인 행동을 약한 부분부터 강한 부분으로 단계적으로 훈련시키는 방법인 체계적 둔감법이 있는데, 이는 고공공포증의 경우 긴장을 풀게 한 후 높은 곳에 대한 상상을 한 후 낮은 곳부터 시작하여 차츰 높은 곳까지 실시하여 고공공포증을 없애는 방법이다. 둘째, 조작적 조건화로서, 이는 상벌의 개념으로 제재나 칭찬을 통한 방법이다. 가장 대표적인 것은 만성정신질환자에게 행하는 token economy방법이다. 즉 잘한 사람에게는 토큰을 주고 토큰의 보상은 외박이나, 그룹조정을 통한 혜택부여 및 토큰으로 다른 것을 바꾸어주는 제도이다. 셋째로 혐오자극법으로서, 파블로프의 혐오법의 일종으로 좋지 못한 행동에 대한 유혹이 있을 때 약한 전류로 불쾌한 자극을 주어서 충동이 억제되게 하는 방법이다. 이외에도 여러 가지 방법이 있다.

행동수정기술은 어떤 특정한 행동을 키워주는데 효과적이나 이는 다른 치료 방법 즉 놀이요법을 통하여 대인관계를 이루는 방법과 병행하여야 한다. 행동수정은 심리치료분야, 마약사용교정, 기타 여러 치료분야에 적용할 수 있다.

행동수정 활동의 예로 정서장애아동에 대한 행동수정치료는 실시 전 우선 개인력 및 학교생활과 교사의 보고서, 심리검사와 부모의 상담 등을 기초로 아동의 행동에 관한 집중적인 대책을 세우게 된다. 즉, 이러한 행동에 관한 조사를 기본으로 아동의 행동에 대한 보상이나 금지 등과 같이 긍정적인 대책이나 혹은 부정적인 면에서의 대책을 이용하여 교사나 치료자는 아동들의 행동을 수정하게 된다. 긍정적인 강화란 구두 칭찬, 사랑하는 마음이나 인정을 나타내는 몸짓, 상품선물, 과자나 청량 음료수 혹은 아이스크림과 교환할 수 있는 스티커 등을 이름표에 부착해 준다. 그리고 공식적인 행사에서 멋있는 공로 빼지 등을 달아주고, 저녁시간을 이용하여 수영이나 숙박 캠프, 음악회, 연극 등과 같은 가치 있는 활동에 참여할 수 있는 기회를 적극 장려하는 것 등이다. 부정적인 강화는 완전한 무관심(아동이 아무리 바라고 있더라도 전혀 응하지 않는다.), 의미 있는 활동에서 아동을 몇 분간 제외시키는 일 등을 포함한다.

Rawson은 대인관계가 극도로 좋지 않고 빈번한 싸움을 하는 공격적인 소년의 행동에 대한 행동교정에 대하여 다음과 같이 제시하고 있다(Harve E. Rawson: "Residenteal Short-Tera Camping for Children With Behavior Problems: A Behavior-Modification Approach." Child Wlfare, October, 1973, p. 513).

[목적]

투쟁적인 행동을 감소시킨다.

[방법]

남성지도자는 항상 따뜻하고 협조적이며 껴안기나 손을 잡는 등의 행동으로 인정이나 애정을 표시할 수 있는 여러 가지 몸짓을 구사한다. 타인에 대해 자기의 공공연한 공격적인 행동을 억제하는 아동에게 상품과 교환할 수 있는 스티커 등을 주는 시상제도를 10분 간격으로부터 30분 간격으로 실시한다. 또 동료들과의 긍정적인 사회적 관계나 협력관계를 뚜렷하게 나타낸 아동에게 즉각적으로 칭찬해 준다(첫 번째 과자를 상으로 준다).

만일 싸움을 할 경우에는 둘을 갈라놓은 다음 공격적인 행동을 취한 아동을 완전히 무시하고 다른 상대에게는 보복하지 않도록 잘 타이르고 기타 집단구성원들이 동요하지 않도록 한다. 남의 주의를 집중시키려는 소란, 말대꾸, 수다스러움, 지나친 과장, 남을 툭툭 치기 등과 같은 행동은 즉각적으로 무시하며 다른 아동들에게는 신경 쓰지 않도록 한다. 남이 부러워할 만한 지도자의 역할을 담당하게 하는데 이를 곧 사회적으로 바람직한 행동으로 활용할 수 있게 한다. 집단에서 난폭한 참가자에게는 항상 엄하고도 일관성 있게 대하며 그들이 지도자의 기대를 알고 있도록 한다. 그리고 이를 반복한다. 집단전체를 위해 이와 같은 행동을 멈추게 하는 것 등을 포함하여 부적당한 행동을 변화시킬 수 있도록 친구들의 압력을 최대한으로 활용한다.

한편, 지나치게 수줍고 남 앞에서 말도 제대로 못하고 대중을 회피하려는 소녀에 대한 행동교정은 다음과 같다.

[목적]

외향적 성격의 고조

[방법]

여성지도자는 모든 활동시간에 항상 따뜻하고 협조적이며 상대를 사랑하고 인정하는 표시로 다양한 몸짓을 구사한다. 이 구두로 나타나는 능동적인 표현에 대해 상품을 대신하여 칭찬을 해준다. 능동적인 사회적 관계나 친구들과의 관계를 나타내면 곧 칭찬을 해준다. 기타 사회적으로 바람직한 행동을 했을 경우에는 공식적인 행사시에 시상하도록 한다. 소녀가 입을 다물고 있다든지 머뭇머뭇 하더라도 그 결과나 반응을 “초조하게” 기다리지 않는다.

이러한 행동교정 프로그램에 의하면 권위에 대한 반응, 자신감, 좌절감에 대한 억제 그리고 부모와 학교에 대한 태도 등이 현저하게 개선된다는 것이 나타나고 있다. 이 프로그램에 나타난 행동조절 방법이 논의의 여지가 있다고 하더라도 이것은 행동을 변화시키고 건설적인 방향으로 유도하기 위한 일들이 캠프에 참가하는 개인이나 환자들의 개인적인 요구를 충족시키기 위해 얼마나 주의 깊게 고안이 되어야 할 것인가를 설명해 주고 있다. 사춘기의 남녀나 성인, 정신질환자들을 위하여 모험이 필요하지만 단기 캠핑 프로그램이나 야영캠핑, 등산 등이 효과가 있다고 한다. 이러한 새로운 행동수정 프로그램의 결과는 여러 가지로 나타나지만 환자들은 자연환경에 대한 도전을 실질적이고도 책임을 가지고 받아들일 수 있는 놀라운 능력을 보여주고 있다. 입원중인 정신질환자를 위한 암벽 오르내리기, 카누타기, 자연탐험 중의 등산, 스키와 같은 활동 등의 야외활동은 실내 활동에서 제공하지 못하는 “도전과 기회”를 준다고 다트마우스 의료학교(Dartmouth Medical School)의 프로그램 기획책임자 Thomas Sitch는 주장하고 있다(윤태원, 1993).

10. 현실지도(Reality Orientation)

Reality Orientation은 방향이 잡히지 않는 만성적 대상자들이 현실을 인식하는 것을 돕고 그들의 물리적·사회적 환경에 대하여 의미있는 관계를 갖도록 돕는 접근방법이다. Gladin은 이것이 2가지 다른 측면을 가지고 있다고 지적했다. 첫째는 Reality Orientation 의 부분인 태도요법(Attitude therapy)에서 클라이언트와의 모든 접촉에 기초한 하루 24시간(a 24-hour-a-day)방법이고, 둘째는 교실과 비슷한 상황에서 행해지는 특수 치료시간이다.

첫 번째 측면에서 클라이언트는 자신이 누구이며 왜 그곳에 있고 그들의 행동이 무엇과 비슷한지를 지적하고 어떻게 그들이 다른 사람에게 영향을 주는지, 왜 이 기관이 그렇게 운영되는지의 사실을 강조하는 일관성 있고 대인적인 스타일로 다루어진다. Gladin은 다음의 치료적 태도가 이러한 측면에 도움이 될 것이라고 지적했다.

① 친절한 단호함은 억압되거나 비협조적인 클라이언트에게 사용된다.
② 통제하기 어려운 클라이언트에게는 아무 요구도 하지 않는다.
③ 적극적인 친절함은 위축되고 무관심한 클라이언트들에게 사용된다.
④ 수동적인 친절함은 의심 많은 클라이언트에게 사용된다.
⑤ 사무적인 태도는 속임수와 꾀가 많은 좀 더 정상적인 행동에 접근하는 클라이언트에게 사용된다.

이 접근방법은 William Glasser가 발전시킨 Reality therapy와 유사하다. 즉, 클라이언트의 현실인정, 책임감, 옳고 그른 것의 인식에 강조를 둔 접근법이다. 이것은 개인의 현재 행동을 단호하게 다루고, 그것의 교정을 추구하고 과거 질병 원인을 제거하고 전통적인 심리분석방법을 통해 문제를 다루는 것보다 그 자체를 개선시키려는 것을 추구한다.

두 번째 측면은 현재와 그들 자신의 생활환경을 자각하여, 방향이 잡히지 않고 혼동된 클라이언트들의 소규모 그룹을 기초반과 고급반으로 구성하여 가르치는 것으로서 "Reality orintation board"를 사용하여 아래와 같은 내용을 포함한다.

제목 카드 : 병원 혹은 시설의 이름

위치 카드 : 시 혹은 고장의 이름

오늘은 ______________________

올해는 몇 년도 ______________________

오늘은 몇월 몇일 ______________________

다음의 식사는 ______________________

오늘의 날씨는 ______________________

다음의 공휴일은 ______________________

오늘의 활동은 ______________________

활동치료사는 ______________________

Gladin의 방법에서와 같이 클라이언트들은 위에 나열한 부분적인 지식에 기초한 정확한 정보를 배우고 암송하는 것을 연습한다. 고급반에서는 병원이나 요양소의 다른 측면을 다루게 된다. 즉, 일상의 스케줄, 생활환경, 그들의 가족과 가정환경, 혹은 다른 연관된 정보들이다. 이미 지적했듯이 이 방법은 재동기화와 비슷하지만 정보가 다루어지는 면에서 특수하고 제한적이다(윤태원, 1993).

11. 문제해결 훈련(Problem Solving)

클라이언트는 여러 가지 어려운 문제들에 봉착하여 이를 해결하지 못하는 경우가 많이 있다. 또한 이들에게는 장차 어려운 문제들을 해결하거나 어떤 주제에 대하여 결정하거나 행동의 적절한 판단을 해야 할 상황 등이 항상 존재하므로 환자들에게 집단의 활동을 통하여 문제를 해결할 수 있도록 도울 수 있다. 혼자서 풀 수 없는 문제는 개인보다 집단의 활동을 통하여 좋은 해결책을 만들 수 있으며, 많은 자원을 가지고 화자 자신의 빈번한 망상 등을 인식하고 수정할 수 있다.

문제해결은 개인 프로그램 계획, 그룹계획, 활동관리와 같은 시도에서 치료레크리에이션 지도자에 의해 반복적으로 사용되는 기술이다. 체계적인 문제해결 접근법에 대한 기본적 이해를 가지는 것은 청소년들이 새로운 여가기술을 발전시키는 것을 돕든지 혹은 시청각 장비 사용에서의 갈등을 해결하든지 간에 변화과정을 돕기 위한 치료레크리에이션 전문가의 능력을 향상시키게 될 것이다.

문제해결훈련은 다음과 같은 7단계로 접근한다.

① 문제인식(awareness of the problem)
② 문제의 정의(defining the problem)
③ 선택적 해결 방안 확인(identifying alternative solution)
④ 다양한 해결 방안의 평가(evaluating the various solution)
⑤ 해결 방안의 선택(selecting a solution)
⑥ 계획의 수행(implementing the plan)
⑦ 결과의 평가(evaluating the results of the plan)

문제해결의 예를 들어보면 아래와 같다.

1) 1단계: 문제의 인식

A는 정신건강센터에서 일해 오면서 5년 동안 때때로 가끔씩 아파온, 근면하고 사려 깊은 치료레크리에이션사이다. 그러나 지금 2개월 동안 심한 통증과 고통에 불만을 가졌으며 계속되는 감기로 고생을 했다. 또한 그는 동료와 몇몇 환자들과의 생활이 참을 수 없게 되어갔다.

2) 2단계: 문제의 정의

A의 감독자는 그와 함께 문제를 토론하기 위해 그를 점심에 초대했다. A의 상황을 재검토한 후에 감독자는 A가 맡았던 과중한 책임으로 인한 심각한 직업 스트레스를 경험하고 있다고 결정했다. A는 직업적 권태(Professional burnout)의 초기증상을 보여 주고 있었다.

3) 3단계: 선택적 해결방안 확인

감독은 A의 스트레스를 제거하고 그의 건강을 회복할 수 있는 가능한 활동표를 작성하기로 결심했다. 이 표는 다음과 같은 것을 포함한다.

① A의 책임을 다른 스텝에게 지시함으로써 A의 활동 분담을 감소시킨다.
② A로 하여금 1일 단위의 특별 목표를 세우고 그의 스케줄에 따르는 업무 과제를 구성하도록 돕는다.
③ 그의 업무에 좀 더 직접적인 feedback을 마련한다.
④ 휴식프로그램을 발전시키는데 A를 돕는다.

4) 4단계: 다양한 해결방안 평가

감독자는 다양한 선택적 활동에 대해 토론하고 프로그램에 적용 가능한 해결책에 대한 A의 생각을 끌어내기 위하여 그와 또 다른 회의를 하며 각각의 해결책에 긍정적이고 부정적인 가치를 함께 토론하였다.

5) 5단계: 해결방안의 선택

그들이 모든 선택 방안에 대해 토의한 후, 문제의 여러 면을 망라하기 위하여 몇 가지의 해결책을 종합하기로 결정하였다. A는 일일 업무 계획을 발전시키는데 동의했다. A 또한 자신의 육체적 상태를 향상시키기 위해 마을 건강

클럽에 가입하기로 결심했다.

6) 6단계: 계획의 수행

A는 매일 업무시간 마지막에 다음날의 계획을 상술하는 시간을 가졌다. 매주 월요일과 수요일 오후에 A와 감독자는 그의 매일 계획을 검토하기 위해 회합하고 그의 업무 수행을 토의했다. A는 YMCA에 가입하고 업무가 끝난 후 일주일에 3번씩 처방된 건강 프로그램에 참여했다. 감독자는 A의 활동그룹 중의 하나에 대한 책임을 면제시켰다.

7) 7단계: 결과의 평가

4주 후에 A는 더 좋아졌고 마지막 주에는 전의 증상을 하나도 경험하지 못했노라고 보고했다. 일에 대한 그의 관심은 아직 발견되지 못했으며 그는 약간 체중이 감소되었다. 몇 가지 문제들이 쉽게 풀렸다.

이러한 모델을 적용하려고 시도할 때 뜻대로 실행되지 않으면 쉽게 좌절하게 된다. 그 실패의 가장 평범한 이유 중의 하나는 바로 적극적인 경청(active listening)이나 자기표현, 업무의 위임(delegation of tasks)과 관찰과 같은 대인적인 의사소통기술(interpersonal communication skills)의 부적절한 사용이다.

따라서 이 모든 단계는 레크리에이션 치료자가 어떻게 잘 요구된 의사소통기술을 수행하느냐에 달려 있다. 또한 많은 사람들이 모든 선택적 방안들을 탐구하지도 않고 논리적인 해결책만 받아들이려 하는 것도 실패 원인 중의 하나이다.

집단의 문제해결훈련의 인원 구성은 8-12명이 적당하며 훈련의 회수는 12회가 효과적이다. 주제는 환자 자신들이 다음 모임의 주제를 정할 수 있고 치료자가 정할 수도 있는데 환자 자신의 문제 중에서 자신들이 정하고 해결하는 방법이 가장 바람직하다. 가능하면 실제 상황에 맞게 보조기구를 사용할 수 있다. 문제 해결을 위해서 여러 가지 기법이 적용될 수 있는데 집단 토의과정,

감수성 훈련, Brainstorming방법, Role Playing 등이 있다.

특히 주의할 것은 진행 중에 남을 비판하거나 타인의 의견을 비방하는 일 없이 타인의 어떠한 의견이라도 존중할 줄 아는 분위기를 유지하는 것이고, 일치감은 필요하나 과도한 일치감 즉 만장일치 등에 대한 요구는 문제 해결에 도움을 주지 않는다. 이러한 의미에서 효과적인 기법의 하나인 브레인스토밍 기법을 추천하고 싶으며 그 기법은 아래와 같다.

브레인스토밍은 집단의 구성원들이 어떤 문제나 요청에 대하여 집중적으로 적당한 해결방안을 모색하기 위하여 스스로의 두뇌를 쓰도록 하는 집단사고의 한 방법이다. 브레인스토밍에서는 제기된 문제에 관련되는 아이디어라면 무엇이든지 생각나는 대로 자유분방하게 아무 거리낌없이 함부로 발표해도 무방한, 아이디어를 짜내는 문제해결 모임이다. 발표되는 모든 아이디어들은 회의를 시작하기 전에 결정한 기본규칙(ground rules)에 위배되지 않는 한 행정, 재정, 조직, 능력 등의 모든 제한점에 구애받지 않고 도전(challenge)받지 않은 상태로 받아들여진다.

브레인스토밍의 심리적·철학적 배경은 아이디어의 성장이 속단적으로 배제되는 것을 방지함으로써 창조력을 촉진시키며 문제를 풀어나가는 기법이다. 브레인스토밍에서 한 아이디어가 나오기 시작하면, 잇따라 자극을 받아 연상력이 전기의 교류와 같이 전파작용을 일으켜 양적으로 많은 아이디어가 연쇄반응적으로 속출하게 되어 집단사고의 유창성이 이루어지게 되며, 각자의 개성이나 경험에 따라 각각 다른 해결방법을 낼 수 있는 유연성을 제공하고, 일체의 비판을 보류하므로 특히 환자들은 심리적인 안정과 해방감을 공유할 수 있는 이상적인 상황을 조성, 제공한다.

브레인스토밍의 성격은

① 완전히 비형식적(informal)이다.

② 보통의 제약(restrictions) 또는 금지(inhibitions)사항들을 고려하지 않는 문제의 토의를 가능하게 한다.

③ 집단으로 하여금 그들의 능력범위 안에 있는 것뿐만이 아닌 대안들

(alternatives)에 관하여 생각할 수 있는 기회를 제공한다.

④ 집단구성원들 사이의 상호자극(interstimulation)과 창조성 신장을 위해 최대한의 기회를 제공한다.

⑤ 안정, 해방된 분위기 속에서 마음 놓고 해결방법과 의견을 교환함으로써 집단의 사기와 단결심을 높일 수 있다.

⑥ 남으로부터 비판을 받지 않으므로 자기표현의 활발성과 소속감 · 협동성을 기를 수 있다.

브레인스토밍의 진행에 있어서

① 브레인스토밍에 부가하게 되는 문제가 선택의 여지가 있는 해결책이어야 한다.

② 참가자 또는 환자가 생각하고 아이디어를 낼 문제의 영역 그리고 목표, 수단, 활동 등에 대하여 숙지하고 있어야 한다.

③ 토의에 소요될 시간을 결정하되 한 주제에 대하여 40-60분 이내로 하는 것이 좋다.

④ 장소 준비는 모두가 안락한 분위기에서 주저함이 없이 해결 방법을 낼 수 있는 곳으로 한다.

⑤ 클라이언트 모두가 타인이 낸 해결방법에 대하여 비평을 하지 않는다.

⑥ 자유분방하고 거친 해결방법이라도 많이 나올 수 있도록 서로를 무언중에 격려할 수 있어야 하며 양은 질을 낳는다고 생각하여야 한다.

⑦ 인습적인 모임의 굴레에서 벗어나 시간과 기회를 균형 있게 나눠쓰도록 하되 한 번에 한 해결방법만을 제시하도록 한다.

⑧ 장난 · 농담 등으로 인기를 집중시키거나 발언의 기회를 특정인이 독점하려 하거나 또는 침묵으로 일관하는 사람이 없도록 한다.

⑨ 타인의 해결방법을 주의 깊게 경청하고 중복을 피하되 타인의 해결방법에 첨가하여 결합과 개선을 시도하는 것을 환영한다.

⑩ 적극적으로 흥미를 가지고 참여하여 발언하고 경청하되, 흥분하지 않도록 하여야 한다(윤태원, 1993).

제9장

치료레크리에이션 실천방법

제 9 장

치료레크리에이션 실천방법

치료레크리에이션 효과는 클라이언트가 어떤 환경에서 어떠한 치료를 받았느냐에 따라 치료의 성패가 좌우된다. 치료레크리에이션 프로그램은 다양하고 각 치료방법에 따라 각기 다른 목적을 가지고 있다. 어떤 형태의 활동이 어떤 특수한 클라이언트에게 적합할 것인가를 결정짓기 위해서는 치료레크리에이션 전문가는 클라이언트의 질병에 대한 이해와 여가와 레크리에이션에 대한 충분한 이해 그리고 다양한 인접치료방법에 대한 지식이 있어야 한다.

치료레크리에이션의 실천방법은 다른 치료에 비하여 상당히 개방적이다. 실제로 클라이언트에게 도움이 되는 치료방법이라면 과감하게 흡수하여 치료레크리에이션의 실천요법으로 자리 매김을 할 수 있도록 노력해야 한다.

1. 독서치료

독서치료(bibiliotherapy)은 클라이언트에게 다른 사람들도 자신과 비슷한 문제들을 가지고 있다는 것을 알게 하기 위해서, 또한 존재에 대한 새로운 통찰을 얻도록 돕기 위해 소설이나 희곡, 단편소설, 소책자, 팜플렛과 같은 읽을 거리들을 사용하는 것을 말한다. 일반적으로 독서치료는 정신의학적 배경에서 사용된다. 클라이언트를 위해 선택된 인물들이 등장한다. 클라이언트는 그 등장인물과 자신을 동일시하게 되고, 자신을 내용에 투사(projection)하게 된다. 이러한 과정에 치료레크리에이션 전문가가 개입하면 의도된 결과를 도출해 낼 수 있다.

독서치료는 치료레크리에이션 전문가들 사이에서 일반적 기법으로 자리 잡지는 않았다. 그러나 그것은 클라이언트가 그들 스스로를 돕는 방법들을 찾아낼 수 있다는 점에서 중요성이 있다. 만일, 적절한 구조와 체계가 제공되기만 한다면, 클라이언트는 치료레크리에이션 전문가들의 직접적인 도움없이 자기 스스로 행동을 만들어 낼 수 있다(노용구, 2002).

2. 원예요법

원예치료(horticulture therapy)은 치료목적으로 식물을 기르는 행위들을 지칭한다. 원예치료 프로그램은 단순한 프로그램에서 복잡한 프로그램까지 그 범위가 광범위하다. 그것은 단순히 집안에서 식물을 기르거나 창턱에 식물을 두는 단순한 프로그램에서부터 넓은 야외정원 또는 완전한 온실에 꾸미고 보살피는 복잡하고 전문적인 프로그램까지 포함한다.

유럽, 캐나다, 미국 등지에서 원예치료는 다양한 치료방법으로 사용되고 있다. 원예치료를 사용하는 기관으로는 정신병원, 정신건강공동체센터, 특별한 교육 프로그램을 가진 학교, 갱생시설, 요양원, 육체적 회복을 위한 장기간의 보호시설이나 센터들이 있다.

Rothert와 Daubert(1981)에 따르면, 그러한 시설들 안에서 원예활동은 적응의 문제를 돕고, 또한 원예에 대한 지식이 두터워짐으로써 그 결과, 클라이언트의 환경에 대한 관심을 넓혀가는 동기화라는 이중의 목적을 위해 적응의 치료적 관계를 발전시키기 위한 수단으로서 사용된다.

■ 원예요법의 효과

- 삶에 대한 만족, 도덕, 환경과의 상호작용을 높인다.
- 정원을 방문함으로써 평화와 조용하고 새로워진 정신을 얻는다.
- 사회화, 동료의 지지, 자기존중감을 높인다.
- 목표와 책임감, 조절감을 갖겠다는 약속을 수립한다.
- 정신에 적절한 연습을 제공하고, 원예를 통해 기초적 운동능력을 증진시킨다.
- 개인적으로 의미 있는 행동에 참여하는 동안 육체적 치료에도 이점이 있다.
- 촉각능력을 발전시킨다(기교 있는 손을 가지게 됨).
- 흙에서 직접 일함으로써 견고한 현실감과 자연과의 접촉을 촉진시킨다.
- 다른 생물과 삶의 주기, 성장과 발전에 대한 감사하는 마음을 갖게 한다.
- 목표감과 필요한 사람이라는 느낌을 갖게 한다.
- 고용으로 이어질 수 있는 원예기술을 발전시킨다.
- 차후의 처치와 복귀에도 계속될 수 있는 건전한 여가활동을 발전시킨다.

원예치료활동은 다양하며 넓은 폭을 가지고 있다. 그 종류로는 휠체어 사용자의 정원 보살피기, 씨앗뿌리기, 실내분재심기, 꽃장식 만들기, 포도덩굴로 월계관 만들기, 드라이플라워로 액자나 다른 물건 만들기, 폐병으로 식물재배용기 만들기, 오렌지주스, 포도주 만들기, 직접 키운 채소로 요리하기 등을 포함한다. 최근에는 '수동적 치료정원(passive therapy gardens)'에 관심이 모아지고 있다. 이는 클라이언트들과 치료레크리에이션 전문가들이 식물이 가득 찬 곳에서 평화와 고독감을 경험하게 하며, 식물의 생장에 있어 성장과 되살아남을 관찰할 수 있는 시설을 갖추어 가는 것이다.

원예요법에 의한 임상적 효과는 클라이언트들이 원예작업을 통해 치료적 효과를 얻을 수 있다는 긍정적 결과를 보여 주었다.

치료레크리에이션 전문가들은 식물과 원예에 대한 지식을 가지고 있어야 하며, 원예요법 프로그램을 이끌어가기 위해 이 지식을 클라이언트들의 문제나 근심에 연결시킬 수 있어야 한다(노용구, 2002).

3. 향기치료

향기치료(aromatherapy)는 정신안정, 신체 및 영혼건강을 유지하기 위해서 클라이언트들을 돕기 위한 전체론적 방법이다. 향기치료는 질병의 원인을 다르기 위한 증상을 치료하고자 시도한다. 향기치료는 종종 다른 종류의 치료법과 결합하여 사용되고 있다. 예를 들어, 명상, 자율훈련법, 안정훈련과 같은 스트레스 감소기술들은 진정제 특성을 가고 있는 오일과 함께 마사지와 결합하여 사용될 수 있다.

향기치료는 캐나다와 미국에서 인지도를 얻고 있다. 많은 치료레크리에이션 전문가들은 향기치료에 관심이 있고, 자주 사용한다. 향기의 사용은 안정제 효과를 주어 클라이언트의 분노와 스트레스를 치유할 수 있다. 치료레크리에이션 프로그램 내에서 전문가들은 과거에 기쁨을 주거나 안정된 시간을 준 특정 향기를 클라이언트들이 인식하도록 도와주어 이들이 이 향기를 기억해 내거나 실제로 향기를 맡도록 함으로써 긍정적인 감정적 반응이나 안정된 느낌에 기여한다(노용구, 2002).

4. 동물이용치료

동물을 치료목적으로 사용한 클라이언트는 토끼나 닭들에게 먹이를 주면서 자기 통제를 배운다. 동물이용치료(animal-assisted therapy training)는 오늘날 많은 곳(병원, 재활센터, 특수학교 등)에서 이용되고 있다. 동물이용치료는 그 효과가 사회적으로도 용인되고 있기 때문에 외로움이나 고립된 삶을 사는 클라이언트들에게 많이 행하여진다.

동물 중에서 위험이 없는 동물은 사회적인 문제를 가지고 있는 클라이언트들에게 많이 이용되고 있다. 애완용 동물은 항상 자신을 돌보아주기 때문에 주인에게는 조건 없는 사랑과 명령을 따른다.

■ **동물이용치료의 목적**

- 사교성 발전과 대인관계 개선
- 기쁨과 만족감의 표현
- 우울함의 개선
- 자신감 상승
- 현실세계의 교감
- 삶과 죽음에 대한 태도 개선
- 외로움 저하
- 책임감 상승
- 감각적 효과
- 스트레스 저하

client의 다음과 같은 반응을 문서로 기록한다.

- 동물을 쳐다본다.
- 동물을 만진다.
- 동물에게 이야기한다.
- 동물의 이름을 기억한다.
- 동물의 이름을 사용한다.
- 동물과 함께 활동에 관여한다(즉 걷기, 재주 가르치기, 빗질 또는 솔질)
- 치료사를 바라본다.
- 치료사에게 이야기한다.
- 치료사의 이름을 기억한다.

지금까지 알려진 연구 결과를 보면 치매환자의 동물이용치료는 큰 성과를 얻고 있다. 상해군인병원을 대상으로 한 연구 결과에서도 동물이용치료는 우울함을 낮추는 결과를 가지고 왔다고 한다.

어린이들의 동물을 이용한 치료는 사회적인 활동과 대인관계개선에 도움을 준다는 보고가 많이 있다. 개를 이용한 치료는 자신의 학대나 너무 지나친 과감성을 줄여주고 사회적 생활을 잘 할 수 있도록 도움을 준다. 또한, 홀로된 배우자들이 동물을 기르는 경우에 동물을 기르지 않는 사람들 보다 자신들의 죽음에 대한 두려움을 덜 가지고 있다. 동물과의 교감은 삶의 원동력을 제공하기도 한다(노용구, 2002).

5. 수상치료

수상치료(aqutic therapy)는 현재 임상시설에서 치료나 재활에 폭넓게 쓰이고 있다. 수상치료는 단순한 수영에 그치지 않는다. 수상치료는 정신적으로나 육체적으로 도움이 된다. 신체적으로 근력향상, 지구력, 유연성 등에 직접적으로 효과를 준다. 정신적으로는 우울함의 저하, 자신에 대한 인식이나 몸에 대한 이해의 폭을 넓힐 수 있다.

수상치료는 특히 당뇨병이나 고혈압환자들에게 도움이 된다. 수상치료는 많은 관절염환자들에게 물속에서의 걷기 등을 통하여 관절의 고통을 줄여주며, 관절을 보다 더 튼튼하게 하여 준다. 수상치료는 개인치료방법보다 집단 활동을 권장한다. 수상치료는 요즘 들어 많은 발전이 있었으나, 이직도 많은 발전을 하여야 하며, 많은 전문인들이나 연구자들이 수상치료의 효과를 인식하면 더 많은 클라이언트들이 효과를 누릴 수 있을 것이다(노용구, 2002).

6. 치료적 공동체

치료적 공동체(therapeutic community)라는 용어는 일반병원이나 큰 정신병원 또는 다른 시설들 안에 상대적으로 작은 규모의 모임을 운영하는 것을 말한다. 치료적 공동체는 기본적으로 정신의학적 서비스에 근거해 사용되어 왔고, 정서적 · 행동적 문제들에 대한 치료에서 중요한 방법 중의 하나이다.

치료적 공동체는 클라이언트들이 사람들과의 관계 속에서 변화하고 성장하기 때문에 총체적 사회 환경으로 인식될 수 있다. 클라이언트의 문제는 그릇된 사회적 학습에 기인한 것이기 때문에 긍정적 사회학습이 개인의 대처능력을 만들 수 있다고 가정한다. 치료적 공동체의 목표는 사람들이 다른 사람을 도움으로써 그들 자신을 돕고, 궁극적으로는 그들 자신에 대해 책임을 질 수 있도록 배우는 것이다. 치료적 공동체 영향을 활용하기 위해 조직화된 분위기 안에서 작업과 레크리에이션을 하면서 자유롭게 상호 행동한다.

치료적 공동체는 개념의 모호성과 전문가의 위치가 애매한 문제점을 가지고 있지만, 치료레크리에이션에서 주요한 개념이다. 하나는 촉진하는 변화에 있어 치료레크리에이션 전문가의 중요성이다. 모든 클라이언트들이 치료적 가치를 경험하고 클라이언트와 치료레크리에이션 전문가의 모든 일들이 치료적 잠재성을 가진 것처럼 보이기 때문이다.

치료레크리에이션 전문가들은 정규적으로 클라이언트와 일과 여가를 함께 보냄으로써 사회적 환경에 대한 중요성을 보여줄 수 있다. 또한, 그들은 개인간 의사소통과 역동적 집단역학에 있어 집중적으로 개발된 기술들을 가지고 있다. 치료레크리에이션 전문가들은 '집으로부터 멀리 떨어진 집'에 있는 동안 비구조화된 시간을 다루는 방법을 학습시키는데 치료적 공동체를 효과적으로 사용할 수 있다.

치료적 공동체 접근은 또한 치료레크리에이션 전문가들이 치료를 발전시키고, 긍정적인 사회구조를 창조하기 위해 모든 치료팀과 클라이언트들 간의 조화와 협력이 필요하다는 것을 보여준다(노용구, 2002).

7. 유머

웃음은 유머(humor)에서 비롯되는데, 유머는 불일치에서 발전한다. 우스워 보이는 것들은 대개 돌발적이며, 모호하고, 부적절하거나, 비논리적이다. 웃음과 유머는 건강한 삶과 관련되어 있다.

건강한 사람들은 대부분 유머감각을 가지고 있다고 여겨지며, 다른 이들과 함께 웃을 수도, 스스로를 웃음의 대상으로 삼을 수 있다. 웃음과 유머가 치료적 가치를 가진다는 생각은 오래전부터 있어 왔다. 그 누구도 "웃음이 가장 좋은 약이다"라는 어구를 의심하지 않는다. 그렇다고 하더라도 웃음과 유머를 치료적 개입수단으로 사용한다는 개념은 논쟁적으로 남아있다. 이는 치료에 있어 유머의 사용을 지지할 과학적 증거가 부족하다는 점에 기인한다.

유머는 정신건강관리에서 중요한 요소로 자리 잡았다. 유머의 효과는 고통을 감소시키거나 완화시킬 수 있는, 우리를 부끄러움과 죄책감으로부터 자유롭게 해주는, 스트레스를 감소시켜주는, 금기로부터 우리를 해방시키는, 우리가 사회적 유대를 가질 수 있도록 돕는, 도움이 되는 관계들을 구축할 수 있도록 돕는 그리고 통제되고 있다는 느낌을 덜어줄 수 있는, 그러한 '강력한 도구'로서 인식된다.

치료레크리에이션으로서의 유머에 대한 최근의 관심으로부터 얻어진 첫 번째는 우리 모두 우리 자신을 너무 심각하게 받아들여서는 안 된다는 점이다. 우리 모두는 우리 자신과, 우리 자신이 처해 있는 상황을 웃음의 대상으로 삼는 법을 배울 필요가 있다. 유머감각을 형성하는 것 이상으로 우리는 유머감각을 펼치는 클라이언트와의 관계 속에 유머를 사용할 수 있어야 할 것이다. 클라이언트가 유머의 사용에 어떻게 반응할 것인가를 결정하기 위해서는 유머를 부과하는 것이 현명한 방법이다.

유머와 관련해서 다음과 같은 내용의 질문을 할 수도 있다 : 당신을 웃게 만드는 것은 무엇입니까? 당신은 누구와 가장 많이 웃습니까? 당신은 언제, 어디서 가장 많이 웃습니까? 당신은 스트레스를 받거나 고통스러웠던 과거 중에 유머를 사용했던 것을 기억할 수 있습니까?

치료레크리에이션 전문가들은 유머러스한 영화를 보여주거나 유머러스한 읽을 것들을 선택하도록 도움으로써 클라이언트가 유머를 경험하도록 도와줄 수도 있다. 또한, 시설 내에 '유머 방', '유머수레' 또는 '유머바구니' 등을 활용할 수 있다. 수레와 바구니는 클라이언트들의 방에 갖다놓을 수 있는 명확한 장점을 가지고 있다. 전형적으로 수레 안에 있는 물건들은 CD, 카세트테이프, 비디오 그리고 듣거나 볼 수 있는 장치들을 포함한다. 매체들은 유머러스한 영화들, 시추에이션 코미디 등을 포함할 수 있다. 유머러스한 잡지, 재담과 만화책, 심지어, 비누방울, 장난감, 게임, 게임용 돈, 인형 등도 사용될 수 있다. 클라이언트에게 수레에 포함될 아이템들에 대해 제안을 할 수도 있다(노용구, 2002).

8. 치료적 터치

치료적 터치(therapeutic touch)라는 용어는 뉴욕 대학의 간호교수였던 Krieger에 의해 정의된 용어로써, 그녀는 사람의 터치의 치료적 사용을 주창해 왔다(Cohen, 1987). 그녀는 치료적 터치를 통해서 긍정적인 결과들을 보여줄 수 있는 증거를 제시하였다. 특히, 피험자의 헤모글로빈 수치를 획기적으로 증가시키는 치료적 터치에 관한 연구를 해왔다(Krieger, 1979). Krieger의 치료적 터치의 바탕에 깔려있는 이론은 'prana'라고 불리는 에너지가 치료자로부터 환자에게로 전이될 수 있다 것이다. 그녀의 이론에 따르면, 건강한 사람들은 넘치는 에너지(prana)를 가지고 있다. 치료적 터치를 통해 건강한 치료자는 아픈 사람에게 prana를 전달하는데, 환자는 자신의 prana 수준이 부족하여 고통을 겪고 있는 중이다. 이 전달은 고통을 경감시키고, 환자의 회복과정이 조절할 수 있는 조건을 만들어내는 이완반응을 산출한다. Krieger는 인간이 터치를 통해 다른 사람을 고칠 수 있는 잠재성을 가지고 있다고 믿는다. 건강하고, 다른 이들의 요구를 충족시켜 줄 수 있도록 돕고 싶다는 강렬한 욕구는 건강한 에너지(prana)를 생성하고 전달하게 된다.

터치는 우리의 감각에 있어서 '가장 중요하고', '가장 기초적인'것으로 불리어져 왔다. 유아들은 정상적 성장에 있어 터치를 필요로 한다는 것이 발견되었다(Huss, 1977). 성인들은 그것 없이는 압박감을 느끼고, 안절부절못하게 된다(Maxwell-Hudson, 1988). Thayer(1988)는 터치를 "모든 소통 경로 중에서 가장 강력한 것"이라고 말했다. 그러나 과학적이고 전문적인 문헌에 있어 터치의 유용하고 강력한 효과들이 알려졌지만, 많은 사람들은 다른 사람들을 터치하는 것에 대해 주저한다. 아마도 이는 터치에 대해 사회적 인식때문일 것이다.

■ 치료레크리에이션에서 적용

터치는 의사소통의 강력한 형식이다. 그러나 의사소통의 비언어적 형식으로서, 그것은 오해의 소지가 있다. 터치가 따뜻함과 보호를 의미할 수 있는 반면, 그것은 사적인 공간에 대한 침해나 품위를 떨어뜨리는 행위 혹은 유혹하는 행위로 해석될 수도 있다. 터치를 사용할 때는 주의가 요구된다. 터치의 사용이 가지는 적합성을 고려하는 것이 중요하다. 평가될 수 있는 요인에는 다음과 같은 내용들이 포함된다.

- 터치가 실행되는 환경
- 다른 사람들이 있는지 없는지의 여부
- 터치를 받는 사람과의 관계
- 터치하는 사람의 성별(gender)
- 터치를 받는 신체부위(악수, 어깨동무, 포옹)
- 그 사람이 터치를 받을만한 분위기에 있는지의 여부
- 터치하는 사람의 개인경력(personal history)

개인경력은 특별한 관심사가 되어야 한다. 압박 받고 비탄에 젖은 사람은 터치를 관심의 제스추어로 반응할 수도 있다. 반면에, 성적으로 문란한 사람은 터치를 성적인 관계의 발전으로 간주할 수도 있다. 학대받은 아이는 편안하게 해주려는 손길을 거부할 수도 있는 반면, 죽어가고 있는 사람은 손을 잡는 것만으로도 무한한 편안함을 느낄 수도 있다.

터치가 오해될 수 있기 때문에 많은 치료레크리에이션 전문가들은 클라이언트들로부터 제기되는 법적인 또는 윤리적인 고발로부터 자신들을 보호하기 위해 터치를 피한다. 그러나 감정을 표현하기에 언어가 불충분할지 모른다. 또한, 많은 사람들이 따뜻한 시선과 손길에 굶주려 있다.

치료레크리에이션 전문가들이 클라이언트에 터치를 사용하는 위험을 감수해야만 하는가? Thayer(1988)는 보다 많은 치료자들이 그들의 치료목록의 한 부분으로서 터치의 사용을 고려해야 한다고 제안했다. 물론, 각 치료레크리에이션 전문가들은 터치와 관련된 위험을 감수할 수 있는지를 결정하기 위해 자기진단과정을 거쳐야 한다. 터치를 생각하는 자신의 감정에 대한 첫 번째 인식이 이러한 자기진단을 시작하는 좋은 출발이다(노용구, 2002).

9. 신체활동

치료레크리에이션 전문가가 가장 자주 사용하는 기법 중의 하나가 신체적 운동(physical activity)이다. 아마도 스트레스를 제어하기 위한 가장 자연스러운 방법은 신체활동의 참여를 통하는 것이다. 신체활동은 자연의 안정제로서 생각할 수도 있다.

운동은 향상된 체중관리, 심장병 위험의 감소와 같이 건강에 잠재적인 이익을 가져오기 때문에 최근에 점점 더 여가활동으로 인기가 높아지고 있다. 그리고 신체활동의 잠재적인 심리적 장점에 대해서 상당한 관심이 있었다. 일상 이야기에서 많은 사람들은 신체활동을 한 뒤에 기분이 좋아졌다라고 보고하며, 건강관련 전문가들은 신체적 활동인 운동(exercise)을 추천한다.

갈등, 좌절, 위협, 비난은 심리적인 스트레스를 가져올 수 있다. 스트레스에 대한 반응으로 싸우거나 도망가는 반응의 발생에 대해 몸은 스스로 활성화한다. 즉, 신체는 위험을 처리하거나 감소하기 위한 보호행동들을 예상하면서 생리적으로 활성화된다. 그 결과, 광범위한 신체반응이 일어난다. 경계심을 높이기 위해서 각성수위의 전반적인 증가가 보통 일어난다. 심장혈관 시스템은 활동의 증가를 보여주며 호흡량은 증가한다. 아드레날린 세포는 혈관 속에 호르몬을 분비하며 피는 두뇌 · 심장 · 골격 · 근육으로 더 많이 유입된다(Sundeen et al., 1998; Dus다-Girdano, 1979). 요약하면, 몸은 스트레스에 대한 신체반응을 위해서 준비하게 된다. 스트레스 반응이 일어나면 Dusek-Girdan0(1979)는 신체활동이 스트레스 상태를 완화하여 스트레스를 처리할 수 있게 도와준다고 제안했다.

신체의 시스템을 쥐어짜고 건강을 해치는 이러한 모든 감정들을 가만히 앉아서 느끼고 있을 때가 아니다. 움직이고, 에너지를 소비하고, 안정된 시스템에 파괴적인 힘으로 작용하는 스트레스를 덜어야 할 시간이다. 이러한 경우에 적절한 활동은 최소 한 시간 이상 지속되는 수영, 달리기, 춤, 자전거 타기, 활동적인 개인 · 그룹 스포츠와 같은 전신운동이다. 이러한 활동은 몸을 상하게 하고 심장병이나 궤양과 같은 퇴화적인 질병의 병인이 되는 스트레스 산출물들을 소비할 것이다.

달리기와 조깅은 특히 스트레스를 줄이고 긍정적인 심리적 효과를 기르는데 도움이 될 수 있다. 이러한 형태의 운동을 사용하는 치료 프로그램은 때로 달리기 치료요법으로 언급된다. 최근 달리기에 대한 높은 관심 수준은 현대식 삶의 스트레스를 극복하기 위한 사람들의 필요와 연관성을 가질 수도 있다는 점을 추론할 수 있게 한다.

몇몇 클라이언트들은 건 · 근육 · 관절에 무리를 주지 않고 달리기의 장점을 제공하는 걷기 프로그램에 추천할 수 있다. 걷기운동(지속적으로 활발하게 걷는 운동)은 의료상의 제약과 한동안 활동을 하지 않은 노인들에게 특히 적절한 선택 안으로 제공되는 자연적인 운동방식이다.

신체활동을 통한 스트레스 감소의 3번째 분야는 중정도 내지의 격렬한 운동 프로그램에 참여하는 것이다. 운동을 통해서 발휘된 근육은 이완으로 반응해야 한다. 또한, 체계적인 운동프로그램 참여는 스트레스를 주는 요인들부터 한 개인의 집중력을 전환시키게 한다. 운동 프로그램은 달리기 혹은 걷기 프로그램에 참여할 수 없게 하는 신체적 제한을 갖는 사람들뿐 아니라, 뛰거나 걷기 싫어하는 노인들에게 현명한 대안이다. 이러한 사람들은 풍부한 물이 치료의 가치를 제공하는 수영 운동으로 특히 이득을 볼 수 있다.

달리기, 걷기운동 프로그램을 시작하기로 결심하면, 항상 시작하기 전에 주치의와 상담해야 한다. 일단 의사의 허락을 받으면 프로그램을 천천히 시작하여 더 나은 몸상태가 될 때까지 조금씩 증강시켜야 한다.

신체활동은 오랫동안 치료레크리에이션에서 인기 있는 프로그램이었다. 달리기 치료요법은 신체활동에서 얻어지는 심리적 이득에 대한 새로운 인식을 하기 시작한 계기이다. 달리기는 비싼 운동이 아니며, 어디에서든 할 수 있으므로 치료레크리에이션을 위한 특별한 가능성을 갖는 것 같다.

걷기운동은 달리기를 대신하여 저렴하고 아무런 특별시설이 필요로 하지 않는 대안을 제공한다. 그리고 걷기는 부상 위험률이 낮으며, 대부분의 사람들이 할 수 있는 자연적인 운동이다. 걷기운동의 긴장완화특성은 쾌적한 야외환경에서 즐길 수 있다는 점이나, 안정된 사회분위기에서 다른 사람과 걸을 수 있는 점으로부터 나온다. 운동 프로그램은 신체운동을 통한 스트레스 감소의 또 다른 방법을 제공한다. 이러한 프로그램은 노인들과 장애인들을 위해서 달리기와 걷기 운동의 대안을 제시한다. 수영, 배젓기, 자전거 타기, 하이킹과 같은 기타 신체활동은 보통 참여자들에게 추가적인 위협, 갈등, 좌절을 주는 경쟁에 기반을 두지 않으므로 사람들이 스트레스를 관리하는데 적절한 도움을 줄 수 있다. 레크리에이션 경험으로 여겨지는 신체활동에 임할 때 더욱 효과적인 스트레스 감소가 나타난다는 보고가 있다(노용구, 2002).

10. 태극권

태극권(tai chi)은 중국에서 800년 전에 창시된 고대운동으로 현재 아시아뿐만 아니라 유럽, 호주, 캐나다. 미국 전역에 걸쳐 광범위하게 행해지는 운동이다. 태극권은 완만한 춤과 유사한 부드럽고, 지속적이며, 스트레스를 주지 않는 동작을 이용한다.

『대체의학백과사전(Encyclopedia of Alternative Medicine)』은 태극권의 조화동작들을 수중 발레처럼 보이는 우아하고 물이 흐르는 듯한 느린 동작으로 설명한다. Du and King(1998)은 태극권을 공중에서 하는 수영으로 묘사한다.

태극권의 연습은 신체적 · 정신적 · 감정적 치료결과를 가져온다. 태극권은 신체적으로 지구력을 증강시키고, 힘과 유연성을 키우고, 균형감각을 향상시키고, 순환을 돕고, 혈압과 심장 박동 수를 낮추고, 긴장감을 완화시킨다. 정신적으로는 안정과 안녕을 가져온다. 감정적으로는 불안감과 우울감을 감소시키고 긍정적인 감정을 고조시킨다. 노인들은 특히 태극권의 연습으로 효과를 보는 것 같다.

명상기술로 변한 태극권은 원래 음양의 상징을 나타내는 철학을 기반으로 만들어진 무술이다. 음과 양은 조화와 균형을 이루기 위해서 서로 상호 작용하는 반대개념을 뜻한다. 태극권은 수행자의 신체를 정신, 감정, 영혼의 요소와 조화를 이루게 한다.

Lee(1993)는 "태극권에서 몸은 움직인다. 하지만 정신은 움직이지 않는다. 이러한 움직임 속의 정신적 부동자세는 행동 속에서 명상의 경험으로 이끌게 된다. 동작과 자세에 집중하면서 정신은 고요해지고 안정된다"라고 설명한다. 비록 태극권에 능숙한 사람들을 볼 때 간단해 보여도 태극권을 배우는 일이 절대로 쉽지 않다는 점을 알아야 한다. 동작을 펼칠 때 편안함과 안정감을 느끼기 위해서는 동작을 배우는 시간이 필요하다(노용구, 2002).

11. 모험/도전 치료법

가장 급속도로 성장하고 있는 치료레크리에이션 분야 중의 하나가 모험/도전 치료법(adventure/challenge therapy)이다. 모험/도전 치료법을 묘사하기 위해 다른 용어들이 많이 사용된다. 그것은 야외 모험활동(Voight, 1988), 모험기반 프로그램(Voight, 1988). 모험레크리에이션(Dattilo & Murphy, 1987), 경험적 도전프로그램(Roland et al., 1987), 모험교육(Sugarman, 1988), 모험프로그래밍(Witman, 1987), 야외모험 레크리에이션(Ewert, 1987), 모험/도전 프로그램(Richards & Myers, 1987), 모험치료법(Gass, 1993), 모험/도전 치료법(Smith, 1987) 등이다.

또한, 이 분야의 저자들에 의해 여러 정의가 내려졌다. Ewert(1987)와 Dattilo and Murphy(1987)의 정의는 '치료법에 대한 이러한 방식과 부정확하지만 참여자들과/혹은 환경에 의해 영향을 받는 자연적인 야외설정에 관여하는 자발적이고, 비파괴적인 레크리에이션 활동이다'라고 정의한다. Dattilo and Murphy(987)는 모험레크리에이션이라는 용어를 사용하고, 이를 야외에서 발생하는 주관적이고 도전적인 경험이며, 보통 자연환경에서 이루어지고, 실질적 혹은 지각된 위험의 요소를 포함하는 활동들과 관련이 있다고 정의한다.

Sugarman(1988)은 모험/도전 프로그램의 가치를 다음과 같이 나열하였다.

- 활동은 비경쟁적인 경향을 갖는다.
- 특별히 설계된 일련의 활동을 성공적으로 완료하면 성취감을 얻는다.
- 활동은 참여자들 사이에서 협동·신뢰를 장려한다. 전체 그룹은 특정목표를 달성하기 위해서 의사소통을 하고 협력해야 한다.
- 활동은 자아개념 개발을 위한 기회를 향상시키는 참여자들의 수준에 맞추어 구현될 수 있다.
- 활동은 참여자의 일상생활에서 일어날 수 있는 상황들의 사례로 사용될

수 있다.

- 참여자들은 유연성, 힘, 공동작용, 지구력을 향상시키면서 즐길 수 있다.
- 활동은 자연환경에 대해서 더 큰 존경과 감사를 키워주는 자연요소들과 협력할 것을 요구한다.

모험/도전 치료법 프로그램으로부터 얻을 수 있는 수많은 이익은 연구자들에 의해서 확인되었다. 이들은 자신감과 자긍심의 증가, 자기권한의 인식, 사회기술과 문제해결기술의 향상, 학업능력의 향상, 근육힘과 심장효율의 향상, 더 현실적인 자아의 지각, 불안감과 우울감의 감소, 향상된 체계적 사고능력, 청소년 범죄자들 사이에서 상습적 범행의 감소, 탈선의 감소를 포함한다.

특히, 청소년에게 모험/도전 치료법의 사용이 큰 가능성을 가지고 있다. 모험/도전 치료법은 아직 상대적으로 새로운 것이지만, 이 치료법에 대해서 광범위한 훈련과 경험이 없는 사람들은 조심스럽게 접근해야 한다. 치료레크리에이션 전문가들은 프로그램을 시작하기 전에 모험/도전 치료법의 실습에 전문가인 사람들로부터 조언과 훈련을 받아야 한다.

모험/도전 치료법의 지침이 되는 원리들은 다른 종류의 치료요법 활동들에서 그룹에 적용될 수 있다. 한 가지 원리는 긍정적인 결과를 달성하기 위한 성취가능성 있는 도전과 모험이어야 한다. 도전적이지만 그래도 고객들의 능력 안의 활동을 제공하는 것은 치료레크리에이션 프로그래밍 전반에 적용할 수 있는 원리이다.

또 다른 원리는 비록 치료레크리에이션 전문가의 역할이 중요하지만, 클라이언트는 자신들의 변화에 대해서 스스로 대행자로 여기고 시간이 지날수록 자신들의 치료에 대해서 책임감을 증가시켜야 한다. 치료레크리에이션에서 중점은 치료과정 전반에서 변화에 대한 더 큰 책임감을 스스로 가지면서 변화되도록 기대되는 클라이언트들에게 더 큰 효과가 있다.

모험/도전 치료법의 세 번째 원리는 그룹 프로세싱이 클라이언트의 전체적인 경험에 중요한 부분이란 점이다. 치료레크리에이션 프로그램에서 얻은 경험으로부터 배우는 일은 활동을 프로세싱하면서 더욱 향상시킬 수 있다. 얻어진 내용들은 강화될 수 있으며 변화되어야 하는 감정, 행동, 인지는 그룹 프로세싱의 결과로서 고객들이 주목할 수 있게 된다(노용구, 2002).

12. Token Economy(토큰 경제)

많은 정신병원에서 비슷하게 사용하는 접근방법이 "Token Economy system" 이다. Maxmen, Tucker와 Lebow의 Token Economy 방법을 시행착오적 학습에서 따온 것으로서 일정한 원칙에 체계적으로 적용하는 치료 모형이다. 이 방법은 환자의 바람직한 활동과 긍정적인 강화자 사이에 접촉가능하고 제공될 수 있는 매개체로서의 토큰을 활용함으로써 환자의 바람직한 활동과 긍정적인 강화자 사이에 접촉가능하고 제공될 수 있는 매개체로서의 토큰을 활용된 행동들을 약화시킨다. 예를 들어, 위축증 환자는 동료환자와 사귀는 것을 돕기 위하여 토큰제도를 사용하고 그는 TV보기 등의 자신의 욕구를 충족하거나 특전이나 상품을 교환할 수 있다.

병원단위에서 환자는 침대꾸미기, 세면 혹은 서비스 기능 같은 책임을 수행하기 위해 토큰을 받을 수 있다. 환자는 또한 토큰에 의해 보상되고 강화되는 사회 상호작용과 활동요법의 분야에서 적응적인 행동을 나타낼 수도 있다.

토큰자체는 긍정적인 강화제이며 일반적으로 종이돈이나 도장 찍은 용지를 사용한다. 그것으로 환자는 담배, 관광이나 영화구경 등의 특혜를 받는다. 정신병원에서 환자를 활동에 적극적으로 참여시키기 위해 토큰을 사용한다.

이 방법을 사용하는 병원에서 토큰은 다른 생활 편의 품이나 오락 시설뿐만 아니라 레크리에이션과 연관된 모든 시설을 사용할 수 있다. 이 방법이 Token Economy로 알려진 것은 병원시설 내에서 모든 교환경제를 대표하기 때문이다. 강화제로서의 의미뿐만 아니라 토큰은 계속적인 동기화, 지체된 보상을 알고 미래를 계획하는 자극제로서의 의미도 있다. 또한 공동체 생활에 복귀하기 위한 준비로 이것들은 돈을 버는 일과 저축과 소비를 표현해 준다(www.naver.com).

13. Role Playing

1) Role Playing의 개념

Role Playing이란 인간관계의 일반적 영역에서 어떤 상황이나 문제를 극화한 것으로서 소집 단원에게 개인별로 서로 다른 역할을 주고 어떤 가상적 상황에서 서로 협의하여 어떤 결정을 하게 함으로써 다른 역할을 맡은 사람들과 원만한 타협을 보도록 하는 기법이다.

역할 훈련은 초기에는 정신질환을 겪고 있지 않은 사람 중에서 인생의 문제와 기회를 좀 더 잘 활용하기 위하여 사회기술을 발전시키고자 하는 사람들에게 먼저 적용되어졌다. 주로 여성집단, 노인집단, 대학생의 성역할에 대한 사회기술을 향상시키기 위해서 많이 활용되었다.

환자를 위한 적용은 Wolpe가 처음으로 정신질환자들의 치료법으로 이 훈련을 사용하였다. Wolpe는 한 소아기호증(Pedophilia, 이성의 소아를 대상으로 성교를 하려는 변태행위)환자를 치료하였는데, 이 환자는 매우 수동적이며 자기주장을 전혀 하지 않으며 비굴한 태도를 보였다.

특히 아버지에 대해서 더욱 더 그러한 태도를 보였는데 Wolpe는 이러한 태도를 성변태증의 원인으로 생각하고 적절한 사회기술, 주장훈련이 도움이 될 것이라고 평가하여 이 훈련을 실시함으로써 현저히 감소시킬 수 있었다고 보고하였다.

2) Role Playing의 장점

① 환자간의 친근감을 증대시킬 수 있다.

② 운영에 융통성이 있고 연습이 가능하며, 연습자체가 치료효과를 내기도 한다.

③ 환자 자신들의 공유하는 경험을 갖게 됨으로써 서로 대화가 깊어질 수 있다.

④ 역할연기를 하는 환자는 타인의 역할을 통하여 자신의 감정이나 태도, 신념 등을 자유로이 표출함으로써 자신에게 내재된 심리적 억압을 발산할 수 있다.

3) Role Playing의 단점

① Role Playing의 내용을 계획하여 연출하는 데는 상당한 기술이 필요하다.

② 치료효과를 정확히 예측하고 평가하기가 어렵다.

③ 역할 연기자에 따라서는 의도했던 대로 치료효과가 나타나지 않고 결과가 달라질 수 있다.

④ 준비하는데 시간이 많이 소요된다.

4) Role Playing의 원리

Role Playing은 실제적인 상황에서의 환자들의 역할대행을 효율화하기 위하여 가상적인 상황을 설정해 놓고 짤막한 인간관계의 장면을 연출하는 기법으로서 연기자는 2명 이상으로 구성된다. 연기의 주제는 환자들의 실제 상황에 적용할 수 있는 것이 좋으며, 연기내용을 구성하는 자료는 보통 환자와 치료자 그리고 보조자로부터 즉각적으로 얻어진다. 이 때 자료가 환자의 치료 계획에 적합한지 유의한다.

역할연기자는 환자 중에서 뽑는데, 자신의 역할에 심리적으로 깊이 연관된 사람이 좋다. 그럼으로써 극을 연출할 때 역할 연기자의 역할에 대한 심리적 연관성이 다른 환자에게 효과적으로 전달될 수 있다. 이 기법을 이용하는 집단은 환자 자신이 통찰(insight)이 있고 비공식적이고 동질적인 집단이 좋다. 공식적인 집단과 이질적인 집단은 개인적인 심리적 동일시 정도가 낮기 때문에

이용하는데 상당한 주의를 기울여야 한다. 경우에 따라서는 환자 중에 연기자로서 나서기를 꺼리는 사람이 있을 수 있는데, 이 경우 치료자나 지도자는 환자가 지나치게 당황하지 않도록 관찰자로 남아있게 하는 것이 좋다.

Role Playing의 내용구상은 비교적 쉬우나 환자의 특성에 따라서는 극을 실제로 연출하는데 어려움이 많고 준비하는 데에도 시간이 많이 소요된다. 그러나 시간적 여유가 있을 때에는 여러 번 연습함으로써 연출의 어려움을 극복할 수 있고, 연습 자체가 치료의 효과를 가져 올 수도 있다. 한편 치료 목표가 여러 가지로 복잡하게 얽혀 있을 경우에는 환자의 연기력이 부족할 때 치료효과가 모호해지거나 역효과를 낼 수도 있음에 유의해야 한다.

5) Role Playing 의 준비

집단의 목표를 잘 고려하여 사회적인 기능 수준이 비슷한 사람으로서 다양한 연령으로 할 것인지 남녀 혼성으로 할 것인지를 결정하며 집단을 분열시키는 사람, 적대감을 전혀 통제치 못하는 사람, 심한 환각(hallu cination), 망상(delusion)환자, 집중력이 없는 사람, 행동화(acting)가 심한 사람은 제외하며 진행자가 한 명인 경우에는 4-6명이, 두 명인 경우에는 6-12명 까지 가능하다.

훈련시간은 60분에서 90분 정도로 주 2회 정도로 진행한다. 그러나 보통 참가자들의 기능수준과 보조를 맞춘다.

① Role Playing의 목적과 요법 중에 특별히 역할연기라는 기법이 적용된 목적을 분명히 알아야 한다.

② 역할연기는 구체적으로 미리 계획하고 준비한 상황에서부터 완전히 자유분방하게 연출하는 경우에 이르기까지 다양하게 적용될 수 있음을 알아야 한다.

③ 역할연기 내용에 따라 가능하면 그에 맞는 적절한 무대를 갖춘다.

④ 한정된 시간에 역할 연기할 환자들이 연기내용, 즉 역할을 잘 습득하여 긴장하지 않은 상태에서 자신의 역할을 잘 연출할 수 있도록 하고 불안

하지 않도록 한다.

⑤ 장면을 계속 진행시킬 부분과 중단시킬 부분을 분위기와 역할연기의 목적에 따라 잘 결정해야 한다.

⑥ 장면이 진행된 후에는 환자에게 생각할 기회를 제공한다.

6) Role Playing의 절차

(1) 주제를 정한다

먼저 문제 상황 내용을 설정하는데 보통 환자 개인이 과거에 경험했던 어려운 상황을 기반으로 하거나 대부분의 정신질환자들이 겪고 있는 문제 상황을 설정하기도 한다.

사회기술이 심하게 결핍된 환자는 집단 앞에 나서서 어떤 행동을 한다는 것이 매우 불안하고 당혹스럽게 느껴지므로 진행자는 격려와 지지를 하여 용기를 가지고 수행할 수 있도록 도와야 한다. 주로 상대역할자는 고정인원으로 하기 때문에 대부분의 성원들은 모임이 수차례 진행되는 과정 속에서 항상 참석하는 치료자들과 집단성원들과의 행동 수행에는 편안해진 반면에 다른 사회적 상황에서 일반인들과의 역할 수행에는 어려움이 있기도 한다.

이 주제는 환자와 관련된 문제인 경우가 많은데, 너무 복잡하지 않고 명료한 것이어야 한다.

(2) 장면을 정한다

환자의 일반적인 문제의 범주 안에서 성원 전체가 관심을 가질 수 있는 특정한 장면을 선택한다.

(3) 장면연출에 필요한 연기자의 수를 정한다

이때 등장인물이 너무 많아서는 아니 되며 5-6명이 적당하다.

(4) 연기의 진행형식을 엄격하게 할 것인지 아니면 융통성 있게 할 것인지를 정한다.

(5) 배역을 누가 맡을 것인지를 정한다.

(6) 연기자와 청중은 역할연기의 진행을 위한 준비를 한다.

훈련모임의 목적에 대한 것과 이 시간이 어떻게 진행될 것인지, 진행과정 속에서 성원들이 무엇에 관심을 두어야 하는지에 대하여 설명한다. 즉 제시된 상황에서 어떻게 반응하는지, 시선접촉이나 얼굴 표정, 언어의 크기나 억양, 표현하는 감정상태가 그 상황에 적절한지 등을 구체적으로 관찰하도록 한다.

연기자는 자신의 역할을 익히고 다른 연기자와 연습을 통해서 서로의 역할을 맞춘다. 이때 치료자나 지도자 혹은 보조자는 청중에게 이 연극을 어떻게 관람해야 하며, 관람 도중 마음속에 어떤 질문이 제기될 수 있는가 등을 주지시킨다.

(7) 역할연기를 진행한다.

이때 치료자는 흐름이 지체되거나 다른 방향으로 흘러갈 경우 조절해 주어야 한다.

(8) 역할연기가 끝난 후 토의 및 평가를 하는데 이 때 환자들이 역할연기의 경험을 일반화할 수 있도록 한다.

7) 피드백과 사회적 강화(feedback and social reinforcement)

역할시연 후에는 자신이 한 것에 대해서 집단성원이나 치료자들로부터 조언을 듣는다. 이때는 기록된 녹화나 녹음자료를 활용하는데, 피드백을 주는 방법은 집단성원의 학습과 안정도에 매우 큰 영향을 끼칠 수 있으므로 효과적으로 이루어져야 한다.

그 방법으로는 지지적인 태도로 하고, 개선점이나 부족한 점을 언급하기 전에 우선 긍정적인 면과 이전보다 변화된 점을 조언해 주어야 한다. 또한 초점이 되는 행동에 대한 구체적이고 명확한 피드백을 주되 한 번에 세 가지 이상의 개선점을 요구하지 않아야 한다.

진행자는 사회적 강화와 구체화 작업을 효과적으로 해야 한다.

칭찬이나 승인을 촉진하기도 하지만 무분별한 사용은 억제해야 하고 진행자가 긍정적인 강화 없이 단지 비판적인 강화만을 준다면 집단성원들은 혐오적인 경험을 하게 되어 자발성에 대한 위축을 받게 된다. 사회적 강화는 치료자들 뿐 아니라 성원들도 서로를 위해서 의견을 교환한다. 이것은 집단 경험을 통해서만 활동할 수 있는 유일한 학습기회이다. 집단 내에서 강화된 사회기술은 습득되어지고 이 기술들이 여러 사람 앞에서 새로운 형태의 반응을 나타낼 때는 보상되어 진다.

많은 환자들은 어떠한 상황에서 자신들이 원하는 행동이나 대화를 하고 싶다는 자신의 필요를 알지만 대부분은 실패를 두려워하거나 대인관계상의 갈등을 두려워했기 때문에 그렇게 할 수 없었다는 사실을 보고하기도 한다. 이러한 어려움들이 이해되어지고 강화되어질 때 성원들은 그들이 전에 생각했던 것보다 더욱 건강한 기술을 가지고 있음을 깨닫기 시작하고 이 기술들을 적용하고자 하는 동기가 생기게 된다. 또한 새로운 기술이나 전략들을 습득하게 될 때 문제 상황을 다루는 감각을 찾게 된다. 피드백의 유용한 자원중의 하나는 비디오의 이용이다. 비디오의 사용은 즉각적이고 객관적인 강화를 제공해주며 반복해서 사용할 수 있다.

역할연기를 한 후에는 실제의 상황에서 일반화되고 유지되도록 강조를 하며 격려하여 준다. 사회기술의 획득은 자신들이 실제로 행동을 해야만 성취될 수 있다는 사실을 계속 강조한다. 각 모임의 시작 전에는 지난 시간의 과제에 관련된 성공이나 실패를 토의하되 잘 했으면 칭찬으로 강화시켜 주고 어려움이 있었으면 다른 전략을 위한 제안이 토의되어지고 새로운 행동연습이 실시되기도 한다. 사회기술을 실제로 처음 시도하는 환자는 타인에게서 자신이 바라는 보상을 받지 못하고 오히려 좌절감과 공격적인 반응을 겪게 될 수 있으므로 훈련 집단에서의 지지와 격려는 중요한 요소이다. 때로는 과제를 주는 방법 외에 치료모임을 실제상황에서 갖는 방법도 있다. 즉 거리나 공공기관 또는 음식점 등에 직접 찾아가서 실시하는 방법인데 다소 번거롭고 시간을 많이 소비하는 단점이 있기는 하지만 실제 상황에서의 적응기회라는 면에서는 바람직하다.

Role Playing에서 나타난 각 환자의 특이 상황이나 표현 상태를 다음과 같은 평가요소에 의해 기록하고 주치의에게 정보를 제공한다.

8) 평가요소

(1) 말과 행동의 평가요소

① 말하기 전에 주저함이 없이, 하고 싶은 말이나 행동을 즉시 나타내는가?
② 서두르지 않고 침착하게 말하는가?
③ 상대방을 바라보고 이야기 하는가?
④ 얼굴표정이 상황에 적절한가?
⑤ 손을 비비거나 발을 흔드는 등 부자연스런 행동은 없는가?
⑥ 몸 전체가 편안한가?

(2) 음성에 대한 평가요소

① 상대가 충분히 알아들을 수 있는 만큼 큰소리로 이야기하는가?
② 음성이 떨리지 않고 단호한가?
③ 또렷하게 이야기하는가?

④ 억양이 자연스러운가?
⑤ 말이 끊어짐이 없이 유창한가?

(3) 내용에 대한 평가요소

① 자신의 의사를 적절하게 밝히는가?
② 대화 초반에 자신의 의사를 표현하는가?
③ 전달하는 내용이 분명한가?
④ 상대가 요구한 내용에 따라서 하는지의 여부?
⑤ 비합리적인 상대의 요구에 대하여 어떠한 반응을 보이는가?
⑥ 상황에 맞는 충분한 감정을 나타내는가?

9) Role Playing의 적용과 이용

Role Playing은 환자들 간에 친근감을 증대시켜 주고, 심리적 억압을 풀어주며, 연습이 가능하고 연습 과정에서도 치료의 효과를 얻을 수 있는 등의 장점이 있으나, 집단성원의 특성에 따라서는 의도했던 치료효과가 나타나지 않는 등의 단점도 있으므로 상황에 따라 이 요법의 적용 여부를 결정해야 한다.

10) Role Playing이 필요한 경우

① 환자가 자기의 감정이나 태도, 의견, 편견 등을 표현하기를 꺼릴 때
② 집단 내의 환자들이 집단성원으로서의 효율성을 증대시키기 위해 자신의 동기, 기본욕구, 장애요인, 적용 등에 대해서 깊이 파헤칠 필요가 있을 때
③ 집단 내에서 환자들이 자신을 노출하는데 거리낌이 별로 없을 때
④ 환자 자신의 감정을 완화시킬 필요가 있을 때
⑤ 장차 닥치게 될 이질적인 집단에서 환자가 집단성원 모두에게 의미는 일

반적인 상황에 적응을 잘 하도록 할 때
⑥ 대인관계가 원활하고 의사소통의 기술이 필요할 때
⑦ 환자가 집단에서 매우 생산적으로 인식될 수 있도록 할 때
⑧ 다른 사람의 입장이 되어 타인에 대한 이해 정도를 높여줄 필요가 있을 때
⑨ 개개인의 행동기술을 학습하도록 하여 문제해결의 능력을 높일 때

11) Role Playing의 효과

Role Playing의 효과로는 첫째, 타인의 역할을 함으로써 타인에 대한 이해를 높여주고 공감대 형성을 증진시킨다. 둘째, 역할연기를 통하여 자신의 왜곡된 행동에 대해 재인식의 기회를 갖고 새로운 행동이나 기술을 학습케 한다. 셋째, 다양한 상황에 접근하게 됨으로써 다양한 문제를 발견할 수 있는 능력을 발달시킨다. 넷째, 도덕관념을 강화시켜 준다.

▪ 역할훈련의 문제 상황의 실례

① 사흘 전에 구입한 양복을 입으려고 하다 보니 옷에 하자가 있어서 반품하려고 옷가게로 갔다.
② 고급 우산을 수선하기 위해서 수선점에 맡겨 두었다가 찾는 날에 갔으나 점원 아가씨는 그 우산이 분실되었다고 한다.
③ 혼잡한 슈퍼에서 계산을 하기 위하여 줄을 서고 있는데 다른 부인이 새치기를 한다. 자기도 매우 바쁜 시간이다.
④ 만원 짜리 공중전화 카드를 구입하였는데 전화를 걸려고 하였으나 금액이 0원이 나왔다.
⑤ 시장에서 생선을 사고 거스름돈 6천원을 모르고 받지 못하고 왔는데 다시 가서 거스름돈을 받으려 한다.
⑥ 피곤한 몸으로 야간열차를 이용하여 출장 중인데 옆자리의 4명이 술을 먹고 고성방가를 한다.

⑦ 애인과 같이 열차를 타니 자리가 각각 떨어져 있다. 옆 사람에게 자리를 바꾸어 달라고 하나 자신의 자리는 화장실 바로 앞자리이다.
⑧ 두 달 전에 친구에게 5만원을 빌려주었으나 아직 받지 못했다. 지금은 돈이 매우 필요해서 친구에게 돈을 달라고 하는 상황이다.
⑨ 친구에게 등산용 텐트를 빌려주었으나 지저분한 상태로 돌려준다.
⑩ 친구 3명과 함께 설악산 여행을 가기로 하여 오래 전에 전화 예약을 하고 당일 표를 사려고 하니 여행사의 착오로 표를 구입할 수 없다(윤태원, 1993).

14. 여가 상담(Leisure Counseling)

여가상담 자체가 레크리에이션 활동의 형태는 아니지만 여가상담은 레크리에이션에 참여하는 태도와 가치와 습관에 직접적인 관련이 있으며 공동체 생활에 성공적인 기능을 할 수 있도록 환자의 준비에 중요한 역할을 한다.

McLellan과 Pellett는 "여가상담의 목적은 환자의 여가에 대한 흥미와 관심을 결정하고 자신의 흥미에 맞는 가정 공동체 내에서의 활동을 정하는 것을 돕는 것이다. 여가상담은 또한 비용, 접근가능성 그리고 개인적 기술과 능력에 의하여 그들이 활동을 선택하여 가능성을 검토할 수 있도록 돕는다."

여가상담은 환자뿐만 아니라 정상인에게도 필요하다. O'Morrow 와 McDowell이 말한 것처럼 여가상담은 병원시설에서 사용되는 요법의 형태로 언급되고 있다. 또한 여가상담은 신체장애자, 정신지체자, 반사회적인 사람 그리고 정상인에게까지 널리 사용된다. Gunn은 여가상담의 특징을 다음과 같이 정의하고 있다. 즉 자신과 타인 그리고 환경적 요인에서 의사결정과 문제해결 기술의 발전뿐만 아니라 자기인식, 여가태도의 인식, 여가의 가치와 감정들의 인식을 증진시키고 증가시키기 위해 특수한 언어도구기술을 사용하여 도우는 과정이라고 하였다.

여가상담은 여러 가지 방법으로 행해질 수 있다. 즉 비공식적으로 환자와 1:1 의 의견교환을 통해서나, 환자와의 정기적인 상담시간을 통하거나 집단상담 모임을 통하여 행하여진다. 여가상담은 환자의 레크리에이션에 대한 흥미를 평가하기 위해 고안되어지고 치료과정에서 이러한 관심과 기술을 확장시킬 수 있는 노력을 계획하는 절차를 포함해야 한다. 이것은 또한 환자가 병원생활 중에 공동체 레크리에이션에 참여하는 정확한 노력을 포함하고 병원 환경 내에서 레크리에이션 활동을 수행하는데 있어 공동체와의 관련을 포함해야 한다. 결과적으로 이것은 퇴원한 환자가 지역공동체에서 바람직한 여가계획을 찾을 수 있게 돕는 안내자 뿐 아니라 그러한 환경 안에서 그들이 효과적으로 기능을 발휘할 수 있도록 하는 Follow-up을 의미한다.

■ 여가상담의 기술

(1) 각 환자의 현재와 과거의 레크리에이션에 대한 흥미를 평가하기 위해 고안된 생각

이는 개인기록을 보고 최초의 여가상담 면접 때에 Recreation Inventory를 사용하여 가족과 친지 동료들을 면접하는 기술이다. 이때 스포츠와 게임, 사회활동, 문화적인 활동, 취미와 예술, 기술 등을 포함하며 이미 설정된 흥미뿐만 아니라 관심을 불러일으킬 만한 여러 가지 다른 여가에 대한 흥미를 다룬다.

(2) 흥미와 기술을 증대시키고 치료 과정에서 가치와 결과를 검토하기 위해 계획된 노력

보통 이 단계는 여가 사용의 문제점에 초점을 맞춘 정기적 소규모 집단 회합과 관련된다. 그들은 여러 전문 분야에 걸친 상담 지도하에 있을 수 있으나 대부분 지정된 사람의 지도를 받는다. 레크리에이션 치료사 혹은 사회사업가들이 이러한 책임을 질 수 있다.

집단토론에서 그들은 여가흥미와 기회를 탐색하고 그들의 과거를 돌아보고 현재나 미래의 계획에 사용할 수 있는 문제점을 검토한다.

Olson과 McCormack에 의하면 여가상담집단의 환자는 집단 활동을 함께 하게 된다. 그러므로 일반적인 사회경험을 바탕으로 이러한 경험을 집단토론에 사용하며 그들의 레크리에이션에 관해 언급한다. 환자는 입원전의 경험에 대한 관찰을 통하여 사회적 레크리에이션 영역 안에서 미래에 대한 기대의 출발점을 갖게 된다.

Hitzhusen 은 또한 행함으로서의 배움(learning by doing)과 레크리에이션 경험과 상담간의 중요성을 강조하였다.

집단중심적인 활동과 함께 환자는 또한 긍정적인 태도를 세우고 기술을 확장시키기 위한 병원 레크리에이션 프로그램 선택을 안내 받아야 한다.

(3) 입원기간 중 공동체 레크리에이션 프로그램에 연관될 수 있도록 하는 노력

환자는 미래와의 연관을 갖고 그들에게 가능한 community program을 보여주기 위하여 입원 중이나 치료 프로그램을 하고 있을 때 최대한의 수준이 되도록 직접적으로 집단 레크리에이션 활동에 참여하여야 한다.

예를 들어 Olson 과 McCormack 은 퇴원 전에 공동체 오케스트라의 회원이 되고 병원을 떠난 후에도 계속 그 활동을 할 수 있는 환자를 말한다.

(4) 병원환경 내에서 행해지는 레크리에이션 활동과 공동체 그룹의 연관

활동적인 공동체 오락은 여가상담서비스의 성공을 위해서 중요하다. 많은 병원이 정기적인 행사에 예산을 할당하여 실시하고 있으며 사회복귀 기관의 프로그램에 연결될 수 있도록 공동체 그룹을 지도한다. 다시 말하면 친밀한 개인 접촉과 환자들의 자신감을 형성함으로써 공동체와 연결시킬 수 있는 수단으로 사용한다.

(5) 퇴원한 환자들이 공동체에서 바람직한 계획을 찾도록 안내자의 역할

이 과정을 통해 환자의 여가태도와 가치, 미래 여가참여에 대한 목표들이 명확해 진다. 이것에 기초하여 아직 치료 과정에 있는 동안에 환자는 미래에 관한 정확한 계획을 발달시킨다. 즉 프로그램, 집단, 모임, 취미 등을 확인한다. 이러한 작업을 하기 위해 병원의 직원들은 가능한 레크리에이션 자원들과 전체적인 친밀감을 가지는 것이 필수적이다. O'Morrow는 레크리에이션 상담의 프로그램 안에서 "자주 잊게 되는 요소"의 하나로 "공동체 레크리에이션 자원 목록"을 열거하였다.

(6) 환자가 지역사회에서 효과적인 기능을 할 수 있도록 Follow-up을 강화한다.

지역사회의 레크리에이션 프로그램을 활용하는 것과 Follow-up의 관찰과 상담은 화자가 지역사회 프로그램에 만족하게 적응하도록 확신시키는 마지막 단계이다. 또한 환자는 지역사회의 정신건강센타의 다른 1일 치료 프로그램에 참석하여 계속적으로 여가상담자원을 받을 수 있다(윤태원, 1993).

15. 음악치료

음악치료는 정신의학적인 장애자나 행동장애자의 사회복귀훈련에서 음악을 사용하여 행동의 변화를 시키는 것으로 특수훈련을 받은 치료자에 의해서, 비언어적인 의사소통의 기회를 제공하여 환자의 기분전환과 그 대치적인 힘을 기르고, 경험의 공유, 감정표현, 지적인 능력을 자극하는 힘을 키우며, 내적인 긴장을 이완하며, 자기표현을 할 수 있는 능력을 키우고, 자신감과 자기 가치의 발견을 도우며, 정서적인 안정과 긍정적인 자아 개념을 발달시키고 조화있는 대인관계와 사회에서의 생산적인 역할을 수행하기 위함이다. 노래 부르기, 댄스, 악기연주 등을 통해 성적 - 사회적 본능을 해소시킨다. 그리고 위협적이 아닌 즐김 등과 같은 개개의 환자들의 욕구에 맞추어 여러 가지의 음악을 감상하거나, 가창, 악기연주 등의 방법을 통한다.

음악치료의 원리는 "음악과 환자를 관계 짓는데 있으며, 집단 참여를 통해서 환자로 하여금 생활에 적응하게 하는데 있다." 환자는 음악치료를 통해서 사회적 교류를 경험하게 하고 사회화하는 것이다. 두 번째로 자존심의 함양이다. 자존심을 갖게 되려면 사회적으로 적절한 사람이 된다든지, 사회적으로 적응해 갈 수 있어야 되기 때문에, 대인관계와 자존심은 떼어놓을 수가 없는 관계에 있다. 이 자존감의 유사어로는 자기실현·자기신뢰·충족감·성취감·능력·자기만족·자기안전 등이 있다. 셋째 음악의 요소 중의 리듬이 주는 정력화와 질서회복의 기능이다. 리듬은 음악의 요소 중에서 가장 잠재력이 강하고 역동적인 요소인 것이다.

음악치료의 효과는 입원기간 중 병실 내에서 행동, 태도, 감정표현, 감정발산, 환자간의 친근감, 작업 태도, 퇴원에 대한 태도 향상, 감각 발달에 큰 도움을 줄 수 있고, 정서적 마음의 회복을 얻어 건강을 증진시켜 주며 피로회복과 신체적 재통합 및 집중력을 증진시켜 사회화와 자기표현의 기회를 제공해 주는데 도움이 된다.

음악치료의 기법은 아래와 같다.

① Guided Imahery and Music(음악과 안내된 상상) : 긴장을 이완한 상태에서 고전음악을 감상하는 동안 상상을 통한 자아실현의 경험을 갖도록 유도된 방법으로 환자의 의식이 음악과 함께 자신을 탐험하여 의식의 여러 단계를 경험하고 그 경험을 통하여 자기표현과 문제해결을 돕기 위한 것이다.

② Development Music Therapy(발달 음악치료) : 주로 타악기 종류의 악기로 각 발달 단계에 있는 소아들에게 그들에 맞는 특정한 행동을 요하도록 실시하는 정신교육적인 치료방법이다.

③ Nordoff and Robins' Improvisation(즉흥 음악치료): Nordoff and Robins' Improvisation에 의해 시도된 방법으로 원래는 특수 아동의 치료목적으로 사용했는데 현재는 성인 환자에게도 적용하고 있다. 방법은 즉흥 연주를 통하여 치료자와 환자가 함께 감정을 공유하며 음악을 만드는 인간관계를 형성하면서 환자의 내면에 감추어진 자아를 찾아내는 것

이다.

④ Clinial orff Schulwerk(올프 슐웤 즉흥 음악치료) : 작곡가 칼 오르프가 개발한 음악 교육적인 것으로 리듬악기를 주로 사용하며 론도형식의 방법으로 환자에게 음악과 함께 리듬, 무용적인 요소의 동작, 언어를 사용하여 환자의 흥미를 유도하고 즐겁게 레크리에이션 방법으로 진행하는 기법이다.

⑤ Application of Dodaly Concept : 계명창법, 암기학습 등을 통해 집단과 관계함으로써 만족감을 갖게 하는 방법이다.

⑥ Psychodynamically oriented Music Therapy(정신분석학 원리에 의한 음악치료) : 언어가 아닌 음악적 표현에 대한 인간의 욕구를 통해 자신을 역동적으로 일깨워주는 방법이다.

⑦ 행동원칙의 적용 : 음악적인 재료를 통해 문제행동을 줄이고 바람직한 행동을 증진시키는 것이다(www.naver.com).

16. 무용치료

신체의 율동적인 운동을 통한 자기표현이 주제가 된다. 따라서 어떠한 제한과 규칙이나 스텝을 강요하지 않고 자유로이 하게 한다. 신체감각의 인식, 감정표현 그리고 여러 사람이 함께 율동을 즐김으로써 감정의 소통, 친근감 등을 조장하는데 큰 역할을 한다. 여기에서 중요한 것은 환자가 잘 춘다는 것보다 환자 나름의 스타일을 존중하고 격려해 주어야 한다. 댄스요법은 1942년 Marian Chace가 St. Elizabth 병원에 치료사로 고용되면서 본격화 되었다.

치료적인 목적달성을 위하여 무용의 여러 가지 종류와 활동에 바탕을 두고 적용 대상자가 즐겁고 쉽게 활용할 수 있도록 구성된 Dance의 진행시 유의사항은 다음과 같다.

① 상황파악하기: 확실한 대상파악으로 Special Dance(신체이상은 없지만

정신적으로 문제를 지닌 사람들을 대상으로 적용되는 댄스)를 적용할 것인지 재활댄스(정신장애는 없지만 신체적으로 이상이 있는 사람들을 대상으로 적용되는 댄스)를 적용할 것인지 파악한다.

② 음악선곡: 각 목표에 맞는 음악을 선택한다.

(예: 준비운동 - 중간템포의 음악
본 운동 - 빠른 템포의 음악
정리운동 - 느린 템포의 음악)

③ 구체적인 설명: 작품에 대해 정확하게 설명하며 효과적인 측면을 강조한다. 지도하는 사람이 구령에도 신경을 써 줘야 한다.

④ 자신감 유도: 지도하면서 대상자들이 자신감을 갖고 할 수 있도록 유도한다.

⑤ 준비 및 정리운동: 시작 전과 시작 후에는 준비, 정리운동을 반드시 한다.

⑥ 지도자 복장: 운동복과 운동화를 착용하도록 한다.

⑦ 대상 관찰: 대상에 대한 변화를 주의 깊게 관찰한다.

⑧ 계속적인 연구: 항상 작품에 대한 끊임없는 연구와 새로운 시도를 하도록 한다(예: 도구를 사용한 작품).

작품을 구성할 때의 고려사항을 알아보도록 하자.

① 알맞은 음악: 대상과 목표에 적합한 음악을 선택하며 박자는 4/4 박자가 가장 무난하고 소요시간을 3분 ~ 3분 30초를 넘지 않는 것이 좋다.

② 호간 나누기: 호간을 나누는 것은 음악의 박자를 나눈다는 의미이다.

㉠ 1호간은 8박자로 구성되어 있다.

㉡ 4호간 즉, 32박자는 하나의 본 동작으로 구성한다.
(예) 32박자(본 운동 1) 32박자(본 운동 2)

㉢ 한 작품은 전주, 본운동, 간주, 마무리로 구성된다. 단 음악마다 차이가 있다는 점을 명심해야 한다.

③ 직접 음악에 맞추어 호간을 나누어 본다.

다음은 스트레칭에 대하여 알아보도록 하자.

① 스트레칭의 의의: 스트레칭은 근육을 진전시키는 운동으로서 일상생활이나 힘든 노동에서 생긴 근육의 긴장을 풀어주는 것을 말한다. 현대인에게 신체의 각 부위를 골고루 움직이게 하여 신체의 균형 있는 발달을 꾀하고 유연성을 향상시키는 데 최고의 운동이다.

② 스트레칭 방법

㉠ 처음에는 쉬운 스트레칭을 선택하여 실시한다. 그 후 유연성이 어느 정도 되면 난이도가 높은 스트레칭 동작을 한다.

㉡ 각 동작마다 10-30초 동안 실시한다. 그래서 약한 자극을 느끼게 해준다. 호흡조절을 멈춰서는 안 된다. 한 동작을 할 때마다 호흡운동을 한다.

③ 스트레칭시 유의사항

㉠ 처음부터 어려운 동작을 해서는 안 된다. 근육에 무리가 있을 수 있으므로 쉬운 동작부터 시작하는 것이 좋다.

㉡ 억지로 스트레칭을 할 필요는 없다.

㉢ 매일 조금씩 연습하는 것이 바람직하다.

㉣ 복장은 평상복 차림이 가능하지만 옷이 너무 밀착되면 근육의 긴장을 풀어 주는데 지장을 초래하게 된다.

④ 일반적 스트레칭 동작을 한다.

⑤ 일반적으로 사용되는 스트레칭 동작을 이용하여 작품을 직접 짜본다.

대상에 따라서 어떻게 응용을 하는가에 관하여 알아보기로 하자.

① 뇌졸중(편마비) 환자

㉠ 부분별 강화운동에 초점을 둔 재활 댄스를 주로 실시한다.

㉡ 가장 단순한 동작을 3-4동작으로 나누어 계속 반복할 수 있도록 작품을 구성한다.

㉢ 흥겹고 경쾌한 운동을 선택하며 동작 연결의 속도는 일반적인 음악 속도보다 느리게 한다.

㉣ 보호자의지지 없이 혼자 할 수 있는 동작을 많이 실시한다.

② 정신장애인: 주의집중도가 약하므로 흥미위주의 작품으로 하여 먼저 접근한다.

③ 자폐성향아동: 자폐성향이 강할수록 흥미도와 모방능력이 떨어짐으로 동작이 쉽고 반복이 필요하다.

④ 소아당뇨 환아

㉠ 운동요법이 치료의 한 방법인 만큼 댄스가 중요한 역할을 한다.

㉡ 인지적 면에서 문제가 없으나 사회, 심리적인 면에서 떨어지므로 음악을 이용한 신체운동이 좋다.

㉢ 과격한 운동이나 움직임은 피해야 한다.

⑤ 노인

㉠ 신체, 정신, 정서, 사회적인 기능이 떨어진 사람들이므로 지도하는 사람이 학습자를 대할 때 주의하여야 하며 무리한 운동이 되게 해서는 안 된다.

㉡ 대상을 정해서 실시되고 있는 프로그램을 시범을 보이게 한다(www.naver.com).

17. 미술치료

미술치료는 그린 그림을 통하여 투사된 환자의 정신 상태를 진단하고 정서적 발달을 도모한다. 미술을 통하여 환자 개개인에게 비쳐진 내적, 외적 상황에 대한 경험적이고 상징적인 의무를 발견함으로써 왜곡되어진 부분에 대한 재인식의 기회를 제공한다.

미술치료의 효과는 자유 연상적 방법을 통하여 환자의 정서적 상태를 알아내어 진단에 도움이 되며, 환자 자신도 자기를 인식할 수 있다. 즉 급성기 환자의 경우 자신의 갈등이나 성적 · 공격성 등이 직선적으로 표현되기도 한다. 미술치료는 다른 사람의 작품을 보고 자신과 타인의 인식의 차이를 발견하여 자신의 왜곡된 부분을 시정할 수 있는 계기가 되며 작품 완성을 통한 자기표현 · 성취감 및 공동 작업을 통한 협조심 배양과 소속감 등을 기를 수 있다.

미술을 임상에 적용하는 입장에는 첫째, 치료과정에 그림을 도구로 이용하는 입장(art in therapy).

둘째, 그림 그리는 과정 자체가 치료의 한 과정이라는 입장(art as therapy)이 있다. 미술치료는 단순히 미술교육이나 오락이라는 생각보다는 환자가 능동적으로 참여하여 자발적으로 그림을 그리도록 안내의 역할과 함께 요법공간에 대한 세심한 배려, 그리는 도구, 기간, 주제 등에 세심한 배려가 필요하다.

미술치료는 걸작품이나 예술작품을 만드는 것이 아니다. 즉 잘 그린다든지 못 그린다든지가 아니라 환자가 그린 그림을 통하여 환자의 정서적인 상태를 진단할 수 있는 장점이 있으며, 또한 같이 참여하고 자신을 표현한다는 데 초점을 둔다(www.naver.com).

18. 의미요법

Logotherapy의 기본 철학은 '의지의 자유(Freecom of will)', '의미에서의 의지(Will to meaning)' 그리고 '삶의 의미(meaning of life)'의 세 바탕 위에 세워져 있다.

인간은 의지의 자유를 가지고 있는데 이것은 오늘날 인간에 대해 널리 행하여지고 있는 범결정론에 반대되는 것으로서 어떤 상태로부터의 자유가 아니라 어떤 상태에로의 자유를 말한다. 이것은 유한한 존재로서의 인간의지의 자유를 말하는 것으로 인간은 태어나면서부터 생물학적, 심리학적, 사회학적 상황에 얽매여 있다. 그러나 인간은 이러한 상황과 맞서는 자유를 지니며, 동시에 이러한 자유는 언제나 남아있다. 그리고 어떤 상태에서건 최후의 결정은 자신이 자유롭게 선택할 수 있다. 이 상태는 인간의 신체적, 심리적 차원을 넘어선 정신적 차원인 자기이탈(self-detachment)이다.

자기이탈은 동물과는 다른 독특한 인간현상들, 즉 자의식과 양심이 존재하는 차원이며 의지의 자유에 의한 결과이다. 그리고 인간이란 자기를 반성할 뿐 아니라 자신의 심판자일 수도 있다.

Frankl은 Freud의 쾌락에의 의지, Alder의 권력에의 의지에 대응하는 개념으로서 '의미에의 의지'를 내세우고 있다. 인간은 삶의 의미나 목적을 위한 근본적인 충동을 가지고 있으며, 유일하고 독특한 인간으로서 자신을 경험하는 가운데 의미를 찾으려는 정위를 가지고 있는 것이다. 쾌락에의 의지는 사람이 실제로 쾌락을 얻으려고 애를 쓰면 쓸수록 그것을 얻을 수 없게 되는 자기패배의 원리(self-defeating principle)이다. 왜냐하면 쾌락은 우리의 노력이 성취되었을 때 부차적으로 오는 것이기 때문이다. 그러므로 쾌락은 목적으로 삼으면 삼을수록 목적을 잃어버리게 된다. 따라서 쾌락은 목적이 아니고 의미를 추구하고 가치를 실현하면 부차적으로 수반되는 것이다.

한편 Adler가 말하는 힘에 대한 의지를 기본적 추진력으로 가정하고 있는 권력에의 의지도 인간존재의 의미추구의 수단이지 목표 자체는 아니다. 쾌락의 추구처럼 힘에 대한 의지를 목표로 삼는다면 결코 힘은 얻지 못한다. 그리고 의미는 개인에 있어서 유일한 것인데, 이것은 주어지는 것이 아니고 개인의 독특한 상황에서 개개인에 의해 발견되는 것으로서, 개인의 삶에서의 순간적인 의미라고 할 수 있다. 즉 의미는 그 자체로서 존재하는 것이고, 개개의 상황에는 하나의 의미만이 있는 것으로서, 이것이 참된 의미이다. 인간은 충동에 의해 밀리면서도 의미에 이끌린다. 결국 의미를 성취하느냐 않느냐를 결정하는 것은 항상 자기 자신에게 달려 있다. Frankl이 즐겨 인용하는 Nitzxche의 말처럼 '왜 살아야 하나 하는 인생의 의미를 가지고 있는 사람은 어떻게 해서든지 살아 나갈 수가 있다.'

Logotherapy에서 가장 중요한 것은 삶의 의미를 발견하는 것이다. 인간은 삶의 의미가 무엇인가라는 질문을 던지는 자가 아니라 오히려 반대로 질문을 당하는 자이다. 왜냐하면 삶 그 자체가 그에게 이 질문을 던져 오기 때문이다. 인간은 삶에 대답해야 하며, 책임을 지고 응답하여야 한다.

Logotherapy는 의미를 규정하지는 못하지만, 삶에는 의미가 있음을 설명할 수 있다. 각 사람은 유일한 존재이며, 각 사람의 생명은 독자적인 것이다. 즉 아무도 대신할 수 없고, 또한 자기의 삶을 반복할 수도 없다. 각각 개개인마다, 각각 상황마다 환경에 따라 다르게 삶의 의미는 고유하게 존재하게 존재하고 있다. 그리고 의미는 부여하거나 만들어 내는 것이 아니라 단지 발견하는 것이다.

삶의 의미는 가치실현을 통해서 찾을 수 있는데, 이에는 창조적 가치, 경험적 가치, 태도적 가치의 세 가지가 있다. 첫째는 창조적 가치인데, 이는 일을 통해서, 즉 우리가 취미나 직업 활동을 통해서 삶에 무엇을 줄 것인가 하는 창조적 행위가 그것이다. 둘째는 우리가 무엇을 이 세상에서 취하느냐 하는 우리의 경험적 가치인데 이는 만남과 사랑, 체험을 통해서 세계로부터 취하게 되는 경험의 가치를 들 수 있다. 학문에의 접근, 타인과의 진정한 만남, 자신과의 만남 등에서 자신의 고유성과 가치를 발견하므로 삶의 의미를 발견하게 된다. 마지막으로 개인이 변경할 수 없는 운명에 대해 취하는 심적 태도, 즉 태도적 가치이다. 이 세상의 어느 누구도 고통당하기를 원하는 사람은 없을 것이다. 그러나 피할 수 없는 고통, 고난이 우리에게 찾아오면 우리는 거절할 수가 없는 것이다. 그러한 고난과 운명이 그에게 주어진 조건이라면 그 고통도 의미를 가지고 있을 것이다. Frankl은 오히려 태도적 가치야말로 인생에 있어 무한한 의미를 발견할 수 있는 중요한 것이라고 말한다.

■ Logotherapy 프로그램의 예

제1회 프로그램 및 자기소개 - 프로그램의 의도설명 및 신뢰감 형성.
제2회 의미각성 - 인간의 기본적 동기에는 의미에의 의지가 있음을 각성.
제3회 가치탐색 - 의미 발견을 위한 자신의 가치관들에 대한 탐색.
제4회 삶의 의미 찾기 - 자신에게 있어 삶의 일반적인 의미 탐색.
제5회 일의 의미, 사랑의 의미 - 일, 봉사활동, 자신에게 사랑하는 이를 통해 삶의 의미를 탐색, 각성.

제6회 고통의 의미, 죽음의 의미 - 자신이 겪었던, 겪고 있는 고통에서 의미를 발견하는 시각을 가지며, 가상된 죽음을 통해 삶의 의미를 각성.
제7회 선택과 책임 - 자신만이 자기 삶에 대해 선택과 책임의 주체임을 알고 자신의 환경을 직면하도록 각성.
제8회 자아발견 - 상기 경험 후 다른 시각으로 자신을 다시 탐색.
제9회 생애설계 하기 - 앞으로 남은 삶을 어떻게 살려는지의 각오, 설계.
제10회 마무리 - 이 프로그램을 통한 소감 및 각오나 다짐을 발표.

※ 출처: www.naver.com

19. 로봇 치료(Robot therapy)

20세기에 발달한 산업용 로봇은 사람들의 노동을 보조할 목적으로 정밀도나 속도 등의 객관적인 척도에 의하여 설계되었다. 그리고 사람들에게 위협을 가할 가능성으로 인하여 항상 사람들로부터 격리 되어 왔다. 한편 동물을 대신할 수 있는 로봇을 1993년부터 일본에서 사람들과 공존 하는 로봇으로서 개발되기 시작 했다. 이 로봇은 사람들과 상호작용을 통하여 사람들에게 즐거움과 평안함 등의 정서적 효과를 제공할 목적으로 설계되었다.

동물을 이용한 치료적 효과를 얻을 수 있다는 연구가 이루어져 왔다.

그러나 대부분의 병원이나 요양시설에서 알레르기, 감염, 돌발적인 공격 등의 원인으로 동물을 직접적인 치료에 도입에는 어려움을 가지고 있다. 그러나 동물 로봇을 이용한 치료에서는 항균 처리한 인공 모피를 갖추고 인공지능에 의하여 자율적으로 행동하며, 촉각, 시각, 청각 등의 센서와 모터들에 의해 사람들과 상호작용에 반응을 보인다.

로봇을 만들 때 주변에서 흔히 볼 수 없는 동물의 형태를 띠게 하여 선입견이 적고 심리적으로 받아들이기 쉬운 장점을 가지고 있다.

지금까지 소아병동, 노인요양시설, 주간서비스 센터에서 로봇치료를 실시하였다. 주관적 평가와 현장 스텝의 관찰을 통하여 심리적 효과와 사회적 효과를 확인 했었다고 한다. 특히, 노인을 대상으로 하는 실험에서는 스트레스가 감소하는 생리적 효과가 나타났다고 한다.

치매환자의 뇌파를 계측한 결과 로봇치료를 실시한 치매 노인의 뇌의 활동 상태를 개선시킴을 확인하였다. 치매에 대한 예방 효과가 기대 된다.

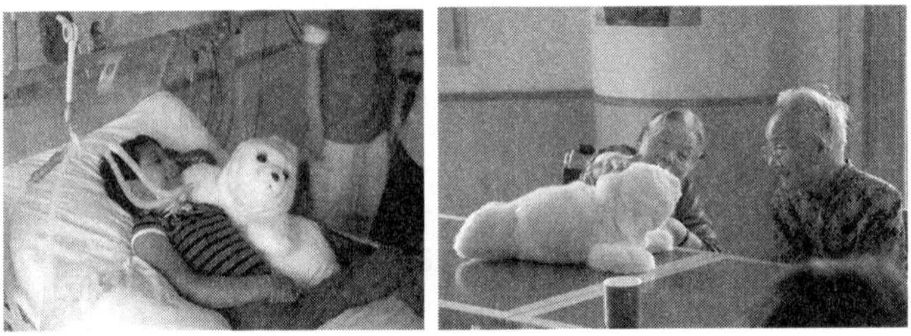

※ 자료 출처: www.paro.jp// 로봇 치료에서 활용되는 바다표범 '파로'

참고문헌

고태규 · 김성섭(2005). 현대사회의 레저레크리에이션. 현학사.

고수현 · 윤선오(2007). 새로운 노인복지론. 양서원.

김광득(2005). 21세기 여가와 현대사회. 백산출판사.

권두승 · 권문배 · 김정명 · 오세숙 · 조아미. 여가학으로 초대. 학지사.

김기봉(2000). 치료레크리에이션 프로그램이 만성정신장애인의 자기존중감 및 대인관계 만족도에 미치는 영향. 서강대학교 신학대학원.

김영숙 · 김욱 · 엄기욱 · 오만록 · 정태신 공저(2002). 프로그램 개발과 평가. 서울: 교육과학사.

김영종(1999) 사회복지 조사 방법론. 서울: 학지사

김영환(1995) 한국형 레저측정도구의 모형계발. 박사논문. 고려대학교 대학원.

김미라, 김용근(2002). 치료레크리에이션 연구 동향분석. 한국치료레크리에이션학회지, 1. 89-109.

김오중(1984). 한국 레크리에이션 당면과제와 전망. 제1회 여가 및 레크리에이션 학술대회. 한국여가레크리에이션 학회.

______(2000). 여가레크리에이션 총론. 서울 : 대경북스

김창호(2005). 노인건강증진을 위한 스포츠 프로그램 및 정책개발. 국민대학교 대학원 박사학위 논문.

남희은(2003) 지체장애 청소년의 사회성향상을 위한 치료레크리에이션 프로그램 개발 연구. 부산대학교 대학원 박사학위논문.

노영구(2000) 여가학. 서울: 대경북스.

______(2002) 치료레크리에이션. 서울: 대경북스.

______(2005) 여가교육과 상담. 서울: 대경북스

______(2006). 역사적 관점에서 본 치료레크리에이션의 정체성. 한국사회체육학회 제26권.

명봉호 · 정의정(2006). 치료레크리에이션. 백산 출판사.

문화관광부(2006) 여가백서.

심상신(1993). 치료적 측면에서의 교정레크리에이션에 관한 연구. 한국여가레크리에이션학회지.

오상훈 · 임화순 · 고미영(2006). 현대 여가론. 백산 출판사.

유규종 · 이수영 · 이은서 · 한용철 · 우철호(2004) 재활레크리에이션론. 양서원

윤재섭 · 김용근 · 남희은 · 박재성(2001) 치료레크리에이션 프로그램 절차. 대구: 새한미디어.

윤재섭(2004) 치료레크리에이션 프로그램 원리와 과정. 대구: 스콜래.

______(2004) 치료레크리에이션 프로그램 프로토콜. 대구: 스콜래.

______(2004) TR기능적 개입 참고 매뉴얼. 대구: 스콜래.

윤태원(1993) 치료레크리에이션. 하나의학사.

장숙희(2007) 치매예방프로그램의 효과에 관한 연구. 조선대학교 대학원 박사학위논문

정무성 · 정진모(2001) 사회복지 프로그램 개발과 평가. 서울: 양서원.

정무성 역(1999) 사회복지 프로그램 기획과 관리. 서울: 나눔의 집

채준안(2000) 치료레크리에이션 입문. 서울: 인간과 복지.

한양순(1990). 국민의 건전생활을 위한 여가 및 레크리에이션. 제9회 국민체육진흥세미나. 한국체육학회.

치료레크리에이션학회(2002) "치료레크리에이션 학회지 제1권".

____________________(2003) "치료레크리에이션 학회지 제2권".

____________________(2004) "치료레크리에이션 학회지 제3권".

____________________(2005) "치료레크리에이션 학회지 제4권".

한국임상사회사업학회(2006) 노인복지론. 양서원.

Arean, P. A., Perri, M. G., Nezu, A. M., Schein, R. S., Christopher, F., & Joseph, T. X. (1993). Comparative effectiveness of social problem-solving therapy and reminiscence therapy as treatments for depression in older adults, J Consult & Psychology, 61(6), 1003-1010.

Avendo, E. M. (1974). Therapeutic Recreation Service. New Jersey: Prentice-Hall.

Austin, D. R. (1991). Therapeutic Recreation Processes and

Bacher, E., Kindler, S., Scheler, G., & Lerer, B. (1991). Reminiscing as a technique in the group psychotherapy of depression: A comparative stydy, British Journal of Clinical Psychology, 30, 375-377.thchniques. Champaign, IL:Sagamore.

Beaudouin, M & Keller, J. (1994). Aquatic solutions: A continuum of services for individuals with physical disabilities in the community. Therapeutic Recreation Journal, 28, 193-202.

Birren J. E. (1959). Principle of research on agoing: In handbook on aging and the individual. Univ. of chicago press: chicago.

Bowlby, C. (1993) Therapeutic activities with persons disabled by Alzheimer's desease and related disorders. Gaithersburg, MD: Aspen Publishers, Inc.

Broach, E. & Dattilo, J. (1996). Aquatic therapy: A viable therapeutic recreatiion interventiion. Therapeutic Recreation Journal, 30(3), 213-229.

Broach, E., Groff, D., & Dattilo, J. (1997). Effects of an aquatic therapy swimming program on adults with spinal cord injuries. Therapeutic Recreation Journal, 31(3), 160-173.

Broach, E., Groff, D., Dattilo, J., Yaffe, R., & Gast, D. (1997/98). Effects of an aquatic therapy on adult with multiiple sclerosis. Annual in Therapeutic Recreation, 7, 1-20.

Bulter, R. N. & Lewis, M. I. (1986). Aging and mental health: Positive psychosocial and biomedical approaches. Columbus, OH: Charles E. Merrill Publishing Company.

Bulter, R. N. (1964). The Life Review: An Interpretation of Reminiscence in the Aged, psychiatry 26(1), 55-76

Bowlby, C. (1993). Therapeutic activities with persons disabled by Alzheimer's desease and related disorders. Gaithersburg, MD: Aspen Publishers, Inc.

Carter, M. J., Van Angel, G. E. & Robb, G. M (1985). Therapeutic Recreation-Apractical approach'-Times Morror/Mosby College Publishin.

Cavan, R. S., Burgess, E. W., Havighurst, R.J., & Goldhamme, H. (1949). Personal Adjustment in old Age chicago, Science Research Associates.

Charles Sylvester, Judith E. & Voelkl, and Gary D.Ellis. (2001). Therapeutic Recreation Programming: Theory and Practice. State College, Pennsylvania.

Coleman, P. G. (1974). Measuring reminiscence characteristics from conversation as adaptive features of old age, International Journal of Aging and Human Development, 5.

Crapps, D. (1983). Life Cycle Theory and Pastoral Care, Philadelhia: Fortress Press.

Dattilo, J. (1998). "Returning to the Community with a Spinal Cord Injury: Implications for Therapeutic Recreation Specialists", Therapeutic Recreation Journal, 32:13-27.

Dattilo, J., & Murphy, W. D. (1987). "Behavior Modification in Therapeutic Recreation", cato avenue; venture pulblishng.

Davis (1936). principles and practice of recreational therapy, New York.

_____ (2001). "Cognitive intervention in alzheimer disease: Arandomized placebo-study", Alzheimer Disease and Associated Disorders, 15(1), 1-9.

Eisenberg, S., & Delaney, D. J. (1986). The Counseling Process(2nd ed). Chicago: Rand McNally College Publishin Company.

Erikson, E. (1959). The Healthy Personality, Psychological, New York: International Universities Press.

__________ (1963a). childhood and society, New York: Norton.

__________ (1964). Insight and Responsibility, New York: Norton.

__________ (1968). Identity: Youth and Crisis, New York: Norton.

__________ (1974). Dimension of New Identity, New York: Norton.

Fishman, S. (1992). Relationships among an older adult's life review, ego ingegrity, and death anxiety, International Psychogeriatrics, 4(2), 67-277.

Forbes, S. B. (1994). Hope: an essential human need in the elderly, J Geronto Nurs, 26(6), 5-10.

Frye, V. & Peters, M (1972). Therapeutic Recreation: It's Theory, Philosophy, and Practice, Harrisburg, Pa., Stackpole books.

Fry, P. S. (1983). Structure and unstructured reminiscence training and depression among the elderly, Clinical Gerontologist, 1.

George. L. K. (1979). Role transitions in later life, califonia: Brooks/ Cole Publishing Co.

Georgeses, J & Dungan, J. M (1996). Managing spiritual distress in patients with advanted cancer pain, Cancer Nursing 19(5): 376-383.

Havighurst, R. & Glasser, R. (1972). An exploratory study of reminiscence, Journal of Geronotology, 27.

Hawkins, B., May, M. E., & Brattain Rogers, N. (1996). Therapeutic activity intervention with the elderly: Foundations and practices. State College, PA: Venture Publishing, Inc.

Hooyman, N. R. & Kiyak, N. A. (1996). Social Gerontology, Allyn and Bacon.

Hughston & Meriam (1982). Reminiscence: A Non-formal Technique for Improiving Cognitive Functioning in the Aged, The International Journal of Aging & Human Development 15(2), 139-149.

Iso-Ahola, S. E. (1981). The social psychology of leisure and recreation. Dubuque, IA: Wm. C. Brown.

Iso-Ahola, S. E. (1989). Motivation for leisure. State College, PA: Venture, 247-279.

Joan burlingame (1995). Assessment Tools for recreational therapy Idyll Arbor. 119-125.

Kovach, C. (1992). Reminiscence behavior, J Geronto Nursing, 17(12), 23-28.

Lappe, J. M. (1987). Reminiscing: The Life review therapy. The Journal of Gerontological Nursing, 13(4), 12-16.

Liang, J. (1984). Demensions of the life satisfaction Indexs- A: A Structural Formulation, Journal of Gerontology, 36(1), 58-89.

Linda Buettner, C.T.R.S., Ph.D. &Shelley L. Martin. (1995). Therapeutic Recreation in the Nursing Home. State College.

Mandel & Wright (1982). Satisfaction in Multi generational Households, Journal of Gerontology, 37(4), 2-34.

Marrian, Liebmann (1986). Art Therapy for Groups. Combrige. Massachusetts: Brookilne Books.

McGowan TG (1994). Mentoring-reminiscescea conceptional and empirical analysis, TN IL J of Aging & Human Develpment. 39(4): 321-326.

Mitchell (2001)은 "The receratіonal therapist role in preciving exercise to the eating disorder patient"

Monny, P. & P. L. Nicell (1999). the importance of exterior envirment for alzhimer residence; effective care and risk management. Health-care Management Forum, 5(2), 28-29.

Neugarter & Havighust & Tobin (1961). the measurement of life satisfaction, Journal of Gerohtology, 16(2); 134-143.

O'Morrow, G. S. (1976). Therapeutic Recreation A Helping Profession, virginia:Reston publishing Company Inc.

Peterson. C. A (1981). leisure lifestyle and disabled individuals, paper presented at horizons west therapeutic recreation symposium, san francisco state university, san francisco september 26

Peterson. C. A. & Stumbo. N. J. (2000) Therapeutic Recreation Program Design principles and procedures (3rd ed). Needham Heightsm MA : Ally & Bacon.

Romaniuk, M. (1978). Reminiscence and the elderly: An exploration of its content, function, press, and product, unpublished doctoral dissertation, University of Wisconsin-Madison.

Rosenthal, M., & Kolpan, K. (1986). "Head injury rehabilitation: Psychological issues and roles for the rehabilitation psychologist", Rehabilitation Psychology.

Ross, J. E. (1993). Young adult with Recent Spinal cord Injuries; Transition fron Rehabilitation Hospital to Community Living, University of Illnois University-Champaign.

Rybarczyk B. (1995). Using Reminiscence Interviews for stress Management in the Medical Setting. The Art and Science of Reminiscing, 205-213.

Salamon, M. & Conte, V (1984). Manual for the Salamon-Cote life satisfaction in the elderly scale woodmere, NY: Psychological Assessment.

Schleien, S. J. & Hornfeldt, D. A. & McAvoy, L. H. (1994). "Integration and Environmental/ Outdoor Education: The Impact of Integrating Students with Severe Developmental Disabilities on the Academic Performance of Peers without Disabilities", Therapeutic Recreation Journal, 28:25-34.

Stumbo. N. J. & Steven. R. T. (1986). Leisure Education : A Mannual of Activities and Resources. State College. Venture Publishing. Inc.

Stumbo. N. J. (1992). Leisure Education Ⅱ: More activities and resources. State College, PA: Venture Publishing, Inc.

____________ (1995). Social skills instruction through commercially available resources. Therapeutic Recreation Journal, 29(1), 30-55.

Sourby (1998). "The relationship between therapeutic and palliation in the treatment of the advanced patient"

Taegue, M. L. & MacNeil, R. d (1992). Aging and leisure: Vitality in later life(2nd ed). Dubuque, IA: Brown & Benchmack.

Taylor, P. C. (1995). The efficacy of structured reminiscence group psychotherapy as an intervention to decrease depression and increase psychological well-being in female nursing home residents, Mississippi State University, Mississippi.

Thomas M. Blaschko. & Joan Burlingame (1995). "Assessment tools for recreational therapy"

Webster, J. D. & Young, R. A. (1988). Process variables of the life review: Counseling implications, International Journal of Aging and Human Development, 26(4).

Weiss, C. R. & Thurn, J. M. (1987). A mapping progect to facilitate reminiscence in a long-term care facility. Therapeutic Recreation Journal, 21(2), 46-53.

Youssef, F. A. (1990). The impact of group reminiscence counselling on a depressed elderly population, Nurse Practioner, 15(4), 35-38.

Weiss, C. R. (1989). TR and reminiscing: The pursuit of elusive memory and the art of remembering. Therapeutic Recreation Journal, 23(3), 7-18.

www.kamt.com 한국음악치료협회

www. naver.com

www. kdmat.com 한국무용(동작)치료협회

www.greem.org. 라파미술치료연구소

www.visudyne.co.kr/fa2.html

www.corebody.co.kr

부록

1 레크리에이션치료 프로그램의 전반적 지침

1. 레크리에이션 치료 프로그램은 이렇게 계획되어야 한다.

① client의 욕구와 흥미의 인식이 보여야 한다.
② client 치료 계획의 목적을 포함하여야 한다.
③ 구조화된 활동을 위한 계획이어야 한다.
④ 대안적인 활동계획을 가진다.
⑤ 활동지역이 안전한가를 확인한다.

2. 레크리에이션 치료사는 그들의 프로그램 안에서 client의 인식과 지식을 필요로 한다.

① client의 이름과 그들의 특별한 욕구를 안다.
② 프로그램 안에서 각 client들이 사용하는 의사소통기술의 최선의 형식을 이해한다.
③ client의 힘, 흥미 그리고 동기부여 방법을 인지한다.

3) 프로그램은 반드시 client의 욕구와 일치되게 구성되어야 한다.

① client들은 프로그램 안에 포함되어야 한다.
② 스텝은 활발히 포함되어야 한다.
③ 스텝은 client의 좋아하는 것과 싫어하는 것에 민감해야 한다.
④ 유연성: 만약 필요하다면 적절한 접근에 대한 융통성을 가져야 한다.

4. 치료목적 도달을 위해 적절한 활동을 선택한다.

① 프로그램 안에 신뢰와 안심을 형성해야 한다.

② 선택결정과 자기표현을 수용하여야 한다.

③ 정신적 그리고 신체적 자극을 제공해야 한다.

④ 사회화를 위한 사회적 발달과 기회를 촉진한다.

⑤ client를 위한 feedback을 주어야 한다.

5. 계획과 실행프로그램의 독창적 사용

① 자연적 환경을 이용한다.

② 전문가의 능력을 활용하여야 한다.

③ client에 욕구를 이루기 위해 다른 음악 또는 주제를 사용한다.

2. 레크리에이션 치료 순서도의 예

레크리에이션 치료를 위한 등급 척도

client: 그룹: 치료사:

관찰 행동	날짜	no	때때로	자주	100%
그룹에 다가온다.					
눈맞춤을 한다.					
시종일관 경계하며 프로그램에 임한다.					
언어적 자극에 응답.					
적절한 응답을 한다.					
개인적 경험과 그룹요소를 연결한다.					
움직임행동을 수행한다.					
전체시간에 머문다.					
종결 시 편안하고 이완되어 보인다.					

3 치매client를 위한 레크리에이션치료 프로토콜

1. 제안 프로그램

레크리에이션

① 휴게실
② raingutter Bocce leage
③ 특별이벤트
④ 원예
⑤ 부엌활동 - 자신의 간식 만들기 - 테이블
⑥ 컴퓨터게임 / 이블 게임
⑦ 지역사회 나들이
⑧ 선택의 취미

여가교육

① 자신의 게임 만들기
② 특별 이벤트준비 그룹
③ 회보 그룹
④ sensory cooking / 허브원예 / 티타임 사교클럽
⑤ 사진 그룹

■ 기능증진을 위한 레크리에이션 치료

① 미술치료 프로그램
② 손발 자극 프로그램
③ 인지치료 그룹
④ 감각 공기매트 치료
⑤ 자극박스 치료
⑥ 감소(죽음) 예방 프로그램
　㉠ 산책 프로그램
　㉡ 기능위한 운동

2. 치매client를 위한 매일 프로그램 일정

시간	일상생활 및 활동
01시 - 08시	기상, 화장실, 아침을 위한 옷 입기
07시 - 08시	일찍 일어나 걷는 그룹
08시 - 09시	주방 - 아침 식사
09시 - 10시	마무리 및 프로그램 (오전치료/면도/컵 씻기/체킹/보청기/화장/악세사리)
10시 - 10시30분	기능을 위한 남/여 운동 그룹
10시30분 -	영양카트(nutrition cart)
10시40분-11시40분	남녀 공기 매트 치료
11시40분 - 12시	주방 감각 게임/인지활동과 점심 준비
12시 - 13시	점심식사
오 후 일 상	
1시 - 2시	방 또는 휴게실에서 휴식
2시 - 2시15분	기상과 화장실
2시15분-2시45분	자신의 간식 만들기 프로그램 - 믹서 요리

3시 - 4시	치료레크리에이션 월 : 사진 클럽 화 : 지역사회 정원 클럽 수 : 독서프로그램 - 시, 읽기, 쓰기 목 : 미술활동 프로그램 금 : 동물지원 활동 또는 아이 토 : 테이블 게임/빙고 일 : 가족과 함께(차 마시기)
5시	저녁식사
저 녁 일 상	
6시 - 6시30분	지역 뉴스 보기
6시30분	화장실, 씻기/휴게실 개방
7시	소그룹 활동, 가족 방문, 아이, 동물 방문, 바깥 산책
8시 - 9시30분	수면-침대 갈 준비/수면시간 음악

3. 치매client를 위한 프로그램

1) 휴게실

휴게실의 철학은 여가능력모형의 여가교육과 레크리에이션참여 영역에 기초한다(Perterson & Gunn, 1984). 표준화의 개념은 이 프로그램에서 중요한 한가지다. 노인은 지역사회에서 그들이 참여할 활동과 홍미의 선택을 가지고 있다. 노인센터는 '삶의 질과 변화는 생명이다'는 이 개념에 기초할 때 지역사회에서 활성화 된다. 휴게실 생각은 치매를 가진 사람을 위한 다양성과 삶의 질을 촉진시킨다. 휴게실은 인지적 손상을 가진 노인에게 그들 선택한 활동을 참여함으로써 사회화 시간을 갖는다. 또한 그들 자신의 자극을 발견하거나 또는 다른 사람들과 사회적 상호작용의 공간으로 활용된다.

매일 모든 가능한 시간 안에 제공받은 구조화된 프로그램을 통하여 선택하고 참여한다.

① 목적 : 여가라운지의 목적은 자유스러운 선택, 사회화 그리고 활동을 위

한 환경을 제공하는 것이다.

② 목표

a. client가 주위를 움직이고 활동을 시도하는 것을 격려한다.

b. 나이에 적절한 사회적 상호작용을 촉진한다.

c. client들의 임파워먼트 한다.

d. 적절한 자극 또는 휴식의 시간을 제공한다.

e. 문제적 행동의 감소시킨다.

여가라운지는 한명 또는 그 이상의 스텝을 두게 될 것이고, 매일 1-2시간 개방해야 한다. 예를 들어 1:30-3:00 그리고 6:30-8:00. 포괄적 운동 게임, 미술, 공예, 편지쓰기, 원기회복 그리고 개인적 돌봄을 포함할 것이다. client들은 안과 밖을 돌아다니고, 만지고, 상호작용하고, 또는 개인적 바람에 관하여 안락의자에서 재처리될 수 있다.

2) 낙상예방 프로그램

낙상예방 프로그램은 치매를 가진 노인의 낙상의 수를 줄이는 것을 완성하는 것이다. 이것은 세 분야를 나누어서 프로그램을 적용하고 이중 2가지 활동에 참여하게 한다.

part 1은 아침 산책 그룹이다. 이 프로그램 안에서 client들은 걷기 활동의 등급 안에서 지원이 구체화된다. 거리는 client의 지구력수준과 보행능력에 맞추어 개별화된다. 거리는 매주 기록되고 client의 증진에 따라서 증가한다. 산책 프로그램은 아침 식사 전에 프로그램을 마무리한다.

part2는 노인활동이다. 이 프로그램은 매주 3시간씩 진행되고 있다. 힘, 협동 그리고 유연성 활동이 제공되고 client들은 단계이동에 의한 단계 안에서 지원받는다.

part3은 감각통합그룹이다.

① 입회 기준: 한 달에 1번 낙상 또는 한 번의 연속적인 낙상

② 종료 기준: 3달 동안 낙상이 없으면 종료 한다.

가. part 1: 이른 아침 산책 프로그램

■ **목적: 낮은 사지의 힘과 전반적 지구력 향상**

■ **목표:**

① 산책 시간의 증가와 정서적 안정에 기여한다.
② 이동기술을 유지 또는 증진시킨다.
③ 의미 있고, 구조화된 치료적 활동의 제공에 의해 일어나 이른 아침 낙상의 시간을 줄인다.

■ **산책 활동의 개요.**

① 시간 : 7시- 7시 30분
② 그룹크기 : 7-10명
③ 스텝 : 레크리에이션 치료사, 물리치료지원, 간호 스텝
④ 개입방법 : 이 그룹의 1-10명의 client들은 이른 아침 산책 프로그램을 위해 참여하게 될 것이다. 치료스텝은 지구력과 전반적 건강의 사정(assessment)에 기초하여 걷거나 휠체어를 운전하여 정해진 거리를 움직이도록 client들을 도울 것이다. 고혈압과 심장병이 있는 client는 활동중간과 후에 정기적으로 체크 될 것이다. 산책의 거리는 client들의 능력증진에 따라 증가될 것이다.
⑤ 참가대상 : 불안정한 걸음걸이를 보이거나, 심폐지구력(cardiovascular endurance)의 증진 또는 유지가 필요한 어르신.
⑥ 종결기준 : 지침 없이 20분간 걷는 능력과 3개월 동안 낙상 경험이 없는 client
⑦ 필요한 지지 : client들은 깨우고, 옷 입고 그리고 산책을 위한 좋은 신발 신기. 프로그램의 client들 수를 위해 충분한 텝.
⑧ 평가 : 낙상동안의 사건보고서.

나. part 2 - 기능을 위한 운동

① 목적: 건강수준의 퇴행예방 또는 증진 및 일상생활기술과 최대 독립을 위한 전반적인 유연성과 힘의 증진, 유지를 증가시킨다.

② 시간 : 월, 수, 금요일 10시-10시 30분

③ 그룹크기 : 각 과제를 위한 개별적 지원이 있을 7-10명

④ 스텝 : 치료사, 보조자

⑤ 개입방법 : client들은 음악의 선호와 비 선호에 대한 조사를 목록을 작성한다. 운동프로그램은 그룹이 선택하는 음악과 함께 편성된다. 각 회기는 다음의 움직임과 운동을 포함한다.

1) 움직임범위를 위한 활동
   - a. 머리회전과 굴곡
   - b. 어깨 으쓱하기
   - c. 등 스트레치 : 똑바로 일어나 앉기, 앞으로 굽히기등
   - d. 무릎 올리기
   - e. 다리 뻗기
   - f. 팔 뻗기 : 손바닥을 함께, 팔을 바깥을 향하여 내린다, 안으로, 위로
   - g. 손 뻗기

2) 힘을 위한 활동
   - a. 탄력성 또는 탄력밴드 활동
   - b. free hand weights or water jug passing
   - c. 의자 밀기
   - d. 전반적 이동 게임

⑥ 참가 대상 : 허약한 어르신, 지구력의 감소 또는 유연성 때문에 기능적 손실이 보이는 client.

⑦ 종결기준 : ADS에 기초하여 독립적으로 보여 질 때

⑧ 필요한 지지 : 10명의 client에 2-3명의 스텝, 탄력밴드 또는 탄력성, 체

중, 볼, 풍선도구를 활용한 조화된 게임들.

⑨ 평가 : 힘, 전반적 유연성, 10마다 지구력 테스트, 전반적인 기능은 3개월마다 TMP(timed manual performance instrument)를 사용하여 테스트할 것이다.

다. part 3 - 감각 공기 매트 치료 프로그램

감각공기매트프로그램은 신체적으로 허약하고, 행동의 어려움이 있는 client의 이완반응과 움직임의 증진을 위한 방법으로 안전하고 치료적으로 제공된다. 이것은 또한 부족한 균형감각, 움직일 수 없는 또는 감각자극 추구가 불가능한 client들을 위해 적절하다.

① 목적: 공기매트활동은 개인의 기능과 전반적 몸 움직임 증진을 목적으로 한다.

1) 일대일 커뮤니케이션과 적절한 반응 증진
2) ADLs의 기본을 활동을 위한 움직임의 발달 증진
3) 공간에서 자신과 관계있는 포지션의 이해 안에 몸 인식과 원조 증진
4) 레크리에이션 활동의 수행동안 균형감각 증진
5) 레크리에이션 활동을 추구할 수 있는 독립적으로 움직이거나 옮기는 기술 증진.
6) 이완을 위한 기술 증진.

② 예방: 불안정하고 과잉긴장으로 인한 근육, 감각, 억제, 발작과 같은 증상이 발생할 수 있다.

자율신경계는 홍조, 창백, 땀 흘림, 메스꺼움 또는 하품등과 같은 기능에 영향을 미칠 수 있다. 이 같은 증상은 자극의 양이 감소되는 것을 가리킨다.

③ 참가대상: 힘, 유연성, 균형감각의 감소, 이완능력, 이동기술의 어려움이나 퇴행을 경험 하고 있는 client.

④ 종결기준: 이완능력과 독립적 이동성, 안전의 기술 증가를 나타낸다.

⑤ 필요한 지지 : 공기매트하나의 회 기당 2명의 스텝
⑥ 평가: client는 10주마다 힘, 유연성 그리고 이동성을 테스트 받는다. 전반적인 혼합 수준은 간호서비스직원에 의해 평가. 낙상과 이동성은 사건보고와 신체적 치료평가를 통해 평가한다.

성공적 프로그램을 위해

① 간단하고 일관성 있게 진행하라.
② 선택을 제공하고, 선택을 구조화하는데 client에게 권한을 주라.
③ 한걸음씩 깨뜨려라(낮은 단계에서부터 시작하라).
④ 활동의 모든 프로그램에 치매client를 포함하라.
⑤ 레크리에이션, 여가교육 그리고 치료를 포함하라.
⑥ 의사소통기술 증진하라.
⑦ 관리하라 그렇지 않으면 인계받지 마라.
⑧ client의 욕구를 해결할 수 있는 당신의 프로그램을 적용해라.
⑨ 소그룹은 그룹 내에서 일대일 참여가 최선이다(개별화하라).
⑩ 당신의 프로그램을 표준화하라
⑪ 기분전환(오락)을 준비하여 제공하라
⑫ 힘, 유연성, 지구력 증진을 위한 client에게 독립된 프로그램을 제공하라.

3) 미술치료/ 자기 자신 프로그램 만들기

(1) 서비스 그룹 : 치매 그룹

(2) 날/시간 : 목요일 3시 - 4시

(3) 장소 : 활동실

(4) 목적

미술을 통해 client자신을 표현할 기회를 제공한다. 또한, 상위의 신체 기능

증진 또는 유지, 눈과 손의 협응력 증진, 의미 있고 유용한 활동에 참여 기회를 제공 한다.

(5) 개입방법

모든 과제는 client가 가지는 기능적 수준과 맞게 계획되어야 할 것이다. 각 활동을 종결하는 과정은 마지막 생산물이 아니다 라는 것을 가장 중요하게 생각해야 한다. 결과물보다 과정 속에서 이루어지는 성공적인 경험을 증진하여야 한다. 자기표현은 각 프로젝트에서 격려 될 것이다.

프로젝트의 유형의 예이다.

① 그룹을 위한 큰 포스터와 벽걸이 만들기.

② 직물을 사용하는 모자이크 타입 프로젝트.

③ 큰 사물에 그림 그리기.

④ 스펀지와 템플릿

⑤ 여가라운지를 위해 게임조작에 접착제를 바르고, 그림을 그리기.

⑥ 가면 만들기와 조각

⑦ 그룹이 좋아하는 프로젝트주제 - '만약 내가 섬에서 좌초한다면 내가 원하는 건.'

(6) 참가대상

과거에 미술/공예와 의사소통에 흥미가 있고 상위의 신체기능 사용하는데 어려움이 있으며 자신의 여가를 구조화시키는 능력에 어려움이 있는 client.

(7) 종결기준

의사소통기술이 향상되거나 상위의 신체기능과 자신의 여가를 구조화시키는 능력이 있다.

4) 감각요리 프로그램

(1) 서비스: 치매 그룹

(2) 날/시간:

(3) 장소: 활동실

(4) 스텝 : 레크리에이션 치료사 / 작업치료자격이 있는 보조자 / 간호 스텝

(5) 목적

client는 one-step 지시를 따르는 능력을 증진하거나 유지할 수 있다.

① client는 과거에 좋아했던 음식/요리법에 대해서 이야기하는 능력을 증진하거나 유지할 수 있다.

② client들은 열기, 섞기, 붓기 그리고 음식보조의 능력을 증진하거나 유지할 수 있다.

③ client들은 간단한 과제완수를 위한 적적한 요리도구를 사용할 수 있다.

④ client들은 요리그룹 전과 후에 손을 씻을 것이다.

⑤ client는 요리 프로그램에서 단순한 선택과 과제에 관하여 받아 들 일 것이다.

⑥ client들은 적절한 식사예절을 사용할 것이다.

(6) 개입방법

열기, 자르기, 섞기 같은 과제는 능력수준에 기초하여 그룹의 멤버들에게 지정 될 것이다. 자기 역할을 위해 이동하는 것은 client들의 지시와 질문에 의해 강화 될 것이다. 그룹은 client들의 필요한 목적을 달성하기 위해 도울 것 이다.

치매는 종종 client들의 식욕에 부정적인 영향을 미친다. 이 프로그램은 알츠하이머의 중후기단계의 client들에게 가장 좋아하는 냄새와 씹히는 느낌에 초점을 맞출 것이다. 즉, 신선한 통조림과 냉동식품사이에서 client의 반응이 비교 될 것이다. client의 특별한 흥미는 계획과정에서 사용 될 것이다.

(7) 참가대상

① 먹는 것에 흥미를 잃거나 one-step 지시를 따르는 능력에 어려움이 있는 client.

② 과거에 요리나 외식을 즐겼던 경험이 있는 경우 client.

③ 요리 활동에 흥미가 있는 client.

(8) 종결기준

① 더 이상 섭식에 문제가 없는 client

② one-step과제를 완료할 수 있는 client

③ 흥미가 요리 활동으로 변한 client

5) 사진 그룹

(1) 서비스: 치매 그룹

(2) 날/시간: 월요일/ 오후3시-4시

(3) 장소: 날씨가 좋은 동안 야외. 날씨가 안 좋을 땐 기관 주변

(4) 스텝: 레크리에이션 치료사 / 작업치료사 / 간호스텝

(5) 목적: client는 간단한 선택을 하는 능력을 유지하거나 증진할 수 있다.

① client는 사진의 흥미로운 주제를 구체화할 것이다.

② client는 그룹 내 다른 사람과 사진 촬영의 도구와 작품을 나눌 것이다.

③ client는 선명한 사진을 찍는 능력을 증명할 수 있다.

④ client는 사진 또는 다른 것을 위한 슬라이드를 정리할 수 있다.

⑤ client는 타인과 사진 또는 슬라이드를 나눌 수 있다.

⑥ client는 각 회기에서 다른 client나 스텝과 대화를 통하여 소그룹 상호작

용에 참여할 수 있다.

(6) 개입방법

사진에 흥미를 표현한 client들의 소그룹은 35mm와 즉석사진(디지털카메라) 기술을 배울 것이다. 그룹은 주제, 지역, 각각 회기에 사용될 도구를 선택할 것이다. client들은 교대로 사진을 찍을 것이다. 그룹은 다양한 테마의 스크랩북과 그룹을 위한 디스플레이를 독창적으로 할 것이다. 그룹의 멤버들은 또한 기관에서 일어나는 특별이벤트의 사진 찍기에 격려 될 것이다. client 기술에 따라 컴퓨터를 활용한 사진 디자인을 시도할 것이다.

(7) 참가대상

① 사진에 흥미를 표현한 client
② 카메라를 잡을 수 있는 기능의 client
③ one-step 지시에 따를 수 있는 client
④ 그룹 상호작용, 또는 간단한 선택의 대한 욕구가 있는 client

(8) 종결기준

더 이상 사진에 흥미가 없거나 목적 달성을 이룬 client

(9) 준비물

카메라, 필름, 스텝, 스크랩북, 슬라이드, 프로젝터, 컴퓨터, 컬러프린터 등

6) raingutter bocce league

(1) 서비스 : 치매

(2) 날/시간 : 수-목요일 저녁 6:30

(3) 장소: 야외 활동 공간

(4) 스텝: 치료사와 보조자

(5) 목적

① client는 bocce 볼을 맞추고, 잡고, 던지는 능력을 유지하거나 증진할 수 있다.

② client는 one-step 지시를 순서대로 따르고 다른 사람을 위해 적절한 응원을 하는 능력을 증명할 수 있다.

③ client는 각 회기에서 한 동료와 스텝과 함께 상호작용을 할 수 있다.

④ client들은 각 회기에서 간단한 선택을 할 수 있다(공의 색깔, 줄서는 장소).

⑤ client들은 활동을 재미있어하고 즐길 수 있다.

(6) 참가대상

client는 bocce 공을 15-20피트의 거리까지 굴리는 능력을 평가 받을 것이다. client들은 득점기록을 위한 포인트 시스템과 함께 크고 화려한 색깔의 목표지역을 만들 것이다. client들은 공을 굴리기 위해 도움이 필요하다면 6피트의 빗 물받이 통을 사용할 것이다. 후에 몇몇 연습 팀이 생기면, 스텝은 코치로서 도울 것이다. 리그게임은 밤 동안에도 일정 가질 수 있다.

※ 자료 출처 : www.dcbocce.com 사진 자료실

(7) 입회기준

① 프로그램에 흥미가 있는 client
② 밤에 여유 있는 여가시간 및 지시 따르기가 가능 한 client
③ 인지기능과 신체 기능 증진이나 유지의 욕구를 가진 client
④ 상위의 신체 기능과 사회적 기술의 욕구를 가진 client

(8) 종결기준

더 이상 프로그램에 흥미가 없거나 자신의 여가를 구조화할 수 있다. 또한 목적 달성이 이루어 졌을 경우.

7) price is right(적정 가격이다) - 인지적 그룹

(1) 서비스: 치매

(2) 날/시간: 평일 4시-5시

(3) 장소: 주방

(4) 스텝: 레크리에이션 치료사/ 언어치료사

(5) 도구/요소: 가격이 숨겨진 빈 음식 상자

(6) 목적

client들은 대화할 주제인 두 가지 사물 선택할 수 있고 음식의 가격과 돈을 이해하는 능력을 증명할 수 있는 능력 즉, 인지적 기술을 유지 및 증진할 수 있다.

① client들은 각 회기마다 6번 두 가지 사물사이에서 선택할 수 있다.
② client들은 '당신이 이 물건이 얼마일거라고 생각합니까?'라고 물었을 때 언어로 가격을 말할 수 있다.
③ client들은 각 회기마다 적어도 한번은 잘 알려져 있는 사물에 대해 이야

기 나눌 수 있다.

④ client들은 사물에 대한 대화를 통하여 소그룹 안에서 언어적 상호작용을 할 수 있다.

(7) 개입방법

많은 client들은 늦은 오후에는 무기력하고 문제행동들을 보이곤 한다. 덧붙여 많은 client들은 저녁식사에 참여하는 동기가 부족하다. 이 프로그램은 식욕, 인지적 기술, 대화에 자극을 주는 주위의 익숙한 음식들을 계획한다. 이 프로그램은 알츠하이머의 후기단계의 client를 위해 구조화되었다. 상자 속에 있는 물건 하나 또는 둘을 선택하게 하고 그 물건에 대해 그룹에게 질문을 던진다. 이 물건을 이용하여 그룹에 질문할 것이다.

그 후 각 client는 프로그램 안에서 '비용이 얼마나 더 많은지'개인적으로 질문을 받을 것이다. 각 질문의 마지막에 옳은 정답이 주어질 것이고 client들은 제품에 대해서 이야기할 기회를 가질 것이다. 예를 들어 '나는 단지 콘플레이크와 바삭바삭한 당신의 쌀 상자를 보려고 했다. 당신은 아침식사로 시리얼을 좋아하는가?'

(8) 참가대상

인지적 손상, 의사소통기술의 손실, 빈약한 식욕, 프로그램에 흥미를 보이는 client.

(9) 종결 조건

간단한 선택과 지시 따르기가 가능하고, 간단한 대화를 지속할 능력. 적절한 식욕. 더 이상 프로그램에 흥미가 없을 경우

8) 음악 치료

(1) 서비스 : 새로운 치매 편성

(2) 날/시간 : 화요일, 목요일, 금요일 오전 9:30-10:30

(3) 그룹 사이즈 : 각 과제를 위해 개별적 지원과 함께 10-15명

(4) 스텝: 음악치료사 / 보조자

(5) 목적

각 client들은 ①음악을 통한 그녀 자신 표현 ②선택하기 ③반응 시작 ④자극기억회상 ⑤운동 정도 증진 또는 유지 ⑥눈 손 협응력 증진 ⑦언어적 표현 격려 ⑧혼란 감소의 기회를 제공한다.

(6) 개입방법

client들은 과거/현재 음악흥미를 위한 사정(assessment)을 하고 프로그램은 시작할 때 인사노래와 끝날 때 굿바이 노래를 할 것이다. 회기동안 활동은 눈 손 협응을 위한 활동, 운동정도를 위한 활동, 자기표현, 이완, 기억회상 격려를 위한 익숙한 노래를 느리게 부르는 활동을 포함한다.

(7) 참가대상

① 음악에 과거와 현재 흥미를 가지고 있는 client.
② 혼란의 시간의 경험을 하고 있는 client.
③ 유연성 또는 협응력이 퇴행하고 있는 client.

(8) 종결조건 : 더 이상 흥미가 없고 치료 목적을 달성한 client

9) 회보(소식지) 그룹

(1) 서비스 : 치매

(2) 날/시간: 수요일 2시

(3) 장소: 야외 와 실내

(4) 목적

소그룹 참여 활동으로 참여자들과 이슈(현재와 과거)에 대해서 토론하고, 컴퓨터, 복사기 등을 활용하여 회보를 반간한다. 발간한 회보는 다른 client와 스텝에게 보낸다.

(5) 개입방법

client들(3-5명)은 건강정보, 스포츠와 여가, 다가올 이벤트, 요리법, 시즌이야기와 같은 선택의 리스트를 포함하기 위해 의사결정을 할 것이다. client들은 주제와 기록에 대해서 이야기 하는 것이 결정 될 것이다. 레크리에이션 치료사는 의사결정을 위해 격려를 촉진할 것이다. 두 명의 client들은 타이핑을 도울 것이다. 다른 한명 또는 두 명은 글을 복사하고 배달할 것이다. 완결된 회보가 매달 발간 될 것이다.

(6) 참가 대상

① 생각을 언어화하는 능력을 지닌 client
② 다른client들과 연결 또는 사회화의 증진이 필요한 client
③ 읽기, 쓰기를 좋아하고 흥미가 있는 client

(7) 종결조건

더 이상 회보그룹에 흥미가 없거나 목적달성을 이룬 client

4. 뇌 기능 증진을 위한 손 운동법

※ 방법 : 다음의 손동작을 구령에 맞춰 천천히 실행한다.

1. 손목, 손등, 손바닥, 손가락 눌러주기(각 3회)

책상이나 무릎 위에 손을 놓고 다음을 차례대로 실시한다.

- 손목: 검지, 중지, 약지의 손가락 끝으로 손목 안쪽의 1/2지점에서 손목까지 약 3초간씩 꾹꾹 눌러준다.
- 손등: 손가락 끝으로 손등 위에서 아래로 눌러준다.
- 손바닥: 손가락 끝으로 손바닥 위에서 아래로 눌러준다.
- 손가락: 각 손가락을 반대편 엄지, 검지, 중지 끝으로 손가락 위에서 끝으로 눌러 준다. 손끝에서는 지압을 하면서 손가락을 잡아당긴다. 양손을 번갈아 가면서 시행한다.

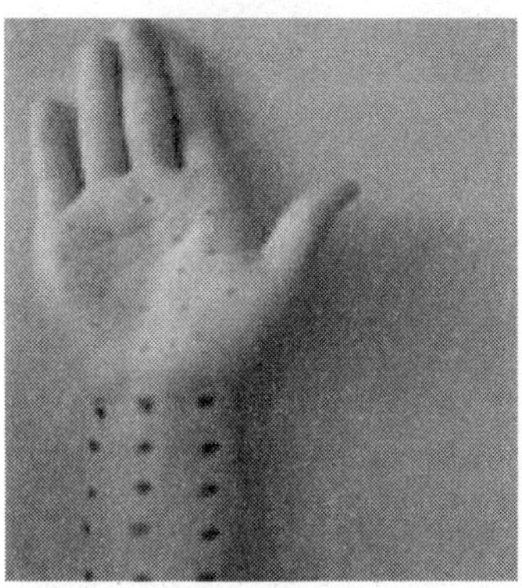

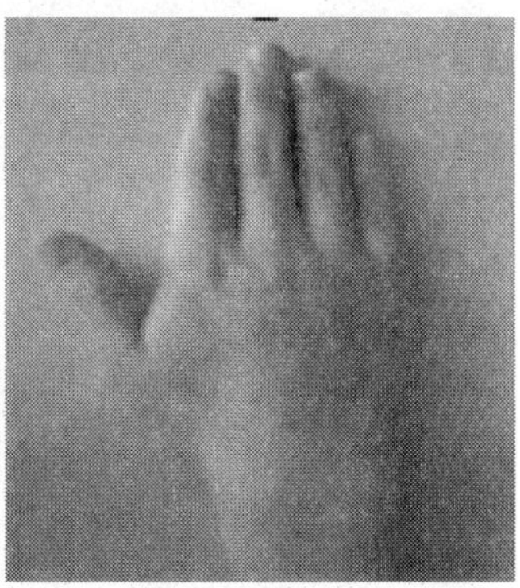

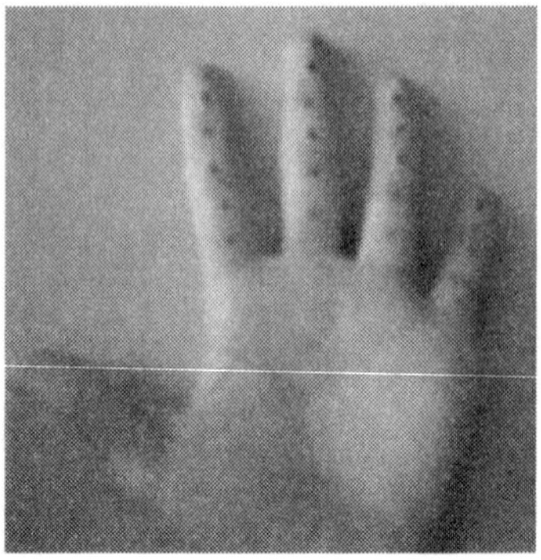
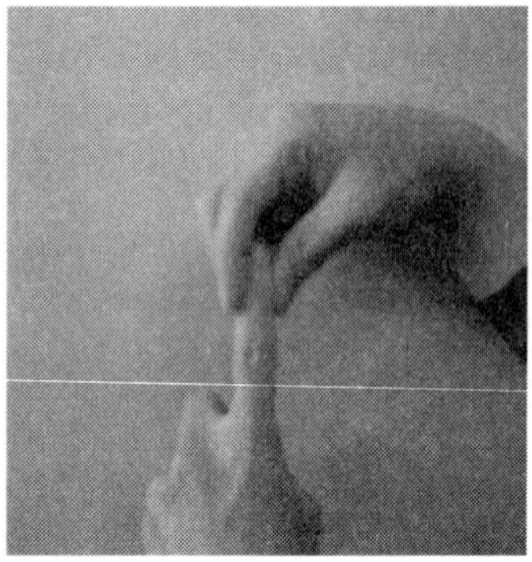

2. 손 전후좌우로 움직이기(각 3회)

- 두 손을 모아 가슴 가까이 대고 전후로 천천히 움직인다.
- 두 손을 모아 가슴 가까이 대고 좌우로 천천히 움직인다.

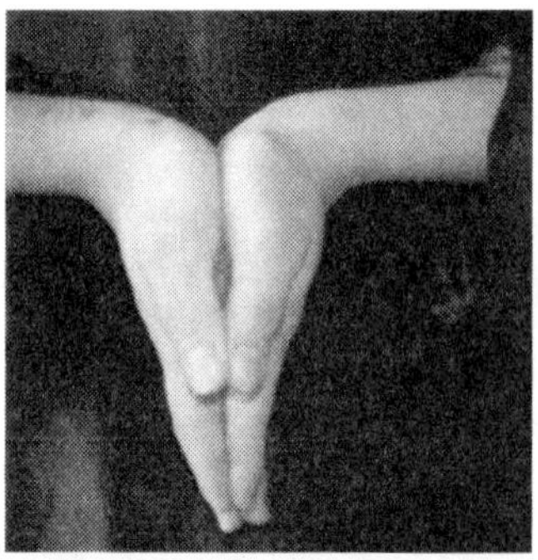

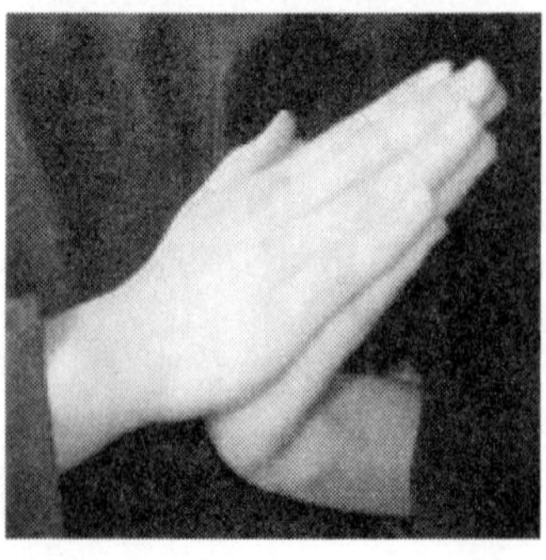

3. 손 뻗어 손뼉 치기(10회)

■ 두 팔을 앞으로 뻗어 큰소리가 나게 손뼉을 친다.

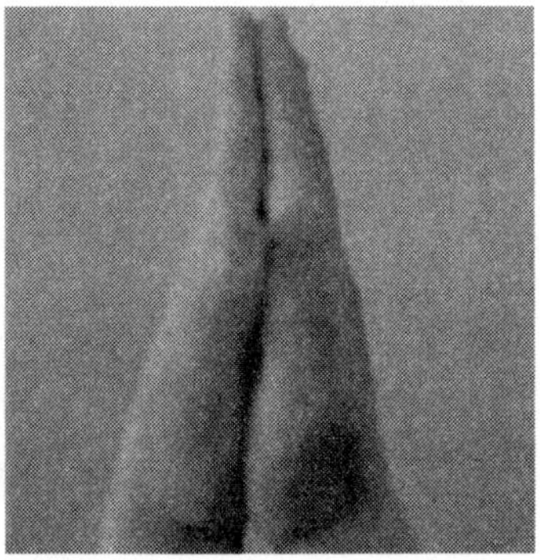

4. 손바닥과 손등 비비기(10회)

■ 두 손바닥을 열기가 느껴지도록 비빈다. 손바닥으로 손등을 문지른다. 손등끼리 비빈다. 이때 주먹을 쥐거나, 손을 펴고 해도 좋다.

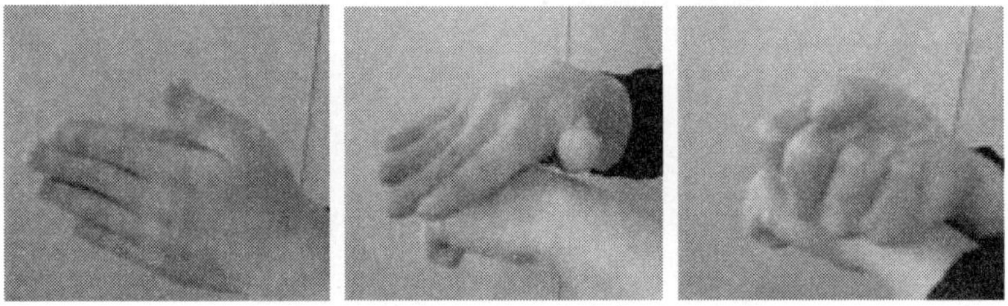

5. 손바닥 마주하기(3회)

■ 양팔을 벌리고 천천히 모아 손가락 끝이 닿을 정도로 가까이 한다. 눈을 감고 위와 같은 동작을 한다.

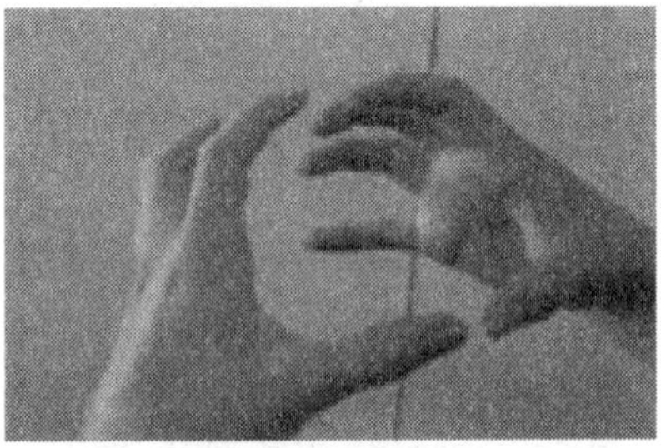

6. 손가락 스트레칭(3회)

■ 손가락 끝을 서로 붙인 후 엄지와 새끼손가락이 일자가 되도록 서로 힘껏 민다. 8까지 세는 동안 서로 밀고 있게 한다. 3회 반복한다.

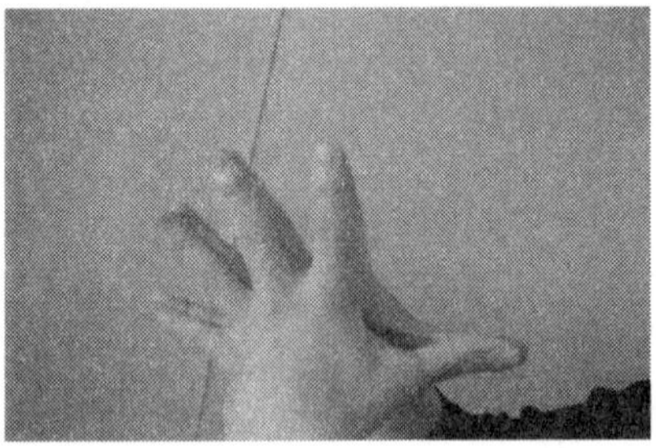

7. 손가락 끝 두드리기(10회)

■ 손을 둥글게 하여 양 손가락 끝을 마주한 후 서로 세게 두드린다. 10을 세는 동안 두드리게 한다.

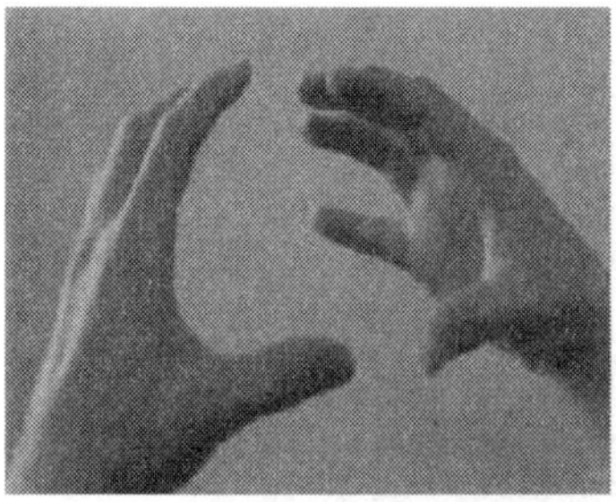

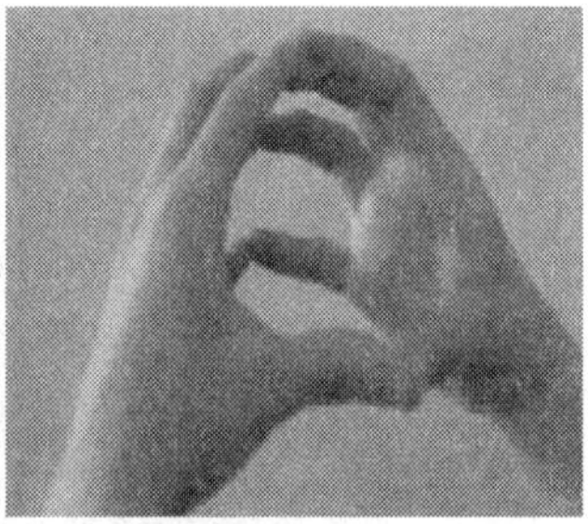

8. 손가락 깍지 끼기(각 4회)

■ 양손가락 각 마디마다 서로 깍지 끼고 당긴다.
양손의 첫째 마디끼리 깍지 끼고 지긋이 당긴다(4까지 센다). 둘째 마디끼리 깍지 끼고 지긋이 당긴다(4까지 센다). 셋째 마디끼리 깍지 끼고 서로 지긋이 당긴다(4까지 센다).

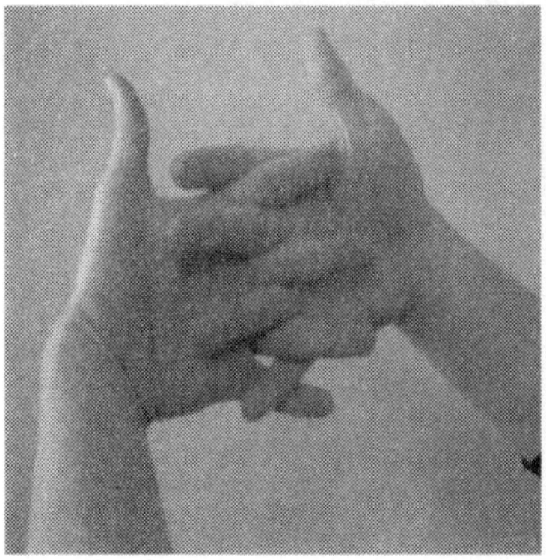

9. 손가락 돌리기

■ 손가락 끼리 원을 그리며 돌린다(좌우 같은 손가락으로 한다). 열손가락을 모두 돌린다. 점점 크게 돌렸다. 점점 작게 원을 그리며 돌린다.

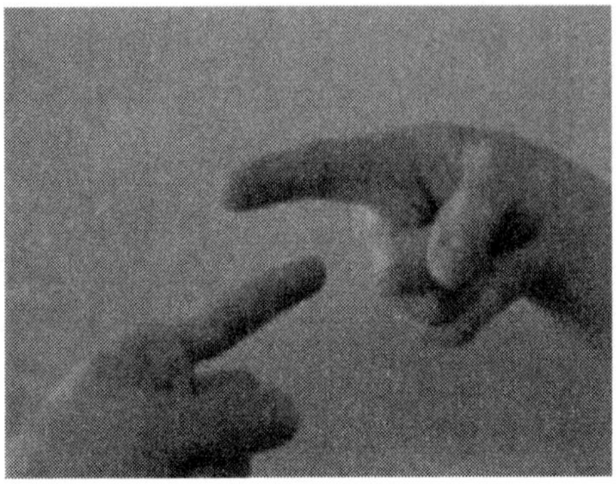

10. 손목 돌리기

■ 손목끼리 원을 그리며 점점 크게 그리고 점점 작게 돌린다. 반대 방향으로도 실시한다.(장숙희, 2007)

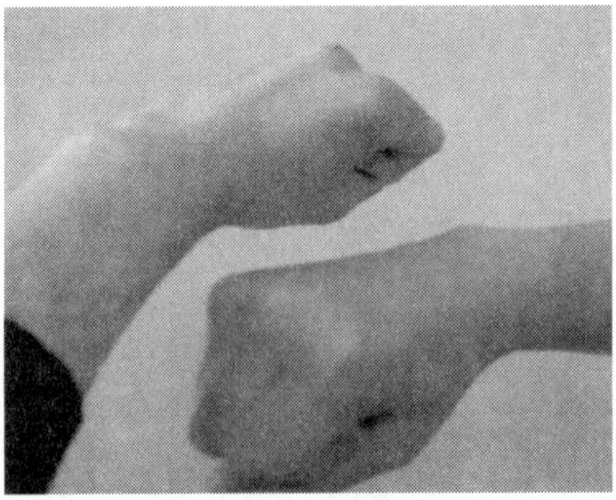

5 사정도구

〈FACTR(TR을 위한 특징에 대한 기능 사정)〉

- 명칭: Functional Assessment of characteristics for Therapeutic recreation
- 통상: FACTR로 알려져 있다.
- 저자: Peterson, Dunn, and Carruthers(1983)
- 사정 실행을 위한 시간: 20분 내 외
- 채점을 위한 시간: 사정 실행과 채점이 거이 동시에 이루어짐
- 권고할 만한 장애 집단: 모든
- 사정 희망결과: FACTR의 희망결과는 기본적인 기능적 기술과 행동 관련한 client 욕구를 가늠하는 것이다.
- 사정은 무엇을 측정하는가? 신체적, 인지적 그리고 사회·정서적인 영역에 각각 11가지 영역을 측정한다.
- 필요한 준비물: FACTR 매뉴얼과 채점지
- 신뢰도 · 타당도: 신뢰도 연구는 있으나 타당도는 보고된 바 없음.
- 사정 실시를 위해 필요한 기술이 정도: 전문가
- 부가적 언급: FACTR은 TR을 위한 client의 특성을 알아보거나 TR을 통해 향상시킬 수 있는 영역을 파악하는데 쓰일 수 있다.

기능척도

FACTR(Functional Assessment of Characteristics for Therapeutic Recreation)

성 명		성 별	남, 여
생년월일			
		상담자명	

가. 신체적 사항

	여가와 관련된 기능
1	시각 - 정상 - 부분적으로 손상(안경착용) - 법적인 맹인(전혀 보이지 않음)
비고	
2	청각 - 정상 - 부분적으로 손상(보청기 착용) - 부분적으로 손상(보청기 착용하지 않음) - 농아
비고	
3	움직임(활동) - 정상 - 이동하는데 어려움이 있음(조력자 없어도 됨) - 조력자와 함께 이동해야 됨 - 휠체어(혼자서 이동하는데 어려움 있음) - 이동할 수 없음(침상에 있음)
비고	
4	장과 방광 - 정상 - 가끔 프로그램을 지속적으로 할 수 없다. - 프로그램을 계속 진행할 수 없다. - 장과 방광에 보조기구를 착용해야 한다.
비고	

※ 1-4번의 항목은 법적으로 향상되어야 할 의무를 가지고 있지 않습니다.

	여가와 관련된 기능
5	팔, 손, 잡기 - 정상 - 근육이 경직 - 약하게 움직일 수 있다. - 각 기능영역을 나누어 실시해야 해야 한다.
비고	
6	일반적인 협응력(주요한 몸의 부분) - 정상 - 협응력에 약간의 문제 발생 - 협응력에 많은 문제 발생
비고	
7	손-눈의 협응력 - 정상 - 약간의 어려움 - 많은 어려움
비고	
8	스트레치 (팔) (다리) - 정상 정상 - 약간 안됨 약간의 어려움 - 많이 안됨 많은 어려움
비고	
9	심폐기능 - 뛰어남 - 정상 - 허약
비고	
10	몸무게 - 정상 - 비만 - 경량
비고	
11	평형성 - 정상 - 약간의 어려움 - 많은 어려움
비고	

나. 인지

	여가와 관련된 기능
1	오리엔테이션 - 정상 - 가끔 혼란됨 - 많은 시간이 혼란됨 - 모든 시간이 혼란됨
비고	
2	구두적인 언어표현 - 매우 명료 - 평균적 - 약간 명료 - 전혀 언어적인 표현을 못함
비고	
3	언어반응 - 지시에 즉각적으로 반응한다. - 반응하는데 시간이 필요하다. - 부차적인 지시, 단서를 필요로 한다. - 지시에 반응하지 않는다.
비고	
4	주의집중 - 잘함 - 주의 집중에 약간의 어려움이 있다. - 주의 집중에 많은 어려움이 있다. - 주의집중이 전혀 안 된다.
비고	
5	장기 기억력 - 과거의 사건을 명확하게 기억한다. - 과거의 사건을 모호하거나 가끔 기억한다. - 비현실적이거나 왜곡해서 회상한다. - 과거를 전혀 기억하지 못한다.
비고	

6	단기 기억력 - 최근의 사건을 명확하게 기억한다. - 최근의 사건을 모호하거나 가끔 기억한다. - 최근의 사건을 전혀 기억하지 못한다.
비고	
7	사고과정(논리, 문제해결, 상상력) - 뛰어남 - 평균적 - 부족 - 전혀 안됨
비고	
8	학습능력 - 새로운 것을 빠르고 쉽게 학습 - 평균적인 학습능력 - 천천히 습득 - 전혀 안됨
비고	
9	읽고 쓰기 능력 - 잘함 - 평균 - 못함 - 전혀 못함
비고	
10	수 개념 - 평균이상(덧셈, 뺄셈, 곱셈, 나눗셈) - 평균 - 기본적인 계산능력(더하기, 빼기) - 수계산 능력이 없음
비고	
11	목적에 맞는 환경과의 상호작용 - 사람과 사물에 목적에 맞게 상호작용 - 목적에 맞는 환경과의 상호작용이 때때로 단절된다. - 환경과 극소로 상호작용 - 전혀 안됨
비고	

다. 사회적 · 정서적

	여가와 관련된 기능
1	커플(2사람) - 커플 상황·연습을 시작하고 유지가능 - 다른 사람이 개입할 때 커플상황 유지가능 - 커플상황을 극소로 반응 - 커플상황을 유지할 수 없다.
비고	
2	소그룹(3 - 8명) - 소그룹의 상호작용이 유지가능 - 다른 사람이 개입할 때에만 가능 - 소그룹의 상호작용이 극소로 이루어짐 - 소그룹상황을 유지할 수 없음
비고	
3	사회적인 상호작용 - 사회적인 접촉·상황을 찾음 - 사회적인 접촉·상황은 하지 않지만, 피하지도 않는다. - 사회적인 접촉·상황을 피한다. - 사회적인 접촉을 극도로 필요로 한다.
비고	
4	일반적인 참여 - 자발적 - 다른 사람의 권유에 의해서 행사에 참여 - 직접적인 명령에만 참여반응 - 전혀 참여하지 않음
비고	
5	협동 - 협동적인 행동의 이해와 동참 - 협동을 증진하고 강화하는 역할을 한다. - 협동적인 행동에 참여하지 않는다.
비고	

6	경쟁심 - 경쟁적인 행동에 적절하게 이해하고 참가함 - 경쟁적인 행동에 과도하게 공격적이다. - 경쟁적인 행동에 과도하게 수동적이다.
비고	
7	충돌·화 - 화가 난 상황에서 적절하게 행동한다(감정조절가능). - 화가 난 상황에서 감정조절을 잘 하지 못함. - 화가 난 상황에서 극단적으로 소극적
비고	
8	감정표현 - 상황에 적절한 감정반응 - 극단적인 감정적 반응 - 감정적 표현을 억제 - 부적절한 감정적 표현
비고	
9	권위·리더십 - 권위에 적절하게 반응 - 권위에 대항(반대) - 권위에 대항
비고	
10	좌절 - 좌절의 수용 - 평균적 수용 - 빈번하게 좌절행동 표현
비고	
11	의사결정능력 - 조사하여 긍정적 선택 - 다소 양가감정과 불확실한 결정 - 극도로 양가감정과 불확실한 결정
비고	

CERT (Physical Disabilities)

이름 : TRS :

첫 번째 평가 날짜 : 세 번째 평가 날짜 :
두 번째 평가 날짜 : 네 번째 평가 날짜 :

I. 대근육: 육체적이고 극대적으로 큰 움직임 또는 어떤 개인적인 공간에서 제한된 운동

A. 몸체 조절

0- 목을 움직일 수도 고정할 수도 없음.
1- 단지 꼿꼿하게 앉은 자세를 계속적으로 유지
2- 꼿꼿하게 앉은 자세를 계속적으로 유지하지 못함.
3- 약간은 불안정성을 갖고 몸을 조절
4- 몸체의 전체 기능을 사용하고 조절

B. 우측상지운동

0- 자발적으로 움직일 수 없다.
1- 가볍게 움직일 수 있으나 기능적이지 못하다.
2- 단지 공동으로 움직일 수 있다.
3- 가장 독립적으로 운동을 하나 아직 제한적이다.
4- 힘과 운동 범위에 어려움이 없다.

C. 좌측상지운동

0- 자발적으로 움직일 수 없다.
1- 가볍게 움직일 수 있으나 기능적이지 못하다.
2- 단지 공동으로 움직일 수 있다.
3- 가장 독립적으로 운동을 하나 아직 제한적이다.
4- 힘과 운동 범위에 어려움이 없다.

D. 우측상지

0- 움직임이 없다.
1- 사용하려는 시도에 즉시 피곤함을 느낀다.
2- 가벼운 근육 활동을 위해 휴식 시간이 필요하다.
3- 힘든 근육 활동을 위해 휴식 시간이 필요하다.
4- 완전한 일의 시도를 충분히 견딜 수 있다.

E. 좌측상지

0- 움직임이 없다.

1- 사용하려는 시도에 즉시 피곤함을 느낀다.

2- 가벼운 근육 활동을 위해 휴식 시간이 필요하다.

3- 힘든 근육 활동을 위해 휴식 시간이 필요하다.

4- 완전한 일의 시도를 충분히 견딜 수 있다.

F. 무게를 견디는 능력

0- 무게를 견디는 능력이 다리에도 없다.

1- 한쪽 또는 양쪽 다리에 무게를 지탱할 기기를 많이 의지한다.

2- 한쪽 또는 양쪽 다리에 무게를 지탱할 기기를 약간 의지한다.

3- 한쪽 또는 양쪽 다리에 무게를 지탱할 기기를 아주 조금 의지한다.

4- 기기의 의지 없이 양다리로 무게를 지탱한다.

G. 오른쪽 최하위 말단운동 능력

0- 자발적으로 움직일 수 없다.

1- 경미하게 움직일 수는 있으나 자발적이지 못하다.

2- 단지 공동으로 움직일 수 있다.

3- 가장 독립적으로 움직이나 아직 제한적이다.

4- 힘과 운동 범위에 어려움이 없다.

H. 왼쪽 최하위 말단운동 능력

0- 자발적으로 움직일 수 없다.

1- 경미하게 움직일 수는 있으나 자발적이지 못하다.

2- 단지 공동으로 움직일 수 있다.

3- 가장 독립적으로 움직이나 아직 제한적이다.

4- 힘과 운동 범위에 어려움이 없다.

Sub Total I

II. 소근육 : 손에 한정되어 있는 운동

A. 오른쪽 손 움직임 능력

0- 자발적으로 움직이지 못한단.

1- 경미하게 움직이나 자발적이지 못하다.

2- 적어도 직경 2인치 이상의 물체를 쥘 수 있다.

3- 직경 2인치 이하의 자루형 물체를 쥘 수 있다.

4- 힘과 범위에 어려움이 없다.

B. 왼쪽 손 움직임 능력

0- 자발적으로 움직이지 못한단.

1- 경미하게 움직이나 자발적이지 못하다.

2- 적어도 직경 2인치 이상의 물체를 쥘 수 있다.

3- 직경 2인치 이하의 자루형 물체를 쥘 수 있다.

4- 힘과 범위에 어려움이 없다.

C. 오른쪽 손 움직임 인내력

0- 움직임이 없다.

1- 사용하려는 시도에 즉시 피곤함을 느낀다.

2- 일을 마치는데에 두 번 보다 많은 휴식이 필요하다.

3- 일을 마치는데에 두 번 이하의 휴식이 필요하다.

4- 일을 마치는데에 적당하게 참아낸다.

D. 왼쪽 손 움직임 인내력

0- 움직임이 없다.

1- 사용하려는 시도에 즉시 피곤함을 느낀다.

2- 일을 마치는데에 두 번 보다 많은 휴식이 필요하다.

3- 일을 마치는데에 두 번 이하의 휴식이 필요하다.

4- 일을 마치는데에 적당하게 참아낸다.

Sub Total II

III. 이동력 : 한 장소에서 다른 장소로 몸을 이동시키는 것으로 한정된 기술

A. 휠체어 조정술

0- 휠체어를 가동할 능력이 없다.

1- 휠체어를 추진하려고 시도하나 능력 부족이다.

2- 외관상 스스로 휠체어를 추진한다.

3- 외관상으로 거칠게 다루고 절제하듯 몸을 구부린다.

4- 기초적으로 휠체어를 움직임에 있어 독립적이거나 이상 없다.

B. 전화 능력(범위: 장비의 도움을 받아서 ~장비의 도움 없이)

0- 스스로 전환하는 능력이 없다.)

1- 스스로 하려고는 하나 많은 원조를 요구한다.

2- 스스로 전환하나 약간의 원조를 요구한다.

3- 슈퍼비전 내에서 스스로 전환한다.

4- 자주적으로 전환한다.

C. 보행능력

0- 보행능력이 없다.

1- 많은 도움을 받아 지면에서 ? 비트 까지 보행한다.

2- 약간의 도움을 받아 지면에서 150피트까지 보행한다.

3- 장비를 가지고 대부분 지면에서 독립적으로 보행한다.

4- 장비 없이 어떤 지면에서 독립적으로 보행한다.

D. 더 높이 요구되는 보행 기술(사람의 도움 없이)

0- 더 높이 요구되는 보행 기술을 수행할 수 없다.

1- 약간의 도움을 받아 달 릴 수 있다

2- 도움 없이 지면에서 독립적으로 달릴 수 있다.

3- 도움을 받아 계단을 뛰어 넘을 수 있다.

4- 계단을 뛰어 넘는다.

Sub Total Ⅲ

Ⅳ. 운동기술들 : 정보의 처리에서 파생되는 순차적인 행위 또는 행동

A. 정적이고 동적인 균행(서있는/보행하는)

0- 서 있을 수 없다.

1- 도움을 받아 움직이지 않고 서있는 자세를 유지한다.

2- 독립적으로 서있는 자세를 유지한다.

3- 장비를 가지고 보행하는 동안 균형을 유지한다.

4- 장비없이 균형과 민첩함에 어려움이 없다.

B. 소근육 움직임 조정(손)

0- 다른 손으로 어떠한 고의적인 운동을 할 수 없다.

1- 한 손 또는 양손으로 손크기의 물체들을 모아서 잡는다.

2- 한 손 또는 양손으로 직경 1" 물체들을 집어서 놓을 수 있다.

3- 최소한 한 손으로 직영 1/8" 물체들을 쉽게 다룬다.

4- 양손으로 직경 1/8" 물체들을 쉽게 다룬다.

C. 대근육 움직임 조정(팔)

0- 다른 손으로 어떠한 고의적인 운동을 할 수 없다.

1- 제한된 동작에서 단지 한 팔을 움직인다.

2- 제한된 동작에서 양팔을 움직인다.

3- 최소한 한 팔로 동작을 거의 완전하게 하는데 어려움이 없다.

4- 양팔로 동작을 완전하게 하는데 어려움이 없다.

D. 반응시간

0- 반응 동작에 시간을 잴 수 없다.
1- 심지어 느린 속도의 반응을 하더라도 준비가 필요하다.
2- 완전한 수행을 위해 두 번 이상의 휴식기가 요구된다.
3- 반응시간이 때때로 감소된다.
4- 양팔로 동작을 완전하게 하는데 어려움이 없다.

E. 동작의 계획 능력

0- 심지어 도움을 받더라도 연속적인 단계를 나타낼 수 없다.
1- 많은 도움을 받아 단지 2~3번의 단계 수행이 연속적이다.
2- 단지 복잡한 일을 연속적으로 하는데 도움이 필요하다.
3- 단지 가끔 도움을 받아 복잡한 을을 연속적으로 수행한다.
4- 독립적이고 논리적으로 단계를 연속 수행한다.

Sub Total Ⅳ

Ⅴ. 지각: 감각기관의 자극으로 인해 설명된 자각-필요할 때 보청기/안경을 이용하여

A. 시각의 예민(약 2피트의 거리에서)

0- 어떤 크기의 물체도 구별할 수 없다.
1- 직경 6인치 보다 더 큰 물체를 구별한다.
2- 직경 3인치만큼 작은 물체를 구별한다.
3- 직경 1인치만큼 작은 물체를 구별한다.
4- 어떤 크기의 물체도 구별한다.

B. 시각의 추적

0- 어떤 움직이는 물체도 추적할 수 없다.
1- 신호가 주어졌을 때 시각의 1/2 범위 내에서 움직이는 물체를 추적한다.
2- 자발적으로 시각의 1/2 범위 내에서 움직임이 물체를 추적한다.
3- 시각의 모든 범위에서 물체를 추적하기에는 가끔 신호가 필요하다.
4- 시각의 모든 범위에서 자발적으로 움직이는 물체를 추적한다.

C. 깊이의 인식(평면이 있는 두 개의 똑같은 물체를 사용하여 깊이를 일정하게 유지한다. 물체는 자신의 곁에 있다.)

0- 두 물체 사이의 어떠한 깊이도 판단할 수 없다.
1- 물체 사이의 깊이를 자신으로부터 2피트 이하까지 판단한다.
2- 물체 사이의 깊이를 자신으로부터 10피트 이하까지 판단한다.

3- 물체 사이의 깊이를 자신으로부터 30피트 이하까지 판단한다.
4- 깊이의 인식에 어려움이 없다.

D. 극도의 촉감(감각 평균점 보다 극도로 평가한다.)
0- 어떠한 적용된 접촉량을 인지할 수 없다.
1- 단지 한 작은 영역에서 극도의 압력으로 적용된 접촉을 탐지한다.
2- 많은 영역에서 조금의 압력으로 적용된 접촉을 탐지한다.
3- 많은 영역에서 적용된 가벼운 접촉을 탐지한다.
4- 어떠한 적용된 접촉도 탐지한다.

E. 청각의 예민
0- 어떠한 소리도 인지하지 않는다.
1- 단지 깜짝 놀랄 만큼 큰 소리만을 인지한다.
2- 단지 대화식의 큰 소리만을 인지한다.
3- 항상 대화식의 대부분 소리도 인지한다.
4- 청각의 예민함에 어려움이 없다.

F. 청각의 판별(음악적인 기구들을 사용하여)
0- 소리들을 구별할 수 없다.
1- 크게 다른 두 소리 사이에서만 구별한다.
2- 비슷한 소리 사이에서만 구별한다.
3- 비슷한 소리 사이에서 구별하고 항상 근원을 찾는다.
4- 청각의 판별에 어려움이 없다.

Sub Total V

VI. 인지 : 지각이나 사고, 물체의 자각을 수반하는 더욱 고등적인 정신적 과정

A. 판단/결정 능력
0- 어떤 적당한 선택도 나타낼 수 없다.
1- 일정한 지도가 있더라도 적당한 선택이 일관되지 않는다.
2- 일정한 지도가 있으면 항상 적당한 선택을 한다.
3- 때때로 지도를 받아 적당한 선택을 한다.
4- 독립적으로 적당한 선택을 한다.

B. 짧은 주의
0- 활동에 주의가 없다.
1- 많은 신하가 있으나 분산된 자극이 없으면 5분까지 주의한다.

2- 조금의 신호가 있으나 분산된 자극이 없으면 10분까지 주의한다.
3- 분산된 자극이 있어도 15분까지 주의한다.
4- 짧은 주의에 어려움이 없다.

C. 기억
0- 회상하는 능력이 없음을 나타낸다.
1- 단지 한 단계의 활동을 상기한다.
2- 5분 후에 간단한 활동들을 상기한다.
3- 30분 후의 대부분의 활동들을 상기한다.
4- 하루에서 그 이튿날 까지 대부분의 활동들을 상기한다.

D. 적응
0- 시간과 공간과 사람에 대해 혼란스러움을 나타낸다.
1- 이름은 알고 있으나 항상 시간과 공간과 다른 사람에 대해 혼란스럽다.
2- 항상 시간 또는 공간 감각만이 혼란스럽다.
3- 가끔 시간 또는 공간 감각만이 혼란스럽다.
4- 적응에 어려움이 없다.

E. 피드백 활용
0- 어떠한 행태의 피드백도 활용할 능력이 없음을 나타낸다.
1- 일의 성과를 위하여 가끔 간단한 정보를 이용한다.
2- 일의 성과를 위하여 일관적으로 간단한 정보를 이용한다.
3- 일의 성과를 위하여 가끔 복잡한 정보를 이용한다.
4- 피드백 활용이 적당함을 나타낸다.

F. 문제 해결(과제)
0- 문제 해결 능력이 없음을 나타낸다.
1- 한 단계의 문제를 가금 해결한다.
2- 한 단계의 문제를 일관적으로 해결한다.
3- 두 단계 이상의 문제를 가금 해결한다.
4- 문제를 적당히 해결한다.

G. 편파성
0- 신체 중 한 부분을 부정하고 주의하지 않는다.
1- 신체 중 한 부분을 항상 주의하지 않는다.
2- 신체 중 한 부분을 주의하지 않으나, 때때로 스스로 타이른다.
3- 신체 중 한 부분을 주의하지 않으나, 일관적으로 스스로 타이른다.
4- 편파성에 대한 문제가 없다.

H. 방향성
0- 공간 관계에 대한 개념이 없다.

1- 단 한 개의 공간적 지배와 개체에 대해 가끔 관계한다.
2- 단 한 개의 공간적 지배와 개체에 대해 일관적으로 관계한다.
3- 다수의 공간적 지배와 개체에 대해 가끔 관계한다.
4- 방향성에 대해서는 문제가 없다.

I. 좌우 판별
0- 왼쪽으로부터 오른쪽을 판단할 수 없다.
1- 자신에게서의 좌우를 비 일관적으로 동일시한다.
2- 자신에게서의 좌우를 일관적으로 동일시한다.
3- 자신을 향해 있는 사람의 좌우를 비 일관적으로 동일시한다.
4- 좌우판별에 있어 문제가 없다.

J. 형태 인식/불변성(기하학적 형태)
0- 형태를 구별/범주화할 수 없다.
1- 단지 약간의 일반적이고 명백한 형태에 대해 구별/범주화 한다.
2- 가장 일반적이고 명백한 형태에 대해 구별/ 범주화 한다.
3- 약간 복잡하고 유사한 형태에 대해 구별 범주화 한다.
4- 형태 인식/불변성에 대해 문제가 없다.

K. 형태-배경 판별
0- 배경으로부터 어떠한 개체를 발췌할 수 없다.
1- 단순한 배경으로부터 일반적 형태를 가끔 추출한다.
2- 단순한 배경으로부터 일반적 형태를 일관적으로 추출한다.
3- 복잡한 배경으로부터 일반적 형태를 가끔 추출한다.
4- 형태-배경 판별에 있어 문제가 없다.

Sub Total VI

VII. 의사소통 : 메세지를 주고받는 기술들

A. 말의 표현 기술
0- 무성의하다.
1- 의미를 알 수 없는 말을 사용한다.
2- 단 한 개의 단어를 부적당하게 사용한다.
3- 단어나 구를 적당하게 사용한다.
4- 언어가 부족한 말의 표현을 없다.

B. 말을 수용하는 능력

0- 말을 듣고 이해하는 능력이 없음을 나타낸다.
1- 단 한 개의 일반적인 말로 적당하게 반응한다.
2- 간단한 구로써 적당하게 반응한다.
3- 문장으로써 적당하게 반응한다.
4- 모든 말의 표현을 적당하게 반응한다.

C. 쓰는 것으로 표현하는 기술(흘림글씨 또는 인쇄된)

0- 어떤 것도 읽기 쉽게 나타낼 수 없음을 나타낸다.
1- 어떤 편지형식이나 읽기 어렵게 쓴다.
2- 단지 가끔 읽기 쉽게 쓴다.
3- 메시지를 전달하고자 하나 낙서처럼 쓴다.
4- 정확하게 써서 메시지를 전달한다.

D. 쓴 것을 수용하는 기술(흘림글씨 또는 인쇄된)

0- 쓴 것을 읽고 이해하는 능력이 없음을 나타낸다.
1- 단 한 개의 단어로 쓰여진 일반적인 것에 대해 적당하게 반응한다.
2- 간단하게 쓰여진 구에 대해 적당하게 반응한다.
3- 한 쓰여진 문자에 대해 적당하게 반응한다.
4- 모든 쓰여 진 표현에 대해 적당하게 반응한다.

E. 의사소통의 교체적 의미(예를 들어, 제스쳐, 그림 등)

0- 어떠한 어울리는 형태도 이용할 수 없음을 나타낸다.
1- '예'와 '아니오'의 개념으로 의사소통한다.
2- 소수의 유일한 개념으로 의사소통한다.
3- 소수의 복잡한 개념으로 의사소통한다.
4- 효과적으로 의사소통한다.

Sub Total VI

VIII. 행동: 어떤 사람의 느낌을 반영하는 것으로 생각되는 행위

A. 장애의 조정

0- 장애를 부정하거나 이해할 수 없음을 나타낸다.
1- 장애의 정도를 부정하고 비현실적인 목적을 가진다.
2- 장애의 정도에 의문을 가지고 답을 구한다.
3- 장애를 받아들이나 개개인의 목적을 잘 인정하지 않는다.

4- 장애를 받아들이고 목적으로 향한다.

B. 사회 상호작용 기술(타인과 관계하는 능력)

0- 타인과 상호작용을 할 수 없거나 하지 않는다.
1- 단지 개인적인 필요에 의해 상호작용 한다.
2- 타인과 상호작용 했을 때 불편함을 나타낸다.
3- 단지 집단 속의 몇몇 개인과 상호작용을 시작한다.
4- 사회 상호작용을 쉽게 시작한다.

C. 욕구좌절의 관용 수준

0- 욕구좌절을 불인정하거나 너무 좌절해서 관계할 수 없음을 나타낸다.
1- 3분 후에 활동을 끝낸다.
2- 욕구좌절로 인해 5~10분 후에 활동을 끝낸다.
3- 낙담하나 어떠한 활동도 끝냄을 나타낸다.
4- 욕구좌절이 없음에 관계한다.

D. 독창력/동기

0- 독창력/동기가 없음을 보여준다.
1- 단지 많은 격려를 자신에게 적용한다.
2- 자신에게 적용하나 의견을 제안하지 않는다.
3- 자신에게 적용하고 가끔 의견을 제안한다.
4- 쉽게 자신에게 적용하고 자유로이 의견을 제안한다.

E. 감정 표현(불안정한)

0- 감정적 반응이 보이지 않거나 조절이 안 됨을 나타낸다.
1- 항상 부적당한 감정으로 인해 활동이 중단된다.
2- 가끔 부적당한 감정으로 인해 활동이 중단된다.
3- 감정 조절이 힘드나, 어떠한 활동도 끝낸다.
4- 감정을 적당하게 표현한다.

F. 레크리에이션 치료에 대한 태도

0- 반응이 없거나 적대가 있음을 나타낸다.
1- 참여하나 흥미를 느끼지 않는다.
2- 참여는 하여 가끔 흥미를 느낀다.
3- 참여하고 항상 흥미를 보인다.
4- 열광적으로 참여한다.

Sub Total Ⅶ

여가참여에 대한 장애물

Barriers to Leisure Involvement Scale

※ 지시문: 아래 각 문항에 대한 당신의 생각과 어느 정도 일치한다고 생각하는 곳에 표시하세요.

여가장애에 관한 질문	강한 긍정	긍정	중	부정	강한 부정
1. 나는 다른 사람과 이야기하는 것이 쉽다.	①	②	③	④	⑤
2. 나는 함께 즐길 친구가 많다.	①	②	③	④	⑤
3. 나는 재미있는 거리(일)를 찾는 것이 쉽다.	①	②	③	④	⑤
4. 다른 사람들이 종종 함께 게임을 하자고 나에게 제안을 해온다.	①	②	③	④	⑤
5. 내가 원할 때 놀 수 있는 근처 공원이 있다.	①	②	③	④	⑤
6. 게임을 일단 시작하면 항상 끝까지 한다.	①	②	③	④	⑤
7. 나는 많은 레크리에이션 활동 방법을 알고 있다.	①	②	③	④	⑤
8. 좋아하는 레크리에이션 활동에 참여할 충분한 돈을 가지고 있다.	①	②	③	④	⑤
9. 나는 많은 자유 시간을 갖고 있다.	①	②	③	④	⑤
10. 나는 활용 가능한 많은 레크리에이션 활동 중에서 원하는 활동을 쉽게 선택할 수 있다.	①	②	③	④	⑤
11. 나는 내가 생각하거나 느낀 것을 쉽게 다른 사람에게 이야기 한다.	①	②	③	④	⑤
12. 다른 사람들이 항상 나를 활동으로 이끌어 간다.	①	②	③	④	⑤
13. 내가 선호하는 레크리에이션 활동참여를 위한 충분한 돈을 가지고 있다.	①	②	③	④	⑤
14. 새로운 활동을 시작하는 것이 쉽다.	①	②	③	④	⑤
15. 문제에 대한 몇 개의 답이 있을 때, 나는 쉽게 하나를 선택할 수 있다.	①	②	③	④	⑤
16. 내가 원하는 레크리에이션 활동을 할 충분한 시간을 가지고 있다.	①	②	③	④	⑤
17. 근처에 내가 레크리에이션 활동에 참여할 수 있는 충분한 장소가 많다.	①	②	③	④	⑤
18. 문제가 생기면 한 가지 이상의 해결책을 떠올릴 수 있다.	①	②	③	④	⑤
19. 내가 원하는 레크리에이션 활동에 참여하는 것이 쉽다.	①	②	③	④	⑤
20. 집 근처에 지속적으로 즐길 수 있는 충분한 여가거리가 있다.	①	②	③	④	⑤
21. 나는 내가 원하는 레크리에이션 활동에 지불할 충분한 돈을 가지고 있다.	①	②	③	④	⑤
22. 나는 새로운 거리(일) 하는 것이 쉽다.	①	②	③	④	⑤
23. 일이나 다른 책무로 인해 내가 원하는 레크리에이션 활동 참여를 그만 두지 않는다.	①	②	③	④	⑤
24. 나는 그룹에서 쉽게 이야기할 수 있다.	①	②	③	④	⑤

여가동안 인식하고 있는 자유
(Perceived Freedom in Leisure Scale, Short Version)

※ 지시문: 다음 각 문항을 읽고 의견의 일치 또는 맞지 않는 정도를 나타내시오.

Perceived Freedom in Leisure Scale	강한 긍정	긍정	중	부정	강한 부정
1. 나의 레크리에이션 활동이 자긍심을 갖게 한다.	①	②	③	④	⑤
2. 나는 재미있게 할 수 있는 많은 레크리에이션 활동을 알고 있다.	①	②	③	④	⑤
3. 레크리에이션 활동을 함께 하는 사람들의 기술 향상에 도움이 되는 무엇인가를 할 수 있다.	①	②	③	④	⑤
4. 나는 내가 원하는 레크리에이션 활동을 할 수 있는 기술을 갖고 있다.	①	②	③	④	⑤
5. 때때로 짧은 시간 동안이라도 레크리에이션 활동이 잘 이루어지면 뭐든지 할 수 있다는 느낌을 갖게 된다.	①	②	③	④	⑤
6. 참여할 활동을 선택하는 것은 나에게 쉬운 일이다.	①	②	③	④	⑤
7. 레크리에이션 활동 동안 다른 사람이 나를 더 좋아하게 할 만한 것들을 할 수 있다.	①	②	③	④	⑤
8. 나의 레크리에이션 활동이 다른 사람을 알게 해준다..	①	②	③	④	⑤
9. 나는 내가 즐기길 원하는 만큼 레크리에이션 활동을 만들 수 있다.	①	②	③	④	⑤
10. 레크리에이션 활동 동안 모든 사람이 재미있어 할 무엇인가를 할 수 있다.	①	②	③	④	⑤
11. 나는 레크리에이션 활동을 할 때마다 함께 할 사람을 항상 결정한다.	①	②	③	④	⑤
12. 나는 다른 사람과 함께 하는 활동에 익숙하다.	①	②	③	④	⑤
13. 나는 내가 하는 거의 모든 활동에 익숙하다.	①	②	③	④	⑤
14. 나는 레크리에이션 활동 동안 창의성을 발휘할 수 있다.	①	②	③	④	⑤
15. 나는 다른 사람들이 레크리에이션 활동 동안 재미를 갖게 할 수 있다.	①	②	③	④	⑤
16. 나의 레크리에이션 활동 동안, 내가 하고 있는 내가 하고 있는 활동에 심취해 있다는 것을 느낄 때가 있다.	①	②	③	④	⑤
17. 나는 다른 사람들이 하기 싫어할 때도 함께 활동을 하도록 설득할 수 있다.	①	②	③	④	⑤
18. 나는 재미로 할 수 있는 활동을 만들 수 있다.	①	②	③	④	⑤
19. 나는 새로운 친구를 사귈 수 있는 레크리에이션 활동에 참여한다.	①	②	③	④	⑤
20. 나는 레크리에이션 활동을 할 때 재미있는 사건을 만들 수 있다.	①	②	③	④	⑤
21. 레크리에이션 활동에 참여할 때, 나 스스로를 조절하고 있구나 하는 느낌을 갖는다.	①	②	③	④	⑤
22. 나는 함께 하고 있는 사람들이 재미있게 활동을 할 수 있도록 조장할 수 있다.	①	②	③	④	⑤
23. 내가 불안을 느낄 때 나를 편하게 해주는 레크리에이션 활동을 할 수 있다.	①	②	③	④	⑤
24. 때로는 내가 레크리에이션 활동을 할 때, 나는 활동으로 인해 흥분된다.	①	②	③	④	⑤
25. 나는 레크리에이션 활동을 할 때 항상 좋은 시간을 갖는다.	①	②	③	④	⑤

여가 관심거리 조사
(Leisure Interests Survey)

※ 다음 각 활동에 대해 적절하다고 생각되는 항목에 체크하시오.

[구분] ① : 전혀 관심 없음. ② : 거의 관심 없음. ③ : 약간 관심 있음.
④ : 꽤 관심 있음. ⑤ : 매우 관심 있음.

구분	팀 스포츠	①	②	③	④	⑤
1	축구					
2	야구					
3	미식축구					
4	농구					
5	아이스/필드 하키					
6	폴로					
7	족구					
8	배구					

구분	수상 스포츠	①	②	③	④	⑤
1	수영/다이빙					
2	요트/항해					
3	스쿠버/스노클링					
4	수상스키					
5	래프팅/카약					
6	파워보우트/제트스키					
7	파도타기					
8	카누					

구분	게임	①	②	③	④	⑤
1	장기/바둑					
2	당구					
3	퍼즐					
4	롤 플레이/가장행렬					
5	비디오 게임					
6	카드게임(화투)					
7	보드게임(판 위의 그림찾기)					
8	던지기					

구분	건강	①	②	③	④	⑤
1	자전거 타기					
2	에어로빅					
3	운동					
4	걷기/조깅					
5	요가					
6	역도					
7	휴식					
8	줄넘기					

구분	야외활동	①	②	③	④	⑤
1	사냥/낚시					
2	하이킹					
3	소풍					
4	정원에서 놀기					
5	탐조(探鳥) -새 관찰하기					
6	말타기					
7	캠핑					
8	스키/스노우 보드					

구분	관람	①	②	③	④	⑤
1	TV 시청					
2	콘서트/발레/연극					
3	여행					
4	스포츠 이벤트					
5	박물관					
6	영화/비디오					
7	음악감상					
8	드라이브/승마					

구분	집에서 할 수 있는 거리	①	②	③	④	⑤
1	요리/빵 굽기					
2	바느질/뜨개질					
3	집안 장식하기					
4	조경/정원일					
5	통조림(저장 음식) 만들기					
6	가구 광택내기					
7	세탁					
8	집수리/보수					

구분	공작	①	②	③	④	⑤
1	사진					
2	가죽공예					
3	목공예					
4	도자기					
5	뜨개질					
6	자연공작					
7	모형공작					
8	염색하기					

구분	예술	①	②	③	④	⑤
1	문예 창작/시					
2	노래					
3	조각					
4	연기/연극/연출					
5	그림					
6	도자기					
7	악기연주					
8	춤					

구분	사회활동	①	②	③	④	⑤
1	교회활동					
2	데이트					
3	외식					
4	자원봉사					
5	클럽활동					
6	가족과 함께 하는 활동					
7	친구와 함께 하는 활동					
8	파티 참석/춤					

구분	사색적 활동	①	②	③	④	⑤
1	일출, 일몰 감상					
2	백일몽/공상					
3	빗소리 듣기					
4	명상					
5	독서					
6	회상/일기					
7	사람 구경					
8	일광욕					

구분	특별한 활동/취미	①	②	③	④	⑤
1	증권시장					
2	애기 보기/동물 보기					
3	수집					
4	마술/광대놀이/저글놀이					
5	시민운동/정치운동					
6	홈비디오 만들기					
7	쇼핑					
8	무선 조정 자동차					

여가역사 및 흥미
(Leisure History & Current Leisure Interest Profile)

※ 0=안함 / 1=때때로 2=자주

※ 해당하는 난에 ∨표기

■ 게임(신체적 활동)

· 당구	□	□	· 단어퍼즐	□	□	· 검도	□	□
· 탁구	□	□	· 십자놀이	□	□	· 테니스	□	□
· 야구	□	□	· 도박	□	□	· 헬스	□	□
· 축구	□	□	· 경마	□	□	· 스포츠관람	□	□
· 복싱	□	□	· 배드민턴	□	□	· 볼링	□	□
· 장기	□	□	· 농구	□	□	· 골프	□	□
· 바둑	□	□	· 태권도	□	□	· 카드게임	□	□
· 화투	□	□	· 유도	□	□	· 게이트볼	□	□
· 오토바이	□	□	· 배구	□	□	· 기타	□	□

■ 사회(춤/ 사회적 활동/ 특별행사/ 자원봉사)

· 아기돌보기	□	□	· 자원봉사	□	□	· 외식	□	□
· 클럽활동	□	□	· 편지쓰기	□	□	· 사회참여활동	□	□
· 종교활동	□	□	· 가족파티	□	□	· 친구방문/초대	□	□
· 쇼핑	□	□	· 애완동물기르기	□	□	· 컴퓨터통신	□	□
· 술마시기	□	□	· 전화하기	□	□	· 기타	□	□
· 나이트클럽에서 춤추기	□	□						

■ 옥외(자연 및 야외활동/ 옥외활동)

· 드라이브	□	□	· 산책	□	□	· 암벽타기	□	□
· 정원손질	□	□	· 등산	□	□	· 야유회	□	□
· 조깅	□	□	· 수영	□	□	· 박물관/미술관관람	□	□
· 자전거	□	□	· 도보여행	□	□	· 여행	□	□
· 스키	□	□	· 낚시	□	□	· 스케이트타기	□	□
· 캠핑	□	□	· 사냥	□	□	· 기타	□	□

■ 문화(미술 및 공예/ 드라마/ 오락/ 취미/ 문학/ 음악활동

· 연극	□	□	· 수집	□	□	· 작문활동	□	□
· 요리	□	□	· 그림그리기	□	□	· 독서	□	□
· 미니어쳐조립	□	□	· 명상	□	□	· 사진/비디오촬영	□	□
· 수예	□	□	· 악기연주	□	□	· 음악회/뮤지컬관람	□	
· 디자인	□	□	· 음악감상	□	□	· 바느질(양재)	□	□
· 영화감상	□	□	· 기타	□	□			

현재 및 과거 여가참여 프로파일

resident							
room					date		
	games		social		outdoors		cultural
	당구		아기보기		드라이브		연극
	빙고		동아리 모임		뱃놀이		목공
	야구/소프트볼		파티		비행		요리/제빵
	배드민턴		종교단체가기		정원 가꾸기		건물 조립
	복싱		쇼핑		조깅		공예
	게이트 볼		사회적 음주		오토바이타기		양재
	자동차경주		전화하기		스킨다이빙		컴퓨터
	체커		자원봉사		다이빙		가죽세공
	크로켓		편지쓰기		낙하산		자수
	체스		햄통신		서핑		놀이
	카드		교회가기		해변 가기		소풍
	보드게임		집단감수성훈련		수상스키		박물관
	단어 찾기		나이트클럽		캠핑		자동차수리
	크로스퍼즐		술집		등산		골동품 차
	도박		애완동물		롤러스케이팅		도자기
	펜싱		교회만찬		항해		수집
	하키		춤		설상차운전		뜨개질
	편자던지기		외식		오토바이경주		장식
	고리던지기		우애조합		수영		집설계도 그리기
	직소퍼즐		정치적 활동		산책		강의/교육
	술집 게임		시모임		하이킹		꽃꽂이
	다트		가족파티		낚시		명상
	필드하키		강의듣기		사냥		악기
	풋볼		친구만나기		탐조		뜨개질
	골프		소방자원봉사		연날리기		글쓰기
	경마		의료자원봉사		일광욕		auto care
	가라데/유도등		경매		자전거타기		제본
	원반밀어치기				배낭여행		작곡
	스쿼시/핸드볼				카누		시
	테니스				차타기		수선/리모델링
	배구				승마		라디오/음악
	양궁				아이스tm케이팅		사진
	농구				자연산책		바느질
	피트니스/운동				퍼레이드		콘서트
	체조				피크닉		여행
	탁구				레저용 차량		골동품
	관람 스포츠				유원지		영화/TV
	보링				스키		그림
	미니골프				표적 사격		도기/조각
	축구				나비보기		독서
	레슬링				암벽등반		나무세공

포괄적 여가제약 사정

client: 사정(assessment) 날짜: ○= 아니오 ×= 예

신체적 제약					
	이동성 손상		근육구축		움직임의 손상정도
	휠체어사용		독립적 이동		세부적 운동기술 손상
	지팡이, 보행 보조기사용		이동하다:		전반적 운동기술 손상
	gerichair사용		섭식에 어려움:		지구력감소
	절단		식사보조필요		쉽게 피곤하다
	인공보철물		섭식 튜브		계획의 불평
	이동보조필요		체중감소필요		실금
	불안정한 걸음		메스꺼움		도뇨관 또는 인공항문
	옮길 때 보조필요		어지러움/현기증		산소사용
	무체중지지		낮 수면		투석
	마비:		빈번한 낮잠		ADL 보조 필요
	와상		밤에 깨어있음		기타:
환경적/상황적 제약					
	재정자원의 제한		배치조절필요		여가를 위한 시간제한
	건강상태 쇠퇴		여가기술 부족		건축적 장애
	생태학적 장애		여가활동의 불 인식		소음에 산란해짐
	활동을 위한 도구 부족		여가에 적응할 수 없다		기타:
감각 제약					
	시각 손상		미각손상		청각손상
	후각손상		촉각손상		기타:
의사소통 제약					
	말하기 어려움		듣기에 어려움		타인과 대화
	읽기, 쓰기 못함		보청기 사용		수용적 대화
	이해에 어려움		선택적 의사소통		대화 시작
	의사소통을 할 수 없다		외국어 우선		주제 시작
	의사소통을 거절 한다		영어우선		기타: .
대인관계 제약					
	상상의 어려움		물러나다		수동적 참여
	목적에 대한 상호작용어려움		사회적 상호작용의 거절		적극적 참여
	집단 이루는데 어려움		그룹 상황에의 불안		순서 기다리기 어려움
	일대일상호작용의 어려움		사회적 상호작용을 싫어함		새 친구사귀기 어려움
	일방적 관계 어려움		스텝과 상호작용이 우선		낮은 출석
	다원적 관계 어려움		client들과 상호작용어려움		친구 부족
	협력에 어려움		client들과 교제거절		많은 친구
	눈맞춤에 어려움		내성적		속임수
	극소의 얼굴 표현		상호작용의 시도 어려움		애완동물을 좋아함

보충 설명: tr 서명: 날짜:

구체적 여가제약 사정(assessment)

정서적 그리고 태도 제약		
단조로운 효과/표현안함	낮은 자기존중감	죄책감
느낌을 증명할 수 없다	자기증명 부족	
감정표현을 할 수 없다	타인에 의존	슬픔
감정적 반응 덮개	능력의 유능감 부족	울음
자신의 욕구 증명할 수 없다	무가치하다는 느낌	많은 시간 피곤해 보인다
정신 병력이 있다	자신의 일생이 불만족함	자주 화냄
남용의 역사	영적 또는 종교성 부족	분노
중독의 역사	삶의 의미 질문	감정폭발의 범위
현재 정신병을 앓고 있다.	방을 떠나는 것에 불안	즐거움의 부족
항정신제 약물 복용	불안, 신경증, 공황	흥미의 부족(무감각한)
활동을 즐거워하지 않는다	공포감	자주 불만을 나타냄
동기 부족	망상증(편집증)	자주 불평함
아무것도 하려하지 않는다	환각(망상)	부정적 전망
활동수준 감소	선택증명 어려움	명랑하기 어려움
활동참여 거절	선택을 거의 하지 않음	유능감의 부족
새로운 경험에 저항	선택하는데 어려움	통제감 부족
여가계획 거절	외부의 통제	자신의 여가 어려움
여가가치가 없다	무력감	비현실적 자기기대
여가를 즐기지 않는다	외부적 평가원인	기타:
인지적 상태 제약		
자극에 둔감	말의 반복	자기 이름을 말할 수 없다
사물을 증명할 수 없다	행동의 반복	이름을 즉각 대답할 수 없다
색깔을 증명할 수 없다	두서없는/일관대지 못한 말	가족을 확인할 수 없다
모양을 증명할 수 없다	무의미한 단어 사용	tr 스텝을 확인할 수 없다
사물을 분류할 수 없다	어울리지 않은 미소	자신의방을 정할 수 없다
최근사건을 상기할 수 없다	어울리지 않는 웃음	활동을 정할 수 없다.
과거사건을 상기할 수 없다	짧은 집중 기간	최근 약을 바꿨다
수학문제를 풀 수 없다	혼동한다	최근 방을 바꿨다
지시를 따를 수 없다	집중에 초점을 맞출 수 없다	최근 입원했다
사물의 짝을 맞출 수 없다	이해에 어려움	최근 감염됐다
단어의 짝을 맞출 수 없다	not oriented X3	최근 추락/머리부상
문제를 기억한다	과거에 대한 즐거운 회상	인지의 갑작스런 변화
적절한 대답	모양을 따라할 수 없다	기타:
가족 상호작용 제약		
가족이 없다	가족은 통제 한다	적은수의 가족
가족이 멀리 있다	가족과 논쟁 한다	최근 가족을 잃거나 슬픔
가족과 접촉이 거의 없다	가족은 자주 불평 한다	가족과 여가를 나누지 않음
자율을 원한다	가족과 상호작용이 어렵다	기타:
행동적 문제 제약		
무의식중 움직임	스텝에게 지나친 요구	대답거절
부적절한 노출	논쟁적	언어적 욕설
신체적 자기 학대	공격적	걸음걸이/침착하지 못함
신체적으로 싸움	쉽게 동요 된다	방황/도망
위법 행위	승급하다	자신 또는 타인에게 위협
질문 따라하기/빈말	쉽게 좌절	물건을 훔친다.
시끄럽다/분열	치료 또는 투약 거절	기타:

tr 서명: 날짜:

강점 사정(assessment)

client:	사정(assessment)	날짜:	○= 아니오 ×= 예

신체적 강점		
스스로 이동	지구력	세부 운동기술
즉흥적인 이동	힘	전반적 운동기술
먹는 것을 좋아함	유연성	기타
스스로 ADL 가능	운동 범위	
환경적/상황적 강점		
재정자원	배치조절	여가를 위한 적절한 시간
건강상태	여가를 중요시하다	여가에 적응할 수 있다.
여가활동을 즐김	여가활동의 자각	기타
감각적 강점		
시각	미각	청각
후각	촉각	기타
의사소통 강점		
말하기	보청기사용	대화를 좋아함
읽기	절충적 의사소통	대화를 시도함
쓰기	영어우선	주제를 시도함
사회적 상호작용 강점		
상상	눈맞춤	극단적
목적과 상호작용	얼굴표현사용	상호작용 시도
집합적	사회적 상호작용을 즐김	소극적 참여
일대일 상호작용	소그룹상황을 즐김	적극적 참여
일방적	대그룹상황을 즐김	새로운 친구사귀기
다원적	스텝과 좋은 상호작용	출석
협동적	거주들과 상호작용	가족 또는 친구
경쟁적	룸메이트와 잘 지낸다	애완동물을 좋아함
감정적/ 태도 강점		
느낌을 증명할 수 있다	긍정적 자기 존중감	즐거움
느낌을 표현할 수 있다.	강한 동일시	즐거움을 좋아함
자신의 욕구를 증명	독립적	흥미를 보인다/호기심
동기부여가 있다	자신의 인생에 만족ㅎㅁ	창조적
활동을 좋아 한다	영적 또는 종교	긍정적 태도
새로운 경험을 즐긴다	선택을 증명할 수 있다	유능감
자신의 여가계획	선택할 수 있다	통제감
평가의 내적원인	통재의 내적 위치	유머를 좋아함
인지적 강점		
추억하는 것을 즐긴다.	과거사건을 상기할 수 있다.	자기 이름을 말할 수 있다.
사물을 정의할 수 있다	수학문제를 풀 수 있다.	지향성이 좋다.
색깔을 정의할 수 있다	지시를 따를 수 있다.	가족을 확인할 수 있다.
모양을 정의할 수 있다	사물의 짝을 맞출 수 있다.	tr 스텝을 확인할 수 있다.
사물을 분류할 수 없다	단어의 짝을 맞출 수 있다.	자신의 방을 정할 수 있다.

포괄적 치료레크리에이션 사정요약

client:	room:	날짜:

기능수준 요약

신체적:
정신적:
정서적:
사회적
재정적:
영적:
직업적:

여가

통제:
능력:
태도:
명랑함:
참여:
욕구: ( ) 이완 ( ) 건강 ( ) 흥분
( ) 교제 ( ) 성취 ( ) 즐거움
( ) 탈피 ( ) 원기회복

여가 흥미

과거 우선했던 흥미:
현재 우선하는 흥미:
과거와 현재 비교:

여가 제약

1. 개인적 제약
   신체적 :
   환경적 / 상황적 :
   감각적 :
2. 개인 외부적 제약
   의사소통 :
   대인관계 :
   가족 상호작용 :
   행동적 문제 :
3. 개인 간 제약
   정서적 :
   태도제약 :
   인지적 상태 :

욕 구

신체적
안정과 신뢰
사랑과 소유

강점	약점

tr 서명: 날짜:
client/가족 서명 날짜:

6. 활동분석표(Therapeutic recreation activity analysis chart)

프로그램 명 : ____________________

활동 명: ____________________

치료레크리에이션(therapeutic recreation)사 : ____________________

A. 신체적인 요소

1. 활동시 주요 자세는?

엎드리거나 구부린 자세 (　　　　　)
무릎을 꿇는 자세 (　　　　　)
앉은 자세 (　　　　　)
서는 자세 (　　　　　)
기타 (　　　　　)

2. 해당 활동시 주로 사용되는 신체부위는?

팔	________	손	________
목	________	머리	________
다리	________	발	________
상체	________	하체	________

3. 해당 활동시 요구되는 동작 형태는?

구부리기	________	뻗기	________
서기	________	걷기	________
쥐기	________	주먹으로 치기	________
잡기	________	던지기	________
때리기	________	건너뛰기	________
한 발 뛰기	________	달리기	________

4. 활동을 실행함에 있어 신체부위와 몸동작 간의 협응성 정도는?

1 2 3 4 5

많이 조금

5. 활동시 요구되는 주요 감각은?

0=전혀 1=드물게 2=가끔 3=자주

촉각 _______ 미각 _______ 시각 _______ 청각 _______ 후각 _______

6. 손-눈 협응력

1 2 3 4 5

많이 조금

7. 힘

1 2 3 4 5

많이 조금

8. 속도

1 2 3 4 5

많이 조금

9. 지구력

1 2 3 4 5

많이 조금

10. 에너지 수준

1 2 3 4 5

많이 조금

11. 유연성

1 2 3 4 5

많이 조금

12. 심폐기관에 대한 부담 정도

1 2 3 4 5

많이 조금

B. 사회적 요소

1. 활동시 상호작용의 형태는?(한 문항에만 표시하시오)

____ 개인내적: 활동시 마음가짐이나 자세를 달리하거나 실제로 신체한 부위를 사용하지만 타인이나 객체가 관여하지는 않는다(예: 공상 등).

____ 개인외적: 한 개인에 의해 특정 객체를 대상으로 행해지는 놀이 타인과의 접촉이 요구되지 않는다(예: TV시청, 원예, 독서 등).

____ 전체적(Aggregate): 한 개인에 의해 한 객체를 대상으로 행해지는 놀이이지만 자신 외의 동일한 환경 내에서 동일한 종류의 객체를 대상으로 동일한 유형의 놀이를 실행하나 행위 자체가 집단 내의 타 성원을 대상으로 하거나 그들 간의 상호작용을 필수적으로 요구하는 것은 아니다(예: 소집단 프로그램 중 개인 공작물 만들기, 취미교실, 빙고 등).

____ 개인 간(Inter-individual): 한 개인이 상대방을 대상으로 행하는 경쟁적 본질을 가지고 있는 놀이(예: 장기, 단식정구, 배드민턴 등).

____ 일방적 활동(Unilater): 3인 혹은 이상의 사람들이 그들 중 하나를 견제해야 하는 대항자로 내세우는 경쟁적 성질을 가지고 있는 놀이(예: 치기 놀이, 숨바꼭질 등).

____ 다자 간(Multilateral): 대항자 없이 3인 혹은 그 이상의 사람들이 행하는 경쟁적 성질을 가진 놀이(예: 포커 등).

____ 집단 간(Intr-group): 2인 혹은 그 이상의 사람들이 공동 목표를 달성하고자 협동하는 활동으로 언어적, 비언어적, 긍정적 상호작용이 중요하다(예: 합창단, 연극 모임, 자원봉사 활동 등).

2. 참가 인원은? ____________________

3. 남녀 간 구성비는? ________________

4. 참가자 간의 공간적 거리는?

1 2 3 4 5

가깝다 멀다

5. 활동 성격상 참여자 모두가 상대방과의 의사소통이 가능한가?

예 ________________ 아니오 ________________

6. 활동이나 놀이가 협동 또는 경쟁을 요구하는가?

협동 ________________ 경쟁 ________________

7. 놀이나 활동 참여시 요구되는 신체적 접촉도는?

1	2	3	4	5
많이				조금

8. 놀이나 활동의 구조 특성은?

1	2	3	4	5
엄격하다				자유롭다

9. 소음정도?

1	2	3	4	5
높다				낮다

C. 인지적 요소

1. 해당 놀이나 활동을 행하는 경우 지키거나 따라야 하는 규칙은?

1	2	3	4	5
많다				적다

2. 규칙의 복잡성은?

1	2	3	4	5
많다				적다

3. 장기적 기억력이 요구되는 정도는?

1	2	3	4	5
많이				조금

4. 즉각적인 회상력은 얼마나 필요한가?

1	2	3	4	5
많이				조금

5. 활동에 있어 작전이나 전략이 요구되는 정도는?

1	2	3	4	5
많이				조금

6. 활동에 참여함에 있어 요구되는 언어성은?

1 2 3 4 5

많이 조금

7. 요구되는 집중력 수준은?

1 2 3 4 5

많이 조금

8. 활동에 참여함에 있어 아래의 기술이 활용되는 빈도수는?

0=전혀 1=드물게 2=가끔 3=자주

읽기 ________ 산수 ________

쓰기 ________ 철자법 ________

9. 채점 과정상의 복잡성?

1 2 3 4 5

매우 복잡함 전혀 복잡하지 않음

10. 아래 영역에 있어 요구된 판별수준은?

자주 전혀

1 2 3 4 5

형태 및 모양

1 2 3 4 5

색깔

1 2 3 4 5

크기

1 2 3 4 5

감촉

1 2 3 4 5

분류

1 2 3 4 5

숫자

1 2 3 4 5

청각적 상징물

1 2 3 4 5

시각적 상징물

1 2 3 4 5

구체적 사고

1 2 3 4 5

추상적 사고

1 2 3 4 5

11. 요구되는 지향성은?

좌·우 ______________________

상·하 ______________________

사 방 ______________________

사람·사물 ______________________

사람·사람 ______________________

사물·사물 ______________________

D. 심리적 요소

1. 활동시간동안 다음에 제시된 감정 표현 정도는?

자주 전혀

1 2 3 4 5

기쁨 ______________________

죄책감 ______________________

고통 ______________________

노여움 ______________________

두려움 ______________________

좌절감 ______________________

E. 행정적 요소

1. 리더십: 구체적인 활동 기술의 전문성: ______________________

2. 일반적 활동 기술 능력: ______________________

3. 관리 감독: ______________________

4. 장비

특정 상표 제품: ______________________

만들 수 있음: ______________________

5. 시설

특정 자연 환경: ______________________

특정 인공 환경: ______________________

6. 기간

설정된 시간: ______________________

자연스러운 결말: ______________________

계속: ______________________

7. 참여자

수에 상관없음: ______________________

일정 수 혹은 다수: ______________________

7

치료레크리에이션 문서 모음

1. 목적, 목표, 수행 측정

문제/욕구 목록	강점 목록
1.	1.
2.	2.
3.	3.
4.	4.
5.	5.

치료 계획

목적	목표	수행측정	목표/개입

치료적 개입 추천

- □ 새내기 그룹
- □ 재동기화
- □ 감각 자극
- □ 유도상상
- □ 이별 그룹
- □ 현실지향
- □ 이완
- □ 애완동물 요법

- □ 원예치료
- □ 미술치료
- □ 여가교육
- □ 회상
- □ 극기 훈련
- □ 스킨십 활동
- □ 음악치료
- □ 확인
- □ 가치명료화
- □ 임파워먼트
- □ 재사회화
- □ 유머

서명: 날짜:

2. 목적, 목표, 수행 측정, 개입

목 적 :	
목 표 :	
수행 측정(Performance Measures)	**개입**

3. 내용과 활동기술

내용과 활동기술 목적 : 목표 :		
수행 측정 (Performance Measures)	**활동(Activity)**	**내용(Content)**

4. 과정 기록지

<table>
<tr><td colspan="2">과정 기록지

활동 :
목적 :
목표 NO :
수행측정 진술 :</td><td>회기 :
작성일 :
작성자: ⓘ</td></tr>
<tr><th></th><th>과 정</th><th>준비물</th></tr>
<tr><td>도입</td><td></td><td></td></tr>
<tr><td>본 활동</td><td></td><td></td></tr>
<tr><td>마무리</td><td></td><td></td></tr>
</table>

5. 측정 기록지(Individual Sheet)

<table>
<tr><td colspan="5">측정 기록지(Individual Sheet)</td><td colspan="2">작성일 :
작성자 :</td></tr>
<tr><td rowspan="2">성명
(성별)</td><td rowspan="2">연령(세)</td><td rowspan="2">진단명</td><td colspan="4">수행 측정 점수</td></tr>
<tr><td>1.1.1</td><td>1.1.2</td><td>2.1.1</td><td>2.1.2</td></tr>
<tr><td></td><td></td><td></td><td></td><td></td><td></td><td></td></tr>
<tr><td colspan="7">목 표 :</td></tr>
<tr><td>수행측정</td><td colspan="4">평가 내용</td><td colspan="2">기타사항</td></tr>
<tr><td></td><td colspan="4"></td><td colspan="2"></td></tr>
<tr><td></td><td colspan="4"></td><td colspan="2"></td></tr>
</table>

6. 종합 측정 기록지

종합 측정 기록지
(Total Individual Sheet)

성명(성별)	연령(세)	진단명	평가도구 (수행측정)	사전 검사 점수	사후 검사 점수

7. 프로그램 평가서

Session : / 작성자 :

평가문항 \ 평가		예	아니오	평 가
전 체 인 원				
출 석 인 원				
결 석 인 원				
1	각 활동이 목표에 부합되게 진행되었는가?			
2	활동과 활동 간에 연계성이 일관되었는가?			
3	각 활동이 지속될 필요가 있는가?			
4	지도자와 스텝 간의 의사소통이 원활하게 진행되었는가?			
5	지도자와 클라이언트 간의 의사소통이 원활하게 진행되었는가?			
6	클라이언트와 클라이언트 간의 의사소통이 원활하게 진행되었는가?			
7	약속한 규범이 얼마나 잘 지켜졌는가? (시간엄수/사전계획/역할분담 등)			
8	실행 중에 발생한 긍정적인 사건은 무엇인가?			
9	실행 중에 발생한 부정적인 사건은 무엇인가? 그리고 대안 사항은 무엇인가?			

8. 진행자 평가서(Evaluation Paper Ⅰ)

Session : / 작성자 :

평가문항 \ 평가		예	아니오	평 가 내 용
1	프로그램을 위한 모든 준비사항을 시작 전에 완료하였는가?			
2	클라이언트에게 지지적인 반응을 보였는가?			
3	클라이언트에게 자기표현의 기회를 최대한 많이 제공하였는가?			
4	클라이언트의 반응행동에 대하여 적절하게 반응하였는가?			
5	모든 클라이언트가 형평성 있게 참여할 수 있도록 프로그램을 유도하였는가?			
6	집단 활동을 진행하는데 있어서 적절하게 시간을 조정하였는가?			

9. 종합운영평가서(Total Evaluation Paper)

작성일: . . (요일) 작성자: (인)

평 가 문 항 \ 회 기	1	2	3	4	5	6	7	8	*평균 총계
프로그램 평가서									
출석인원									
결석인원									
목표의 부합성									
활동의 연계성									
활동의 지속성									
지도자와 스텝과의 의사소통									
지도자와 C'T와의 의사소통									
C'T와 C'T와의 의사소통									
규범준수									
진행자 평가서									
준비사항									
C'T 지지적 반응									
C'T의 자기표현 기회부여 정도									
C'T의 반응 행동									
C'T에 대한 형평성 있는 여유도									
활동에 대한 적절한 시간조정									
COMMENT									

about the Authors

윤 찬 중

일본 북교대학 사회복지학 전공(사회학 학사)
일본 북교대학 대학원 사회복지학 전공(사회학 석사)
일본 북교대학 대학원 사회복지학 전공(사회학 박사)

[현재]

강남대학교 사회복지대학장 겸 사회복지전문대학원장
일본 북교대학 사회복지학과 초빙교수
국무총리실 제주 4·3사건 자문위원회 위원
사)한국사회복지학회, 한국사회보장학회, 사회복지정책학회,
지역사회복지학회, 대학케어복지학회 등 이사
사)한국복지진흥원장 겸 이사장
의)한국인간복지개발원장
서울시, 부산시, 경기도, 전라북도 인사위원회 위원 및 공무원고시 출제위원

[저서]

선진국 사회복지발달사	현대사회의 자원봉사론
노인개호복지론	사회복지행정론
한국사회복지연감	한국의 사회복지
케어기술의 이해	치매노인과 회상법
노인여가의 이론과 실제	사회복지기초, 실천, 정책과 제도 外 多數

명 봉 호

광주대학교 산업교육학 전공(교육학 학사)
강남대학교 사회복지대학원 사회복지학과 임상사회사업 전공
목포대학교 대학원 레저체육산업학과(체육학 석사)
강남대학교 사회복지대학원 박사과정 재학

[현재]

한국치료레크리에이션학회 이사
강남대학교, 광주대학교 사회복지학과 강사
사)COREA치료레크리에이션협회장

[저서]

치료레크리에이션 이론과 실제
치료레크리에이션